世界研究生教育经典译丛

THE GRADUATE SCHOOL MESS:
WHAT CAUSED IT AND HOW WE CAN FIX IT

研究生院之道

[美]莱纳德·卡苏托(Leonard Cassuto) 著

荣利颖 译

北京理工大学出版社
BEIJING INSTITUTE OF TECHNOLOGY PRESS

版权专有　侵权必究

图书在版编目（CIP）数据

研究生院之道／（美）莱纳德·卡苏托著；荣利颖译 .—北京：北京理工大学出版社，2017.8（2018.1重印）

书名原文：The Graduate School Mess：What Caused It and How We Can Fix It
ISBN 978-7-5682-4689-7

Ⅰ．①研…　Ⅱ．①莱…　②荣…　Ⅲ．①研究生教育-研究　Ⅳ．①G643

中国版本图书馆CIP数据核字（2017）第204763号

北京市版权局著作权合同登记号　图字：01-2016-7168
THE GRADUATE SCHOOL MESS：What Caused It and How We Can Fix It
By Leonard Cassuto
Copyright © 2015 by the President and Fellows of Harvard College
Published by arrangement with Harvard University Press
Through Bardon-Chinese Media Agency
Simplified Chinese translation copyright © 2017
By Beijing Institute of Technology Press Co., Ltd.
ALL RIGHTS RESERVED

出版发行／	北京理工大学出版社有限责任公司
社　　址／	北京市海淀区中关村南大街5号
邮　　编／	100081
电　　话／	（010）68914775（总编室）
	（010）82562903（教材售后服务热线）
	（010）68948351（其他图书服务热线）
网　　址／	http://www.bitpress.com.cn
经　　销／	全国各地新华书店
印　　刷／	保定市中画美凯印刷有限公司
开　　本／	710毫米×1000毫米　1/16
印　　张／	12.75
字　　数／	182千字
版　　次／	2017年8月第1版　2018年1月第2次印刷
定　　价／	68.00元

责任编辑／王晓莉
文案编辑／王晓莉
责任校对／周瑞红
责任印制／王美丽

图书出现印装质量问题，请拨打售后服务热线，本社负责调换

《世界研究生教育经典译丛》编委会

总 顾 问：赵沁平（中国工程院院士，中国学位与研究生教育学会会长）

总 译 审：张　炜（西北工业大学党委书记，北京理工大学原党委书记，教授）

编委会主任：方岱宁（中国科学院院士，北京理工大学副校长）

　　　　　　王战军（北京理工大学研究生教育研究中心主任，教授）

委　　　员：麦瑞思·内拉德（Maresi Nerad）（美国华盛顿大学教授）

　　　　　　凯瑟琳·蒙哥马利（Catherine Montgomery）（英国巴斯大学教授）

　　　　　　李　军（加拿大西安大略大学教授）

　　　　　　陈洪捷（北京大学教育学院教授）

　　　　　　施晓光（北京大学教育学院教授）

　　　　　　袁本涛（清华大学教育研究院教授）

　　　　　　秦惠民（中国人民大学教育学院教授）

　　　　　　刘宝存（北京师范大学教育学部教授）

　　　　　　周海涛（北京师范大学教育学部教授）

　　　　　　李　镇（北京理工大学发展规划处处长，研究员）

　　　　　　王军政（北京理工大学研究生院常务副院长，教授）

　　　　　　周文辉（学位与研究生教育杂志社社长）

办 公 室：周文辉　沈文钦　李明磊　黄　欢　王佳蕾

丛书序

世界研究生教育经典译丛

随着社会生产力日新月异的发展,高水平原始创新能力和拔尖创新能力成为世界各发达国家人才竞争的核心。研究生教育位于教育"金字塔"的顶端,是科技创新和拔尖创新人才培养的关键载体,发达国家和世界顶尖研究型大学无不将研究生教育作为提升自身实力和国际竞争力的重要抓手,高度重视研究生教育,形成了比较完善的研究生教育体系和推进研究生教育发展的国家战略。

中国研究生教育起源于20世纪30年代,规模极小,受时局影响时续时断,中华人民共和国成立以后,特别是1980年建立学位制度后,我国研究生教育取得长足发展,基本形成了学科门类齐全、基本满足社会需求的研究生教育体系。2016年我国在校研究生人数达到200.4万人,成为世界研究生教育大国。

纵观世界发达国家研究生教育的发展和国家重大发展战略需求,以及"双一流"建设的目标,我国的研究生教育还面临着诸多问题和发展的制约瓶颈。随着国家治理体系和治理能力现代化建设的深入推进,解决我国研究生教育的难点和深层次问题,实现研究生教育强国时代目标的综合改革也进入了关键阶段。

要解决我国研究生教育改革与发展中的诸多难点和深层次问题,需要我们承担起历史的责任,有更大的勇气和智慧,付出更多努力,加强研究生教育理论研究,探索研究生教育发展规律,创新、构建符合我国国情的研究生教育学理论和学科体系,从而走出我国研究生教育改革和发展的新路子。

"他山之石,可以攻玉",学习借鉴国际上研究生教育研究的有关成果,推动我国研究生教育的研究,促进我国研究生教育的改革和发展,是建设研究生教育强国的必经之路,也是提升我国研究生教育的国际地位和影响力,推动中国研究生教育研究国际交流与合作的客观需要。

为此，北京理工大学研究生教育研究中心组织有关专家精心遴选发达国家近年来研究生教育研究和实践领域有影响力的著作，翻译出版《世界研究生教育经典译丛》系列丛书。本丛书为我国研究生教育学的研究和发展提供了重要参考，也为研究生教育人才的培养提供了高水平教材和智力支持，在我国尚属首次，并将产生重要影响。

希望编委会各位国内外专家、译者继续开拓创新、精益求精，踏踏实实地做好"丛书"的选题、翻译、出版等工作，为我国研究生教育的研究和发展做出贡献。

2017 年 10 月于北京

译者序

本书原著作者莱纳德·卡苏托（Leonard Cassuto）教授本科就读于美国哥伦比亚大学，博士毕业于哈佛大学，自1989年起在美国纽约福特汉姆私立大学教书至今，同时兼任《高等教育纪事报》"研究生导师"专栏作家。莱纳德·卡苏托教授著作成果丰富，学术涉猎广泛，长期从事研究生教学工作。他思想尖锐而且务实，能够从一幅更大的图景中看美国的研究生教育，犀利地指出美国研究生教育培养的问题，并提出改善方案。

他认为美国的研究生院默认的一条培养目标是：将学生培养成将来从事学术研究的学者。而实际上，只有少数研究生毕业后能够在大学或研究机构中任职，并从事学术研究工作。所以，他认为研究生院正致力于培养学生为一些根本不存在的工作而努力。

虽然大多数人文学科博士都会考虑毕业后从事学术研究，但由于大学的教职（特别是终身教职）空缺数量极其有限，所以只有少部分人能够进入学术机构工作。研究生院应该转变学生们的就业期望，为他们更广泛的就业提供改革思路，使在学术圈之外，研究生所受到的教育照样不会浪费。

研究生在应用型场景所具有的职业优势来源于"替代学术（alt-ac）"：替代学术并非是一个具体的工作、职业或领域，而是一种方式，一种透过学术训练的视角看待工作以及将学术方法应用于工作的方式。研究生能够在工作中怀揣着进入研究生院学习时的热情和好奇心，并用同样的技能与方法——精读、历史调查、书面论证，或其他类似技能来完成手头的任务。

美国研究生教育所面临的问题，在中国也不同程度地存在。中国高校的博士毕业生在就业去向上也出现了明显的"走出象牙塔"的现象：虽然能以学术为业进入高校或科研院所任教的博士毕业生逐步减少，但中国高校对于研究生（特别是博士层次）的教育仍然恪守着培养学术型人才的理念，这是一个值得深思的问题。研究生教育位于国民教育序列的顶端，肩负着"高端人才供给"和"科学技术创新"的双重使命，如何培养出满足社会需求的研究生，是摆在中国研究生院面前的一道难题。2015 年 8 月，中共中央全面深化改革领导小组第十五次会议审议通过了《统筹推进世界一流大学和一流学科建设总体方案》，同年 10 月，国务院印发《统筹推进世界一流大学和一流学科建设总体方案》，方案所提出的高校建设政策吹响了我国从高等教育大国迈向高等教育强国的号角，同时也引发了我们关于如何进一步完善研究生教育的思考。

北京理工大学研究生教育研究中心的王战军教授一直致力于研究生教育的研究，从 2012 年起连续多年主持编写并出版了《中国研究生教育质量年度报告》，对中国的研究生教育质量做了深度分析。本人亦有幸从 2012 年第一部年度报告起连续 6 年参与研究，负责报告中的国际述评部分。在参与过程中，我受王教授邀请翻译此书，受益匪浅，在此表示感谢。同时要感谢西北工业大学党委书记张炜教授对译稿最后的校订工作，尤其是对于书名"Graduate School Mess"的定夺，书名的翻译历经几次修改，从"研究生院的混乱"，到"混乱的研究生院"，再到"研究生院之殇"，最后到目前的"研究生院之道"。要感谢的还有《学位与研究生教育》杂志社的周文辉社长及黄欢老师，感谢他们在整本书的翻译过程中所给予的支持。

感谢北京师范大学教育学部博士研究生宋婷娜、孟静怡、李东宏，首都师范大学教育学院硕士研究生郭一然、冯硕，中国人民大学教育学院博士研究生崔鹤、贾楠，他们从不同角度对翻译提出了自己的意见和建议。感谢北京外国语大学英语学院硕士研究生远承研，他承担了译稿大部分的校对工作。还要感谢武汉大学教育科学研究院王传毅副教授，在翻译过程中多次提供了帮助。

没有首都师范大学教育学院领导和同事的帮助,没有北京理工大学出版社的支持,本书不可能面世,在此一并感谢。感谢所有关注、支持本书的各位老师和同学。

由于时间仓促、译者水平有限,错误在所难免,敬请读者批评指正。

2017 年 10 月

前　言

探索一个"学以致用"的未来

我们的研究生制度已经"病入膏肓"了吗？

尽管谈论"病入膏肓"的种种制度已经再寻常不过，我依然要提出这个问题。在谈一种制度是效用良好还是病入膏肓之前，必须知道该制度应该如何运作。

包括研究生、教师和行政管理人员在内的大多数学术工作者，关于研究生院的运作方式以及自己所扮演的角色，都有不同的见解。这些见解难以详辩，与他们各自进入研究生院学习后融入学术社会的方式紧密相关。近年来，学术机构往往受制于资源的短缺，企业也处于高压且严格的社会监管之下。[1]在这个充满挑战的时代，我们需要重新审视这些见解，其中一些注定将被颠覆。

有一种非常盛行的观点：研究生院应将入学的学生培养成教授，尤其是从事大量学术研究的学者。如果这是判断研究生院以及研究生应该做什么的唯一标准，那么研究生院确实已"病入膏肓"。为数众多的教授正在致力于培养为数更多的研究生[①]们为一些根本不存在的工作而努力——更确切地讲，那些研究生被教导要从事学术工作，然而他们当中只有少数人能从事这样的工作。也就是说，在这个过程中，他们正在努力学习如何将真正的前途与希望弃之不理。

可能您还认为研究生院是培养未来教授的专业训练场所，这种观点几十年前就落伍了。陈腐不前的研究生教育制度仍带给我们一种第二次世界大战之后的黄金时代遗留的臆想，即任何一个拥有博士学位的人都可以获得教席。传统的训练方式导致研究生只能从事狭隘的专业研究，轻者或许被扣上"不切实际"的帽子，

---

① 译者注：书中的"研究生院"，原文为"graduate school"，包括研究生和博士两个阶段。书中凡是单独出现的"研究生"一词，原文为"graduate students"，指的都是研究生和博士生两个群体。

重者将前途尽毁。现行制度教导他们朝着错误的方向臆想和期盼,其中传递出的观点亟待审查——甚至改变。

过去,公众对研究生教育的讨论寥寥无几,最近这些讨论却日益活跃。这是因为公众对研究生院的不满情绪快速升温,研究生获得学位的时间越来越长,与此相反,找到理想的工作越来越难。不久前,我被邀请参与了一场类似的公众讨论:关注未来的博士学位论文。[2]我和在场列席的同僚本希望进行一场关于不同领域的论文本质的讨论,比如,教授该如何指导论文,数字技术如何改变论文写作,等等。然而我们讨论的内容却远远超过了这个范围,涵盖了许多问题,例如:研究生教育整体的保守性、受挫的学术就业市场、贫乏的研究生资助(包括美国大学使用临时教职工的不堪事实)、获得学位时间的延长,以及在研究生院的人文与社科领域中盛行的个人主义如何进行有效的协作。回想起来,这些话题几乎是不停地从一个蹦到另一个,如此大肆扩散开来。在整个高等教育系统内更大的制度问题下,研究生教育面临的种种"小"问题相互交织,实难分离。[3]

如果说研究生院已经病入膏肓,那么这种病态无疑横行内外,贯穿始终。正因为如此,讨论研究生教育改革——特别是人文学科改革——必须持有整体、全面的眼光。我们应当清楚,仅仅去责难博士论文实属豹窥一斑,还有许多更深层次的因素,它们不仅导致研究生教育不能协调而高效地运作,而且使接受了此等教育的研究生们找到理想的工作更加困难。

本书聚焦人文学科,对此我想进行一些解释。我的许多观点(或许不是大多数)同样适用于其他领域,我也会时常纵观全局,以囊括更大范围的艺术与科学。我把精力集中在人文领域,因为这个领域就像"矿井中的金丝雀"①。当我们讨论各领域研究的实际效用时,通常会首先探讨人文学科,这是争论研究价值的焦点,当学术界作为一个整体而为人所诟病时,人文学科也首当其冲。如今人文学者构成了对研究生教育不满的规模最大的群体,大量硕士和博士以"辅助教学"的身份进入学校工作,推动了很多研究型大学的发展。同时,在人文学科中也诞生了

---

① 译者注:矿井金丝雀的特点是经常被作为"惯常的试验品"。新开掘的矿井往往毒气密度较高,早年矿工在进入新矿时会携带一只金丝雀,它们对甲烷和一氧化碳等气体十分敏感,十分擅长发现潜在的危险气体。只要金丝雀发出叫声,矿工们即可知道空气供应是安全的。一旦金丝雀死亡,就有必要立刻撤离矿地。

最具创意的思考以及最与众不同的创新。专业机构内外的一些组织，如美国历史协会（AHA）、现代语言协会（MLA）等人文社科类组织，它们并不否认研究生教育问题的存在，而且试图指出前进的方向。因此，人文学科是发现问题并解决问题的不二领域。

当人文学科研究生教育所面临的一系列问题都明确之后，我们需要采取一种宽泛而系统的方法来解决它。只有当我们意识到每个问题都息息相关，并能催生出其他问题时，我们才能做出改变。对于研究生教育工作者来说，即使长期以来的无知与刻意回避使得前路变得无比艰难而充满挑战，也不能阻止我们窥镜自视，以正衣冠。

目前，几乎所有的研究生都从研究型大学取得博士学位。他们在研究型大学获得第一份教学经验，其论文的研究领域往往与指导教授的研究领域密切相关，论文指导教师自然而然地成为研究生的第一个榜样。学术圈内的工作并不只集中在研究型大学，而学术圈外的工作看起来与导师们的工作又有着天壤之别。[4]"教授"和"研究员"的概念在过去的50年中日益趋同，这一事实推动了研究生的培训，随之而来的是教学本身的边缘化——尽管大多数教授职位集中在教学密集型的学院和大学。这种彼此分离的趋势实为明显（一些评论者已经注意到了），而我是在离开研究生院很多年之后才有所察觉。这意味着研究生院是专业的学校，但大多数研、博项目都忽略了研究生和博士生们的专业发展。我们花费数年时间进行学术训练，只有在学生即将撞上就业市场大门的时候，我们才会顾及他们最紧迫的专业需求。教师们忽视了研究生的职业目标，这使研究型大学中学生的就业意愿与其所处的环境密切相关，这种相关的联系在持续加强。我们教导研究生去追求那些最稀缺的工作，于是他们中的大多数根本无法成功入职。

博士论文写作是对于研究院在读者的刚性要求，同时也是进入研究型大学工作的必要准备。在通往学术论文的道路上，很多人都不幸掉队。高达50%的博士生退学率向我们发出了警告，其中很多人的离开不是源于一个草率的判断（"我试过了，但读博并不适合我"），而是经过多年的研究生院学习后决定的。对于那些坚持到底的人，获得人文学科学位大约需要9年，这剥夺了年轻人赚钱的时间，并使他们积累了平均29 000美元的债务，这对很多人来说无疑是难以承受的。[5]

这体现了广泛存在的制度无序性，也证实了长期在任的哈佛校长 Derek Polk 的观点："研究生院是所有大学高级学位教育制度中最缺乏管理和设计缺陷最严重的地方。"[6]我们暂且不审视研究生院的管理和设计问题，问题的症结在于教学本身的失败。当我们讨论研究生院的窘境时，通常不会谈到糟糕的教学，好像它们的教学就该失败。

本书旨在探明研究生院的现状以及一些可能的解决方案。在本书中，我将展示为什么研究生的教学，无论课堂内外，都是至关重要的，以及从广义上讲，研究生教学与美国高等教育的使命与未来，乃至与整个社会前途命运的相互联系。"没有一所大学是私人机构。"罗格斯大学校长 Robert Chloe Hill（1932）如是说。[7]我们应当将此观点付诸行动。

本书的中心论点是：有效的研究生教学必须承认其所在系统的专业性。这意味着，教授、行政管理人员和学生也必须认识到以下几点：

● 在就业市场中，大多数研究生和博士生并不能得到其指导教授所从事的工作。

● 在进行指导时，即使大部分学生会选择不继续深造，教师也要一开始便对想要加入项目的学生讲明学术界就业现实的严酷性，并如实给出奇低的就业相关统计数据。

● 对于进入研究院学习的学生，各领域的研究生项目学习都必须找到其存在的合理根据，而不是让年轻的学生经过长年累月的学术训练，只能换来一份收入低廉、不受尊敬、充满不确定性的工作。

为了达此目的：

● 研究生培养项目需要通过着力改进课程标准，为学生进入更广阔的就业市场（不限于学术界）做足准备。

● 学生能够在一个合理的时限内做好就业准备并按时拿到文凭。

简而言之，教授和学校需要为研究生提供更好的帮助，并使这些帮助公开化、明确化。本书的终章"寻求伦理准则"，便是把教学改进和提供公共服务的思想结合在一起，呼吁重建大学的研究和教学之间的平衡、知识的产出与学生的产出之间的平衡，以及大学生活与社会之间的平衡。优质的教学和咨询建议都很关键，它们不仅作用于当下，还会影响未来。艺术与科学领域的研究生都面临着更大的就业困难，其程度为美国高等教育发展史之最，而大学教授们为此所付出的还远远不够。教师也没有对学生们进行充分的、不仅限于学术圈内部的就业培训。

如此说来，以下问题便应运而生：研究生院为什么要为学生在本专业之外的就业做准备呢？人们如果想成为律师就去法学院，想成为医生就去医学院，研究生院为什么不能只为那些想成为教授的人做准备呢？

一名学生进入研究生院学习并准备参加学术类的工作，并不意味着他的目标始终保持不变。Ian Niles 拥有加利福尼亚大学欧文分校哲学博士学位，他表示："我在获得博士学位之后，就对教学不是很感兴趣了。"现在他正从事电脑搜索引擎的工作。Eric Kaplan 是加州大学伯克利分校的哲学博士，他于"1966 年决定去私营公司工作"，在参加完口试后，他承认自己"担心就业市场的紧张局面，而且觉得为更广大的观众群体写作会很有趣"。现在他在一家电视台工作。[8]无论是普通还是光鲜的例子，都不胜枚举。研究生院需要学生投入大量的时间和精力才能达到要求，因此亲历过这段惨痛的学习历程之后，改变在学术圈内就业的想法再正常不过。

尽管有很多人都从事了相关职业，但是并不是所有的律师都执业践法，也并不是所有的医生都要去救死扶伤。研究生可能由于想成为教授而修读博士学位，当他们了解更多之后，有些人可能会放弃所学专业。这并不是最近才出现的发展趋势，"21 世纪的教育历史学家"（*The Education of Historians for the Twenty-First Century*），是一项由美国历史联合会资助的研究。研究者们认为，所有博士都寻求学术机构中的职业的假设是"完全错误"的。他们认为，类似的观点只是所谓"黄金时代"的残余，当时有丰富的教授职位——这一切导致现在的研究生教育如"千军万马过独木桥"。[9]事实上，研究生既可以在取得学位之后决定是否转行，又可以在获得学位之前做出决定，二者都不应该在教师的预估范围之外。既然能预估上述两种情况，我们就需要在研究生教学中充分予以体现。

我们必须承认，高校每年只需要少数研究生和博士毕业生，来填补因个别教授退休而产生的职位空缺。那么，我们是否应当减少研究生项目，只招收少数学生进行培养呢？其后果是研究生项目多样性的下降，会极大地削减其学生在智力水平、社会经济背景、种族以及民族上的多样性。在艺术和科学学院，不同项目的招生人数应当适当缩减，缩减至教师能够给每位学生提供个性化的学术培训及职业指导，但绝不应减至使所有的学生都能进入学术圈工作的程度。现代语言协会专项组于 2014 年进行的一项关于博士学位的研究显示："想学习人文学科的学生，会在工作中为学术事业和公众生活做出贡献。"[10]这个杰斐逊式的声明，揭示了在公众生活中培养更多博士的固有价值：更高的受教育层次不仅能造福学术界，还能提高社会的民主化程度。

博士们离开大学后，并不需要放弃学术生活。Katina Rogers 是一位在"替代学术事业（alt-ac）"方面领先并以此标榜自己的思想家，她将"替代学术"形容为：

> 替代学术并非一个具体的工作、职业或领域，而是一种方式，一种透过学术训练的视角看待工作以及将学术方法应用于工作的方式。这意味着当你参加工作时，怀揣着与进入研究生院学习时相似的热情和好奇心，并运用同样的技能与方法：精读、历史调查、书面论证，或其他类似的技能来完成手头的任务。[11]

这种校外的学术参与知易行难，许多博士被自己脑海中的"虚妄之诺"深深困扰。[12]教师们要为学生的此种不满情绪负责。学生不满现象的存在，意味着研究生项目必须明确如下内容：本项目到底能为学生提供何种教育，学生毕业后会面临哪些出路以及这些出路绝不局限于学术圈的残酷现实。

当然，大多数人文学科博士生都会考虑将来从事学术的目标（部分硕士生也有类似的目标）。但问题是，我们如何减少他们的风险，使训练能够适用于其他工作？研究生与博士生培养项目需要不断修正自我，寻求最适合的教学内容以满足学生的需要。对一些人来说，能够进入学术机构是最好的结果。但我们的想法是寻找其他适合的出路，对一些学生来说"替代学术"可能是最好的，另一些学生可能会完全离开学术圈。

即便博士生选择离开学术圈，他也不会觉得前途迷茫，博士不只是天赋过人的书虫。他们做很多事情都胜过在校外雇用的专业人员。Richard Wolff 在公司通信部门任高管多年，2000 年前后他开创了自己的公司——Golin Harris，并开始招聘博士生。"我的一些资深合伙人在我开始招聘博士时都深表怀疑，"他回忆道，"但他们接受了这个决定并一起共事。"据他估计，公司 70 人的员工队伍中，一度有 1/5 的人拥有博士学位。[13]

Wolff 认为："博士从纯粹的经济学角度来说是一种亟待开发的专业资源。他们拥有高教育投入带来的高水准的技能组合，因此可以凭借丰厚的起薪（高于他们做大学教师的薪金）将他们拿下。""此外，我会在中层职位雇用博士，"Wolff 说，"因为他们能够在更短的时间内达到职位的要求。相比本科生而言，受过专业训练的博士生会以惊人的速度学习进步。"

Wolff 所说的技能指的是更广泛和更实用的技能。博士生通常具有十分出色的组织能力和分析大量信息的能力。他们懂得广泛阅读和深入学习才能理解某些东西（包括超出当前研究领域的内容）的道理，他们可以在无人监督的情况下完成任务，他们可以胜任长期项目的管理并独立工作——当然，博士论文的写作便是他们以上能力的最好体现。

但是，现在的研究生教育一般不会为学生在心理上或实践上做长期准备工作，这样一来，学生根本无法在职场上有效地发挥这些技能。我们往往"教导"学生不去找圈外的工作，告诉他们这充其量只是一种没有办法的办法，一种权宜之计，告诉他们离开学术会让导师们失望，然而我们在未来就业上也没有为他们提供任何指导，于是导致博士们失业且不甘于现状。

研究生及博士生不能找到合适的工作，显示了高阶教育和指导的失败，其不良后果甚大。它也在一定意义上指明了席卷美国学术界的大危机的原因：包括人文和自然学科共同面临资金不足的问题，营利性大学的崛起，以及针对终身聘任制的攻击，等等。很多评论家都做出了令人信服的解释：研究生院教育系统在"人"这个层面出现了极大的问题，我们需要把人力、物力、财力集中在学生和学生助教上。这种解释其可取之处在于，Marc Bousquet、Christopher Newfield 等教育观察家在其字里行间呼吁研究生院改革的到来。他们的言论值得关注。[14]

有些人认为，研究生院本身的问题较之学术界整体的问题实在是微不足道，甚至有些人认为我的提议徒劳无益。事实并非如此。首先，系统的改革取决于对使命的尊重。教育学生是教授工作的核心。其次，当一个体系的所有者都拒绝自我检查，更遑论承认缺点并试图改正时，哪位体系外的人员还会支持体系内的修复？倘若管理者和传道者不关注当下高阶教育体制所面临的切实问题，他们就没有对其事业表现出足够的尊重。这种不尊重助长了维持现状、不思进取的风气，这一点无论在国内还是国外都切实存在。解决这些问题有助于拯救我们的专业，并且不会阻碍其他改革的努力。最后，如果大学不尊重那些牺牲时间和精力来取得硕士、博士学位的学生，又如何能得到那些教师或教育的政策制定者的尊重和同情？教师和管理人员几乎被周围的混乱压垮，而清理的工作却始于足下，即我们的本职工作。

第一步是清理教学。当前的研究生教学实践在本质上就相当于出售过期的护照。美国未来的学术事业一方面要求我们把现有的工作做得更好，另一方面也要求形成21世纪高等教育新的"关怀"伦理。未来10年可能比过去的30年更艰难。不同于过去的对现实窘境的充耳不闻，现在我们需要以清醒的态度迎接眼前的工作。

美国的研究生教育有许多扎眼的问题，最甚者莫过于学术就业市场，因其从不好（20世纪70年代）变得更糟（20世纪80年代），又变得残酷恶劣（20世纪90年代和21世纪初），最后变成彻底衰败（2008年经济大衰退之后）。最近非学术就业市场的问题（与经济大萧条有关），使得博士的就业形势更加悲观。在过去的几十年里，完成硕、博学位所需的时间却逐步增加，研究生培养项目依然将培养目标定位于空无职位的学术领域，学生们整日做着将来从事学术研究的春秋大梦，接受学术上专业却指向狭窄的技能培训。

俗话说"不发表即终老"，这句话在很大程度上有待检验。图书馆购买更少的书籍，出版商也正在改变其出版策略，虽然一些保守的学究仍不愿接受这苦涩的新现实。但是电子书所占据的市场份额依然节节攀高，美国的高等教育一直以来都是基于纸面论文写作，尚未适应新时代数字信息的发展趋势。随着新的电子技术传播方式的产生，新的合作研究形式不断出现。然而，大学内的评价文化一直不承认这些创新举措，更不用说予以特许了。由于没有新的形式和技术，论文往往很难与实际的工作相对应，博士生一旦离开研究生院就会经历这些问题。

我想顺带提几句关于技术的问题。一些教授和管理者认为存在某种灵丹妙药，无论是技术还是其他东西，可以介入并拯救我们，但这种想法无异于搁置问题，坐以待其自解。无论是新的传播技术、新的理论追求，还是新的研究领域的出现，都无法改变学术界学术水平目前下滑的轨迹。事实上，其中一些变革（如使用大规模网络公开课或"慕课"来削减成本）可能会加速某些问题的到来。

笔者在撰写本书时，"数字人文"正风靡全球，而且不只是昙花一现式的流行。他们提出新方法来完成人文学术的工作，呈现的不只是新成果本身，还有新类型的成果。我们有充分的理由期待计算机带给人文学科带来的新可能。我已经乘上了这辆新趋势的列车，迫切希望看到它驶向何方。

本书主要讨论有关研究生院的问题，从长远来看，新的计算机技术不可能改变研究生院的学术领域，也不会影响当前美国研究生教育所面临的主要问题——指导学生朝向子虚乌有的教授工作努力，希求教职而放弃其他工作。这就是我不在本书中详谈人文学科数字革命的原因。[15]研究生教育的病症不在此，而在波及甚广的教学上。

这些问题已经困扰了我们很长时间。卡内基教学促进基金会主席 Walter Jessup 认为："美国研究生教育出现了目标混乱的问题——缺乏对目标的清晰界定。"[16]教育学者 James Baxter 称，"教学工作人员过剩已经不是一种新现象"，他建议限制研究生的数量以防止"无产阶级学者的发展"（如低薪代课工作群体）。[17]"在不降低标准的前提下，论文写作的时间是否可以缩短？"教育学者 Bernard Berelson 问道。[18]这些抱怨听起来好像发生在昨天，事实上 Jessup 的观点产生于 1944 年，Baxter 的观点，则产生于 1933 年。Berelson 相对晚一些，他对于完成学位时间的担忧始于 1960 年。

我们所面临的问题之所以在时间上具有一致性，主要原因是早些时候资源十分丰富，而且麻烦也相对较少。例如，兼职教师数量很少，Berelson 所提出的学位完成时间也很少超过四五年。我们的问题存在很多年的另一个原因就是，我们没有尽力去弥补这些问题。问题持久就是因为问题所在的文化持久。

美国研究生院文化的首要部分是研究。一般来说，美国大学（不只是研究生院）的文化多元而倔强难改，研究文化的价值统治着我们的学术领域：教授们在各级学术食物链上用基于研究标准的价值来评价彼此的工作，可以看出这种价值标准具有强大的渗透力。虽然教学在美国高等教育中一直很重要，但不及研究的重要性，自 19 世纪末研究型大学产生时就是如此。[19]至于这些价值观是如何具体影响研究生教育的，在后续章节会加以详述。学术界是相对保守的，在某种意义上抗拒改变，而研究生教育比整体的学术界标准更加保守。学术研究被置于其他一切目标之上，这使谈论包括教学在内的其他目标变得更加困难。

一般来说，研究生教育需要更有效地针对研究生，适应研究生的特点。我们不再招收大批新生，因此，可以把人文社科的高阶教育与在读学生个人发展目标相结合。简而言之，我们必须以更有用的方式来进行教育。

我们对研究型大学制造"小我"的模式化偏好，使自己羞于谈起人文社科博士的实际效用。主要有两个原因。

首先，这样做意味着承认大多数人文科博士并不能进入研究型大学的终身教职岗位。如果我们继续幻想这些工作才是我们培养学生的目标，那么我们会继续坚持这种"适得其反"的方法：在某些方面对学生进行"过度培养"，而在其他方面却"训练不足"，从而使他们失去本应具备的灵活性——这种灵活性无论在高等教育体系的内部还是外部都是极其需要的。

其次，有一个历史原因使我们不能谈论实际效用，因为这在美国高等教育史上一直是一个争论不休的话题。德国的大学有崇尚理想、纯粹无私的研究倾向，这种倾向植根于美国研究型大学诞生的初期，由此诞生了很多崇高的言论，但这些言论不能恰如其分地适应美国的具体情况。首先，美国研究型大学的发展与南北战争之后中产阶级的崛起步步同行，顺理成章地在社会转型中扮演了重要的、带有实践性特征的、给予学位认证的角色。[20]同时，美国研究型大学的出现恰逢《莫里尔法案》的颁布，并自此建立了一众"赠地大学"。该法案由 Abraham Lincoln 总统在 1862 年签署，将"自由和实用的教育"结合在一起，并被双双赋予特权。换句话说，这些公立大学的工作从一开始就是要从功利性和理论性两方面推进各类专业的发展。我们不应该惊讶于美国研究型大学无一例外地基于工业领域的研究发展出本国特色的模式，而且，议员们选择资助大学，因为他们认为这样可以"提高国家竞争力"。[21]我们同样不应该惊讶于 1939 年约翰·霍普金斯大学校长 Isaiah Bowman 在联邦政府的一份报告中的声明："教育所能带来的实际效用是很重要的，相比之下，教育本身变得不那么重要了。"[22]实际效用一直是关于美国高等教育目的讨论的一部分，忽略这一事实是十分危险的。

"大学应该变成一个商业公司吗？" Henry W. Pritchett 提出了质询。这与普里切特在 1905 年提出的另一个问题非常相似。[23]显然，美国高等教育领域意识形态的理想蓝图——包括通识教育与技能教育之间的对立以及追求知识与追求金钱之间的对立——存在已久，甚至早于《退伍军人权利法案》和苏联人造卫星之后，联邦政府提供大量资金支持高等教育的战后学术黄金时代，所以 Clark Kerr 在 1963 年将其经典专著命名为《大学的功用》情有可原。[24]只要这个理想蓝图依旧描述我们应做的事情，我们就有必要探究其背后的特殊性和要求。

本书中提到的变革绝非易事，除非我们能改变对研究生教育一些根深蒂固的概念，并克服相应的体制障碍。例如，我们不能再"骄傲地"宣扬人文学科毫无用处。毫无疑问，人文学科（以及社会科学与自然科学）都从各自的领域致力于知识本身的积累，但是人文学科对美国社会的实用主义与实际价值近乎痴迷的追求却进行了批判性的思考。除了训练年轻学者将来在大学中教授相关课程之外，我们再去力挺人文学科的"无用性"已经着实不合情理。在 21 世纪，任何现实的人文学科研究生教育都应当认识到：研究生教育应当包括实用的、可迁移的技能训练，可以为毕业生高等教育系统外部的广泛就业市场做准备。如果我们依然持有这种"高尚却无用"的想法，即人文学科存在的价值仅在于学科内部，人文学科缺乏或者抵制实际效用，那么解决整个研究生职业培训问题的难度将会陡增，这是一个除非外力作用否则不可能自行解决的问题。

讲授人文社科是一种再纯粹不过的人本追求，因为它包含对人类的关怀，而如今人文社科教学恰恰忽略了这一点。美国研究生教育是以教师为中心，而非学生。正如后面章节要阐明的，研究生院的结构设计是根据教师的需要以及制度的需要，而不是在我们看来至关重要的学生的需要。这是一个棘手的问题，不仅在美国，在世界范围内都亟待解决。研究会一直继续，但研究生教育事业应当更加专注于对学生的关怀。本书针对美国的情况来具体讨论如何从学生的需要出发，从教室教学到论文指导再到最为重要的就业市场，从更广泛恰当的视角重新定义求职的问题，使其迎合那些深知自己的未来与任教无缘的学生的需求。

对研究生教学与指导艺术的普遍忽视无疑与教学法的视角格格不入，这更加印证了教学法的地位岌岌可危。研究生院以及大学必须对学生的职业生涯负责。对于学生来说，他们受到的关注和帮扶的多少关系到他们的生存。研究生课堂教学以及更广泛的研究生教育中所发生的一切，皆与美国高等教育所面临的问题息息相关。本书不但会将二者结合论述，还会将研究生教育作为一个切入点，来审视并剖析当今美国学术界关注的核心问题，"研究生院之道"将引出其他领域和机构之道。

本书融合了两个问题："什么地方出现了问题，原因何在"以及"如何改善当前的状况"。所有研究生院的教师都遇到过纠结于论文的学生，更有甚者会为之挣扎数年而始终无法完成。他们的情况着实令人唏嘘不已。在本书中，笔者会为教授们设计相应的教学策略，帮助学生顺利完成学业，但笔者更希望去挖掘问题的根源，揭示其更深更广的意义所在。有很多学生陷入"暗无天日"的论文写作，是因为导师们不愿承认对于学生而言能按时获得学位至关重要（这个问题过去就有，而今更甚）。它还显示出人们认为退出研究生院另谋他职就是失败的表现。研究生们之所以年复一年地受困于这步田地而备受折磨，很大一部分原因是他们认为自己若离开学术圈便会令导师失望。他们的教育因此包含一种更加现实的选项——指导教师们需要承担责任，不仅对他们的"好学生"负责，也需要对那些换到其他领域可能会有更好表现的学生负责。因为研究生在自己的职业规划上非常相信导师，尤其是自己的论文导师，因此我们需要更认真地肩负起这项责任。

我们为什么不对教授们的研究生教学加以指导呢？当前的研究生教育无疑漫不经心而且目光短浅，在当前美国学界乱象迭生的情况下，这个问题常常被忽视。在古典教育学理论中，学生就像艺术家手中的泥土，可以塑造成任意的形状，如今的研究生却变成坚强的、能够自我灌溉的植株，只需要偶尔修剪就能茁壮成长，不然为什么关于本科教学的书籍和文章层出不穷，却从来没有一本书是关于研究生教学的？教师花了大量的时间讨论本科教学，我完全支持这些努力，其代价是：一方面，教师们（包括管理者）难以有足够的时间去了解研究生的学习，并提供指导；另一方面，教师也不愿花费时间去了解研究生们自己想要学习什么，以及应该学习什么（重叠之处有但不常有）。有关研究生教学的内容不光文献缺失，简直"长恨春归无觅处"。

因此,《研究生院之道》第一个创新之处就在于针对研究生进行教学指导。与此联系密切的第二个创新是本书面对的主要受众:研究生的指导教师。我尝试使本书的写作面向更广泛的受众,但主要还是针对研究生院的教师。目前,有很多书是针对研究生的,包括一整架不同的论文指导材料(这表明研究生并没有从其导师处接受到足够的指导)。研究生们也相互写书撰文交流,其中包括许多指责与发泄性质的博客。但研究生是他们的指导教师教育出来的。本书的受众需要合流一道来谈论我们都会去做的事情。

本书的受众不应该仅仅局限于研究生的指导教师。我在书中经常使用"我们",并默认"我们"至少包含两个不同的含义:① 教授;② 人文学科以及其他领域的所有参与者。我是站在学生的立场上,想要改善他们的处境,改变他们当前接受的教育,单靠学生自己是无法做到的。我曾为《高等教育纪事报》写过一个名为"研究生指导者"的专栏,这是写给研究生的指导教师的,但读者中并不意外地出现了成千上万的研究生。专栏也吸引了大量不指导研究生的教授、管理者以及很多对大学工作感兴趣的非学术界人士。总而言之,这些不同阅读群体的合流构成了本书更广泛的受众。

其中广泛的教师受众组成了一个学界的特殊团体:他们安于教学现状,对于学生就业准备严重不足,对于那些受制于经济因素而自断职业生涯的学生淡然处之。我们无法使所有的研究生都成为教授,事实上他们中的许多人也不应该成为教授。但他们的长远发展和福祉是我们的责任,一旦招收他们进入培养项目,我们便承担了这种责任。这意味着无论在学术界内外,我们都需要以更具创造性的方式来照顾和培养研究生。

我们之所以要更加仔细地关照研究生,还有一部分原因是学生们对培养方式感到失望甚至愤怒。他们认为自己理应受到更好的教育,这一点无可厚非。研究生教学为这一关键冲突的呈现打开了一扇窗,其乏善可陈凸显了我们对下一代研究者缺乏关照的事实,博士们的就业危机就是明证。这也印证了大学严重缺乏公众支持和资金保障的现状。从近些年来对教授们的政治化讽刺中我们可以看出,公众急于了解学术界的缺点和愚昧,很多博士毕业生的经济困难此时也助燃了公众的兴致。当我们审视研究生教学时,可以看到除了体育以外,美国学术界其他领域都有很大的问题。

《研究生院之道》将研究生教育分成了几个不同的阶段。按照一位研究生的学习周期来展开，从入学到课程学习、学位获得，再到找工作和就业。同样重要的是，本书把研究生教学与指导当作切入点，对教授工作进行重新审视并提出一套参考指南和建议，以求能够更好地巩固摇摇欲坠的学术大厦。最后我将提出建议，关于这种重新的审视应从何处开始。具体而言，我会提出一种新的高等教育理论，这是基于过去一个世纪以来最成功的进步运动——环境保护运动。要知道，即使是那些破坏环境的人也会假借环境保护运动的口号（可见其成功）。美国高等教育若想自救，就必须以类似的手段统一话题，一致对内。对于大学来说，就是要调整自己的培养模式和目标以适应时代的需要。

这些问题的答案并非全在课堂当中，但课堂教学一定是解决这些问题的中心策略之一。研究生们需要我们的帮助。通过致力于提升教学质量，我们可以了解美国高等教育的问题所在，并着手解决这些问题。

注释：

[1] 一位博客主将研究生院描述为"书呆子的沙龙"。关于是否选择进入研究生院学习，他表示："一个简短的回答——不。"如今这些观点依然在很多圈子里盛行，但我们更应该关注的是这些观点缘起何处：任职于精英学院斯沃斯莫尔学院（Swarthmore College）的不止一位教授，这些人被普遍认为是应当支持研究生院的。来源：Timothy Burke "你应该进入研究生院吗". http://blogs.swarthmore.edu/burke/ permanent-features-advice-on-academia/features/.

[2] 讨论在电视公共节目《今日的高等教育》中播出，主持人为 Steven Roy Goodman。节目视频见 http://youtu.be/mxs2NZdfkDY。

[3] Michael Bérubé，现代语言学会主席，2012 年在与研究生院联合会的对话中用温和的方式将研究生教育的问题描述为"天衣无缝"。

[4] 正如 Derek Bok 所指出的："传统的博士项目设计，至少在人文科学和社会科学领域，已经与其将从事的工作和事业出现了明显的脱节。博士项目的设计和要求通常是为毕业生在研究型大学中工作做准备的。"这个问题如今更加重要，因为"只有 1/4 的博士毕业生能够在各种类型的研究型大学中谋得一份教职。"

[5] 数据来自国家科学基金会关于博士学位获得的调查，参见国家科学基金会 2012 年《美国大学博士学位授予者》。

[6] 波克（Bok）. 美国的高等教育. 230–231.

[7] 罗伯特·克洛希尔（Robert C. Clothier）. 1932 年罗格斯大学校长报告. 罗格斯大学公报，1932（9）：6.

[8] 海伦·德·克鲁兹（Helen De Cruz）. 工作在学术圈外的哲学家——第一部分：他们如何来此工作，为何来此工作？

[9] 托马斯·本德，菲利普·卡茨，科林·帕尔默（Thomas Bender, Philip M. Katz, Colin Palmer）. 美国历史协会（AHA）关于研究生教育的研究.
[10] 现代语言协会专项组关于现代语言文学领域博士学位的研究报告. 纽约：现代语言协会，2014（5）：1.
[11] 卡蒂娜·罗杰斯（Katina Rogers）. 关于替代学术的几个想法. http://katinarogers.com/2012/07/06/a-few-thoughts-on-alt-ac/.
[12] Rebecca Tuhus-Dubrow. 博士的再定位（The Repurposed Ph.D.）. 纽约时报，2013-12-01. http://www.nytimes.com/2013/11/03/education/edlife/finding-life-after-academia-and-not-feeling-bad-about-it.html?pagewanted=all.
[13] 引自2012年3月22日作者对理查德·沃尔夫（Richard Wolff）的访谈，后面的引用也来自此次访谈.
[14] 马克·布斯凯（Marc Bousquet）. 大学是如何运行的：高等教育与低薪国家. 纽约：纽约大学出版社，2008. 克里斯托弗·纽菲尔德（Christopher Newfield）. 恢复公立大学原状：对中产阶级四十年的攻击. 哈佛：哈佛大学出版社，2011.
[15] 现代语言协会专项组报告，第1页.
[16] 沃尔特·杰塞普（Walter Jessup）. 美国研究生教育导论：卡内基基金会的报告. 纽约：卡内基教学促进基金会，1944：14.
[17] 詹姆斯·巴克斯特（James Baxter）. 社会科学学生的工作选择. 美国大学联合会期刊，1935，35：45. 巴克斯特认为，当前的研究生院充斥着"大量对创造性的学术研究既没有能力也没有兴趣的学生"，他们进入研究生院只是因为在大学教书需要博士学位，在中学或中专教书需要硕士学位，这直接导致了极高的退学率："很大一部分学生在入学第一年后就很难继续他们的学业了，能够最终完成博士学位的学生比例很少超过1/3."（45页）
[18] 伯纳德·贝雷尔森（Bernard Berelson）. 美国的研究生教育. 纽约：麦克劳希尔出版社，1960：181.
[19] 吉姆·罗斯曼，美国历史学会执行理事，在2014年提格基金会年度会议上用一种诚实而概括的态度描述了高等教育机构："我们一般将研究生训练为新知识的生产者，以及研究式的学者。如果有可能的话，我们也希望他们都能成为教师。"
[20] 伯顿·布莱德斯坦（Burton J. Bledstein）. 专业主义的文化：中产阶级与美国高等教育的发展. 纽约：诺顿，1976. 我在结论中将对这种发展做出更多的阐释.
[21] 凯瑟琳·查普特（Catherine Chaput）. 教学机器内部：美国公立研究型大学的全球化. 塔斯卡卢萨：亚拉巴马大学出版社，2008：50, 56. 罗格斯大学的校长罗伯特·克洛希尔（Robert Clothier）1938年关于研究生教育的论段是一个很好的关于"实用性"的例子："大学的哲学可以被简要概括。在研究领域，我们有义务提供给年轻人最佳的能力，使他们在各自的专长领域内追求真理，拓展知识，尤其是关于新泽西工农业生产所面临问题的知识；我们要为他们提供充足的实验室来工作，以及充分的供应和援助."
[22] 艾赛亚·鲍曼（Isaiah Bowman）. 美国民主中的研究生院. 内部公报第10期，华盛顿特区：美国政府印刷局，1939：12. 鲍曼指出，研究生院能够为不同类型的学生提供不同目的的服务——学生中有研究者、训练中的教师，以及准备进入社会生产的工作者。"目前我们尚不清楚，我们提供的知识能以何种方式彼此联系。这也是研究生院面临的问题中最重要、最困难的问题。"他说。虽然我在结论中更多是以全球化的视角来阐述这个问题。关于美国研究生院如何将教学与研究相结合的问题会贯穿在本书的讨论中.

[23] 亨利·普里切特(Henry W. Pritchett). 大学应该变成一个商业公司吗？亚特兰大月刊，1905（96）：298–299. 普里切特曾任麻省理工学院校长，后于 1905 年成为卡内基教学促进基金会的第一任主席。
[24] 卡尔的这本书总共经过五次修订，最后一次修订是在 2001 年。卡拉克·卡尔（Clark Kerr）. 大学的用处. 马萨诸塞州，哈佛：哈佛大学出版社，2001.

目 录

第一章 道德规范的探究 …………………………………………… 1

第二章 授课：课堂研讨及其他方式 …………………………… 29

第三章 综合考试——极致还是基础 …………………………… 53

第四章 **Advising** 导师制度 …………………………………… 63

第五章 学位 ………………………………………………………… 99

第六章 专业化 …………………………………………………… 131

第七章 重新审视就业市场 ……………………………………… 151

第一章
道德规范的探究

　　我校的前研究生院院长，Nancy Busch，经常问我们是否应该为研究生设置一个核心课程群。学者们经常就这一问题进行辩论，研究生学习不同的学科，设置一个核心课程群几乎是不可能的。然而，Buch对自己的问题给出了肯定的回答，她认为研究生共通的核心课程应该是"以史为鉴"。

　　经过深入的考虑，我同意她的观点。今日美国的研究生教育在诸多问题的拖拽下缓慢发展。我强调过这些问题，例如，老套的、不连贯的课程，冗长的学习时间，高辍学率，扭曲的学术就业市场和培养学生多样性就业的失败，陈旧过时的论文要求，等等。这些问题在美国的研究型大学都根深蒂固，了解问题的历史缘由可以让我们更好地了解它们。

　　考虑研究生学院的问题离不开美国高等教育的大背景，研究生教育和本科生教育是不可分割的，事实上，它们之间会互相影响。其中一方的问题也是它们共同的问题，这些问题有时还会扩散。正如音乐家Warren Zevon在死前所写："房内骚乱，门锁脱开。"[1]人文教育的不连贯导致教育界精英为高等教育之殇而哀叹。[2]高等教育的费用不断飙升，其规模的螺旋式上升比比皆是，我们在得意忘形之际忘记了曾经有成千上万的美国年轻人上不起学。[3]（对比今日险峻的情况和战前时段，当时的退伍军人法案为不同阶层的人打开高等教育之门，并使大学成为民主精神的可视部分）高等教育的高昂费用还引起了其他病症，乃至一些知名的出版物怀疑高等教育本身就是一场骗局。[4]

　　舆论的压力以及政治上的操纵让美国的高等教育让渡着教育的崇高使命。关于终身教席的舆论攻击屡屡奏效，正是由于终身教授的特立独行，不能将自己的专长和他们所在的教师群体的研究内容相融合。这些独立的研究使得一些教授就像躲在"井底"，拒绝出世，这个问题的根源在于教育的大环境。学术若想存活并繁荣，大学作为整体必须得到关注。

这就是为什么高等教育需要一个新的共同的道德规范。旧的道德规范（如果真的存在），目前看来效果不佳。道德规范并不是个人战略，它既需要院系、学校乃至政府的投入，也需要教授们从自己的项目和课堂中做起去改革旧政策。万事开头难，但是只要跨过第一步，新建立的道德标准就可以提供一种重新思考当代教育行为的方式，从而为更大规模的有效投入奠定基础。研究生院需要解决自身的问题，从课堂教学做起便是第一步。如果连授课方式都存在缺陷，我们就很难再谈其他。

要克服窘境，我建议认真看一下我提出的上一个问题，即不尊师的问题。校园中的非学术人员总是内心愤懑，他们认为教师是偷懒的，这十分可笑。还有人质疑教授，尤其是人文学科的教授，整天空谈意识形态等假大空的问题而不教知识和技能。[5]我不打算"为吾申辩"，但是我想知道为什么要宣扬如此可笑的谬论。

原因就在于大众社会感觉自己和大学之间有一道不可逾越的鸿沟，大学教育的高昂费用也点燃了这种愤恨的火焰。我们经常读到这样的文章："大学教育值吗？"或者"大学教育的实用性何在？"这些质疑的背后是舆论把高教看作商业行为，看作货架上的商品的认知。事实上，"主顾们"自20世纪起就将美国高等教育看作是一种经商。证据就是，我刚提到的那些文章标题正是19世纪90年代的。[6]

一、大学的商业

近年来，关于高等教育的商业化已经让一些人恨得咬牙切齿（譬如 Jane Smiley 在其 1995 年的校园小说中有过讨论）。近年来倒是没有什么人质疑，城镇居民和大学中的师生关系已经演变为一种市场主体之间的关系。关注点依然转移到大学的价值、研究生教育在市场中的价值以及高等教育作为商品的价值。

对高教商业化的不满始于费用的飞升以及政府补助的不足。[7]大多数美国人就读的是公立大学，但是联邦政府对公立大学的资金支持自 Nixon 上任起就不断下滑，学费倒是一路走高。[8]将教育看作一种商品的趋势也源于一些大学规模的膨胀和管理层层级制度的建立。其结果是，高等教育的日渐商品化掩盖了高等教育的使命和其社会公共服务的本质属性。

"大学并不完全是企业，尽管兼具企业属性"，这个观点有些让人不能接受。营利性大学的金钱只入不出，非营利大学也不"卖"它的教育产品。不过我们可以从供求双方的角度来更清晰地分析问题：生产者可以影响顾客的需求，但是需要强大的说服力。当你生产一种很难被估价的商品时，你需要持续地说服你的顾客这个商品是值得拥有的。研究生院以及其他高等教育院所，正是这样的案例：如果我们要求社会为他们埋单，我们需要向他们展示这样的付出是值得的。的确，研究生院理应不同于商学院，前者应该是高教非金钱价值的尺度（尤其是人文学科的研究生院），但是研究生院又必须收入学费以供养其员工（老师）。

《拯救人文学科》这本书已经传了不少年。[9]它在结论中解释说，这种情况就如代表们在一个城镇会议上大言不惭地为水的价值做着辩护，其实每位的头发都在着火。高教既能救火又能解渴的问题我们稍后再说，当务之急是要改变自身在公众之间，尤其是中产阶级之间的坏人形象。高等教育备受公众打击的一个原因是，在广大的中产阶级眼中，大学一直试图主导和公众的关系。就像你去逛一家商铺，一位讨厌的店员不停地告诉你该买这个，该做那个。

中产阶级首先为高等教育埋单，或者直接（如上公立大学）或者间接（如政府拨款或接受其他公共支持，如私人组织的非盈利行为）。尽管美洲和欧洲的政府都支持高等教育，但不同之处在于，美国高教的学费是由学生的家庭直接缴纳给学校的，然而在欧洲，公众对高等教育的支持是完全由公共税收承担的。美国的收费方式给了学生及其家庭一种直接的交款义务，家庭和学校的关系更紧密，直接交易更多。双方实质上是一种财政上的合作关系，而家庭则完全感受不到自己是合作关系的一方。

如果合作是目标，那么将办学比作经商不再恰当，并且饱受诟病。高等教育不生产能被识别的产品，就算产品能被识别，也不能被估价（这常常是因为他们的价值，不论是有关科学的创新还是扎根于艺术史，都只会在很久以后才能显现出来）。这个问题古今皆有，而且在很久以前就受到了经济学家 Thorstein Veblen

在 20 世纪早期的一本叫作《美国的高等教育》的书中的谴责。[10]

完全将教育当作产品的想法也许有问题，但又似乎无可辩驳。在一个将自由的市场化当作信仰的国家，他的公民拒绝崇拜教育是很现实的，因为他们为此埋单。公平地说，掌控高等教育的战争在 21 世纪早期就开始了，文化战争最显著的遗产就在于此，我们也可称其为学界冲突中最新最残酷的战争。也许这场战争最重要的部分就是大学究竟应当与什么事物进行类比，商业模型是在对美国高等教育的批评中获胜的一方。[11]

若非与美国历史、传统和实践中的果实相抵触，我们或许只得接受办学和经商的类比。对于大多数大学而言（1880 年以后的），高等教育已经将自己定位成一种有用的物品，甚至一种公共服务，而不仅仅是商业行为。作为一种文化产品和社会福利，它被看作是独特的，甚至是神圣的（正如长时间的教堂和学校的附属关系一样）。Veblen 和其他学者认为，在一个崇尚市场的国家，教育是近期才被看作是独特的类属。几个世纪以来，教育都被认为是一种没有价值的产品，一种被理解的可收集的产品。在一个崇尚市场的国家，高等教育的定义一向复杂。大学教育既是崇高使命、公共服务，同时也是一种可买卖的商品，这种定义也就美国人想得出来。

二、大学的使命

复杂的定义使我们不禁想要问一个问题，美国高等教育的目的是什么？在 1870 年以前，这个问题的答案是很清晰的。正如英语学院（也是最早最古老的大学机构的雏形），美国的大学有一个明确的目标：生产学生。这些受过教育的学生会成为具有生产能力的公民。

在这些生产追求中最重要的是宗教职业。哈佛大学的第一任校长，Henry Dunster，劝告他的下属："你们应该在各种学习活动中都位列前位，不论神道还是人道，涉及每一个在你监管下的学生。"[12]同理，普林斯顿早期的学者也很重视培养道德情操高尚的人：

> 对知识的渴望似乎在人们之间传播。同时也激发了家长们模仿自己孩子思维的灵感；公共站都是受过良好教育的绅士；天主教的集会有很多具有超群天赋的

人，使神职人员办公室的人才不断更替。[13]

这些十七八世纪的断言并不会让我们吃惊：早期的美国充满了在教会高层中任职的宗教流亡者，英语大学和英语教堂紧紧联系在一起。

但是大学的目的并没有被宗教限制。18 世纪中期，普林斯顿的一位创始人——Ebenezer Pemberton，已经将目光投出了神学院的高墙：

尽管我们有很强的意图去建造一所神学院来教育福音院长们，我们还是希望他们在其他领域也能发挥作用，如国家和教堂的精英，因此我们提议尽可能地为教育做计划。[14]

普林斯顿大学曾经非宗教和宗教学科两手抓。同时期创建的宾夕法尼亚大学的设计是世俗的，正如它的第一位教务长所说："我们希望可以引导学生在一系列简单的提升后最终拥有思考和写作的能力，并取得优秀的表现，这也是自由教育最大的目标。"[15]这种价值观一直持续到 19 世纪。在 1853 年的报告中，哥伦比亚的校董们宣称："一个大学的设计是为了完美化人类各方面的智慧和功能。"身体、精神和教育的设计都会对塑造人的观念发挥作用。[16]

那么，一个大学应该培养什么？一段时间以来，这个问题的答案都十分明确。在美国的学院时期，在大学成立之前，高等教育强调培养有文化的学生，使他们可以领导公民、教会和国家（由于早期的学院规模都很小且数量有限，因此只有少数男子可以参加；美国的高等教育是从培养精英开始起步的，因此培养受过教育的领导也是情理之中的）。[17]这些受过教育的学生拥有社会价值。但是，学院本身并没有这种价值，也不应该有。因为教育是根据经济进行运转的：人们将自己的孩子送到学校，学校教育孩子，最终将孩子还给社会，社会给了学校存在的价值。[18]

这是一种相互关切的关系，与学校和商业类比有本质的区别。"你照料我的孩子，"家长告诉大学，"我们就回馈你。"这种相互的关切在今天的美国并没有过时，很多家长仍旧这样相信，而且没有比美国中产阶级对学校教育的信心更明显的例子了。

美国的大学对于本地的家长是一种传统。早期的学院照料自己的学生超过一切，这也是当代保护欲很强的家长所需要的，现在这种情况依然存在。

这种以学生为中心的学院传统在 19 世纪后半叶被质疑和挑战过。由于科技的支持和内战后美国资本的迅速积累,第一批研究型大学在美国的土地建成了。其中一所就是芝加哥大学,受赠于 John D.Rockefeller 及多人。这所学校的首席校长是 William Rainey Harper,他认为自己的使命是作为一所机构的支持教学之上的创造者:

被建立的应该是一所大学,而不是一所学院……只有真正做过调查研究的人才能教别人怎么调查研究……自由的观念、工作的时间、思想的自由是所有工作基本所需的重要因素。换句话说,机构应该是以调查研究作为最重要的工作,教学应该是在第二位的。[19]

Harper 更清晰地陈述了:研究是最重要的,教学排第二。Daniel Coit Gilman,当他在 1872 年就任于加利福尼亚大学的校长时,也同样强调了教育中的研究:

我们应该建设的,是一所大学,不是高中,不是学院,不是科学中心,也不是工业学校。大学是一种最全面的说法,是可以被用来预测一个为了促进和扩散知识的基础,也是一系列为了促进艺术、科学和各种学科的群体。[20]

Gilman 对知识的强调(和学生相反)是非常明显的,因为他很快就受聘于约翰霍普金斯大学,成为那里的首任校长。他很快就在霍普金斯将上述付诸实践,并将霍普金斯建成最顶尖的研究型大学之一。此时,美国的研究型大学正在形成规模,它们的教育理念多是借鉴德国的研究型大学,基于一些以纯研究为基础的理想模型,在这些模型下学者追求真理,不用顾忌未来就业实践。

但是,源自德国的模型与美国本土的观念相冲突,美国观念是,高等教育的目的是培养公民。相反,研究的模型强调的大学功能是生产知识。我们也可称其为知识工厂模型,这个工厂建在一个人们始终认为教育的目的是育人的国度,他们并不认为研究是最高和最重要的追求。学生的培养和新知识的创造,用 Nicholas Lemann 的话说,"两种对于高等教育完全不同的想法"同时存在于美国。[21]

Harper 和 Gilman 对我所说的研究文化也有过清晰的言论。通常来说,研究文化在教育学生的过程中会促进知识的创新。研究生教育为两种素养架起了桥梁:在美国,研究文化总是和研究生院以及研究生联系在一起的。我们能看到的是,美国的学院在大学和研究生院成立之前只培养少量的研究生。研究文的成长并不是独立于高等教育，但是独立于促进其发展的机构。事实上，早期研究型大学最真实的景象应该是完全与本科生隔离的。新约翰·霍普金斯大学的设计并没有包含本科生，克拉克大学也没有，这表明早期研究文化理想模型是有野心的。霍普金斯大学，被发现在学校开办之前添加了本科生的学院。尽管克拉克大学在很短的一段时间仅仅招收研究生，但是在其投资人去世后就添加了本科生学院。[22]

仅有研究生的大学模型被证明在财政和社会关系上都是不可行的。很难想象一个美国人会去资助一个没有本科生学院的大学。因此，以英语学院为基本模型的学院，和其他源自德国的研究生院在美国的高等教育中被结合在一起了。[23]它们的结合是因为当大学成立时学院已经存在，而且大多数美国人将大学既看作教育中心，也看作研究中心。甚至最虔诚的研究文化的学者早早就意识到，在美国，研究型大学不得不既培养学生也生产知识。他们看到了构建起美国人对高等教育社会服务属性的期望，而且这种期望从未消失。我并不想建议美国反对研究型大学，当然美国人也不会这么做，但是这并不意味着研究属性可以凌驾于服务属性之上。[24]

从历史的角度讲，大学融合了这些潜在的相抵触的责任，并将它们平衡于不同的比例。哥伦比亚大学的校长 Nicholas Murray Butler 在 1902 年宣称："大学既是为了学术也是为了服务。"[25]罗格斯大学的校长 Robert C. Clothier 在 1936 年用类似的方式描述了大学的作用："首先，它通过创新研究奋斗，不断增添人类各种思想领域的知识……其次，也是更重要的，一个大学的存在是为了给年轻的头脑传授知识。"[26]Clothier 的言语表现出一个公立大学校的角色：研究重要但教学占了更大的比重。"通过支持教职工科研"，历史学家 Julia A. Reuben 观察说："大学可以宣称他们通过两种方式服务社会：研究生可以为形成上层建筑出谋划策，他们也可以创造推动社会进步的知识。"[27]英语学院和美国版的、德国版的不同目标就这样被融合了。

这样的融合在继续，由于 Harper 清晰描述的研究哲学和 19 世纪晚期其他一些大学管理者没办法打倒的反面观点。研究文化在学术的大地上摇摆不定，这一点我们可以从研究证书已经成为度量学者成就和价值的首要标准看出。但是其他关于目标的观点和对于高等教育的价值观仍旧在讨论中，并且形成了许多纠结不清的想法，正如高等教育的历史学家所描述。

过去关于大学目标的两种相对的观念持续地形成了我们现在的观点。溯源今日的辩论，我提供几个由机敏的历史学家提出的三元比喻。一种描述了大学与美国社会，其他描述了反对大学的意识形态。总的来说，他们启示了美国研究型大学重实践文化的始兴。

通过 Burton Bledstein 的《专业主义的文化》，可以看出，美国大学诞生于 19 世纪晚期，而且不能和其产生时的背景相分割。大学是增长的国家财富的接收者（同时也为中产阶级做贡献），并迅速崛起为中产阶级投资的目的地，以此形成了一个相互依赖的关系，这种关系一直在持续。

专业主义者在内战后改变了美国，他们用服务经济代替了农业经济，工作场所的等级化促进了新机构的形成。文化历史学家 Alan Trachtenberg 将这种转变描述为"美国的合并"[28]。这些变化带来了对于专业认证的强调。专业人员——医生、牙医、律师和其他职业——现在都需要证书，徽标也会很快成为辩证身份的基本象征。[29]大学的校长迅速意识到高等教育机构在新的工作环境可以扮演的角色，大学也很快让自己加入了工作环境中证书化的角逐中。

中产阶级学生在很多国家都去学院和专科学校学习，但美国是一个高等教育的使命与中产阶级身份和目标难以分离的国家。Bledstein 的发现展示了美国的专业人员阶级和中产阶级的形成是怎样由高教体系的出现而导致的，同时这个国家的专业人员阶级和中产阶级身份随之形成。两者同时出现，一同成长。大学和中产阶级的联盟验证了一种信仰，即高等教育是一个中产阶级的标志（这种信仰随着大量年轻人走进大学而更加根深蒂固）。因此，大学不仅在美国的社会结构变化中兴起，还与其有着千丝万缕的共生关系。[30]

现在让我们更近距离地看看研究、自由文化以及效用所构成的三角关系。这三部分的相爱相杀正如 Lawrence R. Veysey 在《美国大学的出现》中所述。[31]三者之争从该书发表持续至今。维斯一丝不苟地刻画了研究、效用和自由文化之间的持续冲突，这种冲突广泛存在于新式大学成立最初的几十年之间。

鉴于 Bledstein 的观察，即大学的成长与中产阶级的壮大相辅相成，我们不应该惊讶于当今高等教育的商业化运作方式。商业导向的观点最贴切地体现在 Veysey 所展示的三角关系中：大学应该在社会中体现其效用。这种实用性在美国大学出现最初就呈现出来了。美国的学院立足于效用的高低，反映在他们陈述的以培养社会精英为目标的教育体系中。但是效用在美国是一个一以贯之的概念，与教育无关，想想那些机智而有行动能力并白手起家，丰衣足食的业界大亨们就再清楚不过了。

说了研究和效用，这里稍微提一下"自由文化"。"自由文化"是指，高等教育应该旨在培养具有质疑精神、敏锐眼光和精准判断力的个体，帮助其成为模范公民或未来的领导者。在 19 世纪末 20 世纪初，普林斯顿是被这一哲学引领的很好例子，这也解释了为什么它到现在也没有一个诸如商学院这样的专科学院。我希望大多数的教育者都能相信自由文化的价值。

本科教育重视自由，自由文化也应该囊括研究生学院。诚然，帮助研究生和博士生引领社会潮流，正是本书的主题之一。自由文化在美国高等教育中扮演着一个持续而特殊的角色，但是现在我对它却有点失去兴趣，原因如下：第一，其他人已经为它的价值有过充分的雄辩。例如，Andrew Delbanco 为自由文化陈述了自己的观点，他的自由主义很有说服力。Delbanco 认为，全部美国人都会从参加学术自由的学院中受益，主要是他们能交得起学费。[32]第二，自由文化，不管其在教育中有何种价值，它的隐含精英主义使其不切实际。在美国，精英主义并不流行，因此自由文化在今日的美国也许并不是推销高等教育的最好方式。

取而代之的是，研究和实用的冲突形成了我现今的目标。Harper 在芝加哥大学成立仪式上的发言（"这所机构应该将调查研究放在首位"）印证了研究文化的价值，也就是在美国强调对真理科学研究和研究中创造的知识。

而在同一时期，实用主义观点在宇宙学中被很好地从哈佛到斯坦福以及很多中西部的校园展现出来。实用主义从一开始也深入美国一众大学的骨髓。（从哈佛大学的校长 Charles Eliot 开办商学院的决定中能够看到这样的观点。）[33]如果说研究型思维的观点是因为德国人的模型成型的，那么实用型的观点则是由于在 1862 年由林肯总统签署的莫利尔法案而成型的。莫利尔法案创建了赠地学校——一种以学生为中心的学校。此项法律的作用是"教授与农业和机械艺术有关的分支学科",并且"促进自由和实际的工业课程的教育"。[34]在南北战争战后的时期,当赠地学校真正成功开办后,其中大部分是以研究型大学的身份成立的。

这些赠地学校的校长预见世界和 Harper 在芝加哥大学的看法是不同的。在几乎同一时期,Harper 正在做有关于调查研究的关键点,James Canfield,内布拉斯加州大学的校长,正在攻击被他称为"百无一用的博学",他说,研究导向被错误地认为是"为建造大楼搭建脚手架"。Canfield 强调了学习的实用价值。他说:"那些学者专家和博学者很享受自己的工作。"他认为他们比不上那些"实践工作者,他们总是希望自己能知道需要做什么"。Canfield 看到了精英学院和日常生活的"分离"。[35]同样,学院派的哲学家如内布拉斯加州大学的 Canfield 和芝加哥大学的 Harper 之间也正在分裂,两派相争直到今天激烈异常,实践派一直要求知道自己所交的高额学费究竟有什么用。

研究派与实践派的冲突使得大学进入了一种和社会公众在不言之间讨价还价的境地,只为换取公众对高等教育的支持。

Veysey 关注了 1910 年以后的时期。20 世纪初的关键词是发展,迅猛地发展,多呈指数型增长。大学开始拥有机会大规模地建造自己的滩头阵地。由卡内基大学赞助的作者在其《学者的养成》一书中指出:"不谈目的可以帮助我们保持一个不确定的和平。"[36]大学内部等级制度的完善为两种观点的发展提供了保护伞,二者互不侵犯,关系趋于缓和。

这种关系的缓和与今日的研究型大学的培养方式有异曲同工之妙。将 Bledstein 和 Veysy 的结论放在一起,我们可以看到重塑研究生院的努力——过去的和现在的——这与最初成立大学时的两派理论基础一脉相承。对于研究的神圣化,也是我在整本书中都在论证的,避免了布莱斯丁很明确的完全认知:专门化(一种和实用主义紧密相连的价值观)不能在美国的高等教育发展史中被孤立地看待。但是,对现实性的需求(以及专业性),尽管与大学的现实脱离不开,却与最初成立大学时的研究理想背道而驰。当大学的发展如火如荼时,二者的紧张关系被表面的繁荣掩盖,但是这个时段已经过去了,高教大厦的断层线正重出江湖。

今日大学发展的路线是规模最大化。教育是有多种维度的,它的层次通过组织研究得到的知识产品得以凸显。教职工不论是否任教于研究型大学，都根据他们在研究型大学的研究理想主义来评判教学质量。不论我们在哪里工作，教授都更倾向于以我们研究的产量而非我们教得有多好来定位我们的教学或服务（我们也并没有想出一种更好的测量方法）。[37]

我们将这样的价值观直接传授给研究生——通常有害而无利——并且在代际传承。对于教职工和研究生来说，研究是一种通用语，是领域的核心，在与关于高等教育的其他争议性话题的较量中，它已经为我们研究文化提供了重要且长时间的优势。这意味着重视教学的小学院，研究决定了它的地位、排名和优势。这并不是说我们不尊重教学，也不是说研究者都是不好的教师。德国教育家 William von Humboldt，是以他名字命名大学的创始人，他认为教学和研究是相互维持的。Humboldt 指出（在大学内）："在最高的水平上，教师并不是因为学生而存在，教师和学生都在常规对知识的追求中有自己的判断。"[38] "大学都充满了学者和科学家，他们也都是富有激情且热爱教学工作的。"[39]但是研究是一种货币，它在不同的校园之间可以形成一个稳定的循环，一部分原因是它可以被量化成价值并跨越学校间的边界。我认为我是一个好老师，但是我之所以可以写这本书，就是因为我之前发表过专著，而且我的作品被大量地引述或引用过。

这样对研究文化单方面的投入，标志着美国高等教育需要面对许多问题。教授在一个系统内工作，这个系统是有等级制度的知识工厂，它面对的是一个要求不断更新人类使命着眼点的公众，这样的要求增加了将教育看作商业的观点，使其在不经意之间成为一种人类使命的载体。从这个方面讲，高教学院成了高等教育的脸面，而研究生院是支撑高教体系的一条腿。研究生被夹在两种价值之间：他们被要求扩展研究文化的价值，同时也必须学会教学。这些学生作为研究员，学习我们的优先目标和价值观。作为学生，他们被我们设置的研究目标折腾得不轻。

现代美国大学在一个世纪前引进了德国研究型大学的观点之后，很快就替换了旧的"照料看护学生"的教育核心价值观。这个变化是渐渐发展的，由于篇幅有限这里不再赘述，但是这种变化是因老式的家长式的作风激发的，当时的独裁校长和部门领导将自己看作其他同事的父辈，惹得同事怨恨。这种管理式的关切形成了一种比对学生的关切更严格的形式，甚至使老师对学生的态度变得有些"恶毒"。没有了任期的保护，教职工根据校长的意愿工作，不服从上级的教师会被直接开除。这些解雇可以威慑到其他人，使他们保持安静。[40]第一次世界大战后，随着大学的扩张及任期的增长，教师们终于摒弃了上级的指示，开始发展他们的研究文化。学术的自由的确在他们一生的工作中得到了改善，但也导致机构过于松散。

在早期，研究文化通常被有公共意识的教授保护并养育着。Veysey 指出："那些教授身负研究的公众代言人的角色。"Hermann E. Van Holst，芝加哥的一名历史学家，擅长在大学之外捍卫研究的使命。1880 年，他描述其作为科学使命者的工作。Veysey 说："如果没有侯斯特这样的教授的工作，那么好的研究能否生成是具有很大不确定性的。"[41]

换句话说，公共工作最初使研究生院的研究文化得以维持。冯·侯斯特的使命性工作将大学带进了社区，这在今日是很难见到的。这样的扩展是另一种形式的照料，而这种对学生关切的缺失正是公众难以信任当今高教体系的原因之一，结果导致高教的商品化。我们应该把那份信任重新赢回来。

三、大学的环境

在 19 世纪，商业的比喻替代了关切的比喻，这一变化表现了一个严重的失败。在高教发展之初，关切的比喻显得有些落后，但是完全弃用这个理念使得美国高等教育饱受质疑。

那么到底发生了什么呢？最重要的是，信任的缺失。信任的缺失有很多远远超越我的研究范围的复杂而连锁的缘由（包括从未有过的在 20 世纪 60 年代的高等教育政治化），但是它有明确的底线。[42]中产阶级不再信任大学可以照料好他们的孩子——随之而来的是他们要求不切实际的金钱方面的教育产出。旧式教育投入和产出的等式必须作废，教学，尤其是文科类教学再也无法不按照商业模式运作。信任需要重新树立，而唯一的解决方案就是用一种非金钱的关系替代纯粹金钱上的关系。简单来说，我们需要将"关切看护"学生的教学方式以一种适合

21 世纪的新的形式提出来。

学术界怎样才能重获大众的信任？或者说，怎样让大学从"商业"模式转向"教育"机构？新式的"关切"又将是怎样的呢？

关切必须从教学做起。我将教学定义得很宽泛，研究生教育不仅仅是发生在教室或者实验室中的教育，它更应该是一个在了解研究生需求的基础上，更加周到细致地教授他们，并使组织得以重建的过程。研究生学院更加重视教育和知识的创新的观点会被大众更为接受。（这将是个很大的进步，这也是目前亟须解决的一个问题）

我们可以将研究生教得更好，而且我也不断强调这一观点。同样，我们也可以将研究生关切得更好。在人文学科中，大多数教师教课收入很少，其工作性质属于牺牲自己，服务大学。（其他领域的研究生也遇到了类似的问题）他们常年拿着学徒工资却完成了论文，并考取大量的专业证书就为了能达到提薪的标准。我们正在不断地强调证书的重要性，不仅管理层要求证书，雇佣委员会在考虑人选的时候也看重证书，甚至可以说在这一点上系统已经失控。但系统是我们的，我们应该对其负责。简单来说，我们没有关切好这些研究生——因此我们丢失了他们中的大部分以及大众的信任。我在这本书中提到的一切都可以理解为为了重新赢回信任，但更重要的是，我需要证明自己值得被信任。

不光没有照看好学生，我们就连自己所在的教育机构都没有照看好。这是我的第二个观点：学者可以试着和社区更好地沟通。国人和学术圈的关系已经差到不能再差的地步了。公共服务既是我们应该教的内容之一，也是我们自己需要去做的。

要解决这个问题，教育者应该看到一个新的、不同的概念：环保主义。它可能很难被相信，其实环境是在财经事务中经常出现的概念。过去的 50 年间发生的环境变化使得今日我们大多都同意自己是人类家园的管理者和看护者。就算是反环保主义者也会去讨论如何治理好我们赖以生存的家园。环保主义因此占据了道德的制高点，实际上是占了大便宜。

事实上，环保主义者提出了一个超越商业模型的新型"关切"比喻，这也正是学术圈需要的。环保主义者，而不是商人，描述了在教育的利益之争中的相关人员之间的关系。环保主义者最重要的概念就是生态平衡：生物体以一种连锁的均衡方式居住在一起，高等教育可以从类似的意识中受益。在此之前，我已经用生态学中平衡的概念强调了很多研究生院所面临的问题（如就业市场）。与生态平衡之间的类比有道理的原因就在于，高等教育与政府、付学费的中产阶级，以及雇佣有证书的毕业生的单位同时生存在一个生态系统当中。

我们怎样提出一个有环保意识的高等教育政策呢？大学不能也不应该成为员工或学生的家长，那样的模型很早之前就过时了。因此，关切应该来自别的地方。为了找到答案，我们可以简要了解一下环保主义变化的历史。尽管它的智慧源头为19世纪的思想者，如Henry David Thoreau，但是它在美国政策中的正式发行是在20世纪初期，Theodore Roosevelt在任期间。

功利主义者在美国环境政策中第一次占了上风。Gifford Pinchot，Roosevelt总统手下的林业部部长，是早期辩论中的一个重要人物。"世界上有两样东西：人和自然资源。"这是Pinchot的重要言论。他相信以使用为目的的对话——例如，他赞成为约塞米蒂国家公园里的一条河建一座坝，为了发电和供应水。这就是环保主义者在100年前的样子。[43]

Pinchot用一种商业运作的语言表达了照料的概念。今天的"环保派"与之相反，以关切的概念来为商业化的运作找借口，可见从彼时至今的思想已然是沧海桑田。随着环保主义者的努力，对环境保护的共同责任已经进化为普世的哲学和公共的道德规范，这是一种基于社会共同利益的思考。Aldo Leopold在1949年的《沙郡年鉴》中明确阐述了环保主义的道德规范。"我们虐待自己的土地是因为我们将它看作属于自己的商品。"Leopold写道："当我们将土地视为一个自己从属的社区，我们也许能学会带着爱和尊重去使用它。"[44]这些话语，指导着后辈的环保主义者，和Pinchot的观点形成了鲜明的对比。1970年，生态学有了政策领域的突破，这主要是由于Rachel Carson发表了《寂静的春天》（1962）一书，此书引发了讨论，而这个讨论是Leopold所引发的，随后他也回应了一些争论。[45]

之前两代人的很多标志性的环境法都已经过去了，并被共和党政府做过修改，在尼克松执政期间呈现出明显的爆发性增长（例如荒野保护法案、濒临物种保护法案、清洁水法案、国家环境保护法案）。环境保护署也在 Nixon 执政期间成立。这明显是各界协力的成果，但是基于预先的环保主义思想。保护生态环境传递给我们应生活在一个需要用心去关怀和经营的系统中的观念。

40 多年后，环境的改变已经从它超越的实用主义商业模型中借鉴了一些语言和战术。今天的环保主义话语体系依赖于成本利益分析和功能性政策，如碳排放税，但是这些举措并没有改变之后的管理语言以环保主义统领辩论的事实。George W. Bush 在 2009 年宣布："还有很多工作要做，我们要为后代留下一个更干净、更健康、更美好的世界。"他表达的是一个流行的共同想法，尽管他的政策并不和他表达的观点一致。[46]

高等教育的改革者必须形成一种特定的观念。大学本身就是一个社会组织，它也是更大的社会组织中的一员。和环境政策一样，大学，只有当它承认其市场性的一面时，才能成为一种可信的商品，高等教育在现今条件下不可能是纯粹的公共服务机构而完全不追求商业利益。尽管欧洲的大学源于宗教上的追求，美国的高等教育从来不是修道院式的机构，也不是一个自产自销、与世隔绝的独立体系。它是一个发达的有机实体，其进步受制于大环境。[47]

高等教育要想繁荣就要有自己的道德规范，我们需要一系列的原则来指引群体的行为，这些原则需要兼顾其所在的环境中的其他群体的需要。这种道德规范在美国还没有达成共识。保护生态环境的道德规范为关切教育的比喻取得了胜利，随之而来的是对关切学生的集体责任的更高要求。高等教育的道德规范理应如此确立。道德规范最重要的特点，即集体责任。Leopold 称此为"个人对环境的责任"，而不是赤裸裸的经济利益关系。[48]

关键词"责任"是值得关注的。"学术自由"是一个我们都熟悉的短语——它出名有其原因。学术自由是高等教育的核心性特点（尽管学术自由的观点是不到一个世纪以前在学术场所被提出的），学术自由带来了学术责任。依个人愚见，自由无不以义务和责任为其代价，是学者对社会教化的责任支撑并成就了整个学术界。这些责任与日俱增且日臻复杂，它们也确实存在。我们不能背弃社会责任，因为是社会成就了我们，我们是社会的一分子。

四、大学的责任

高等教育必须建立新的公共关系,而唯一能做到这个的就是在公共场所。研究生和教授必须努力工作以保持学术界的正常运转,重建共生、相互支持的关系,使其能为大学和社区做出贡献。这个新的道德规范同时关注教学和研究生学院,其目的是重建曾经在城镇居民和学术圈之间存在的合作关系。

人文学科需要成为宗教学者 Jacques Berlinerblau 口中的"投入的人文学者"。Berlinerblau 称,学术工作很大程度上并不被公众需要,因为我们是"狂热的、致命的向内学科",我们只为圈内同僚的交流而写作,我们"将专业主义与专科化等同",而且只与专科化的同事有交谈欲望。内部的观点只为(并不是让人难以置信的)"州立法委员、董事会领导和政府部门"而生,Berlinerblau 说:"人文学者最好开始服务人民,那些不是专业的人文学者的人民。"[49]

他指出:人文主义的救赎"要面向大众,要从研究生学院开始"。这也是我用了很大篇幅在一本关于研究生教育的书的最后部分讨论整个大学历史的原因。Berlinerblau 指出:"我们将会完成救赎,当我们说服学生学习文科并且给他们提供所需的工具时,"我们就必须给硕士和博士传授批判性的沟通技巧。这意味着要教他们如何教学、如何写作、如何在公共场合讲话。"[50]这个要求已经受到了更多关注,因为人文学科和整个高等教育系统都处在恶化的困境之中。Marc Aronson,罗格斯大学的讲师、历史学家,写过有关青年人的书,也同样建议所有的博士生都应该参加一门他称为"沟通"的课程。Aronson 解释说,其目的是教会博士生既能从事学术也能从事其他行业,教给他们如何更好地在大众面前讲述自己的职业特长。[51]

"公共"是一个关键词。我之前建议过我们可以用"就业"来理解整个研究生教育体系。"公共"也有类似的效果。高等教育为了避免与立法机构以及与社会公众相对立的冲突,需要以一种更开放的方式考虑解决办法。人文学者的工作对于大众来说也许更容易理解、更贴近生活,因而也更容易与公众建立沟通渠道。由此可见,人文学者在这个过程中肩负特殊的责任。

公众化需要前瞻性。研究生在校内和校外的使命与需求是一致的。贴近大众的关键既不是让粒子物理学家去开个博客，教大家物理，也不是鼓励人类学家在报纸上发表评论员文章，侃侃人类的命运，[52]这都是对"公共性"一词的狭隘定义，只是换个花样发表学术成果。Aronson 强调，研究生应该更多地在非专业的范畴内考虑并谈论自己的工作。在某一领域内翻书阅卷、笔耕不辍的单调生活是绝对错误的。

只看他们发布的公告就知道许多研究生非常想走进大众，但是他们不想接触外界太多，因为他们被教导社会工作"不算数"。的确不算数，研究文化通常只会奖励同行业认可的公开发表物。Julie Ellison 和 Timothy K. Eatman 联合发表的一项名为"公共领域的学术"的研究认为，教育机构的政策需要鼓励公众学术。他们强调：公众学术目前仍被广泛认为与学界行为相矛盾。为了颠覆以上观点，他们建议在终身教席的评审中加入"公众学术"贡献的分值，并将其作为评估教职工能力水平的标准。为了鼓励学生和年轻教职工选择公共事业，他们提倡在雇用中以及在教职工的职业生涯中灵活地加入"公共学术"的元素。[53]

正如 Berlinerblau 和 Aronson 强调的，教授的职业生涯应该从研究生阶段开始。Aronson 建议，博士生的"沟通"课程能够将不同大学的学生联系在一起，这样他们就能共同探索不同领域的规则和个人在该领域中的能力。老师有可能引入纪录片导演、博物馆部门主管或者图书出版商来讲课。那些专业人士会谈及他们广泛的社会受众的需要以及如何满足这些需要。

此类面向年轻读者的书籍值得花一些时间好好阅读，因为它的对象还包括通常不被纳入学术圈范畴的小学生和中学生。很少有大学教师考虑中小学教育，哪里还能找到像高等教育这样不关注成长中的"未来大学生"的行业呢？我们对大学之前教育的忽视，代表我们内向发展的趋势以及其他不良现象。

中小学之间的沟壑以及学院和研究生院之间不可跨越的分裂在 1920 年大学开始扩张规模时就出现了。历史学界发生的变化具有警示性，Robert B. Townsend 指出，问题也许源自"历史学者皆以专业和正统自居"。Townsend 认为：当大学自 1920 年开始扩大规模时，历史发生了天翻地覆的变化，这种变化与过去的教师与专业研究人员之间的相似性截然不同，明显地加大了大学教授与普通教师之间的等级地位上的差距。美国历史协会最初在历史学界各个层次，乐于赞助从"'现代意义上的'到'科学领域的'各项研究"。当历史学在美国的 20 世纪研究型大学出现的第一个 10 年中刚刚合并为一个大学科时,这个领域变得更加开放,更加包容,更眼界开阔。但是专门化(Townsend 称之为"微专门化")破坏了各个层级学者之间的联合。专门化的期刊开始发表新的专业学者的著作,使"(不同级别的学者)依赖于共同的语言和工具更难"成为常态。大学的发展,与支离破碎的史学界增加的对教职工的需求一起,分化了整个领域。"二战"后,研究生院爆炸式的扩张巩固了这种破碎,大量的战后一代历史学家被训练得与其他历史学者"没有了共同的愿景",于是支离破碎,分层分级的史学界成为很"正常的"现象。学界专家们"忘却了共同的历史",并且不再与其他子领域或者其他级别的史学学者接洽。[54]

大学和中小学的发展路径相互平行且一直相互关联。起初,大学学者辅导低阶教师,但是他们的"注意力开始转移",Townsend 观察到,在 20 世纪初期,当中小学教育开始专门化,美国历史学会被看作"与高等教育之前的课堂有距离的、非参与的"。小学和中学教师很自然地与学者断绝了来往,并组建了自己信任的组织。而历史学会也陷入了自造的象牙塔,而且"没有努力赢回中小学教师"。[55]结果是我们熟悉的学科分裂——熟悉是因为这一幕在今天的其他行业也在上演。[56]中小学教育与高等教育彼此没有沟通。

历史上这样的不联合造成了很多严重的后果。例如,关于共同的教育核心标准的辩论在美国各地的中小学广泛进行,几乎波及整个美国(这些标准在 45 个州是法律,它们为中小学教师提供教学的内容要求和方法指导)。国家公民与学术圈的关系只有当学者——包括研究生——有更多的实践以密切与中小学教师的联系时才能改善。

我们在这个领域的失败(这里说"我们"是因为错误主要在学院和大学,不在预科的教师身上),背弃了哲学家 John Dowey 的美好愿望。Dowey 支持广泛的学术界沟通。他认为,沟通有利于形成有学术意识的社会共同体,这个共同体既是广泛民主的牢固基础,更是"人类的道德规范模型"的前提。[57]Dowey 是美国学术自由的奠基人之一,他把学术自由看作与广大群众活跃的实质性联系的基础,而不是理性地索取。[58]

传奇历史学家 Charles.A.Beard 曾说过，为了得到一个硕士学位，你需要挖完一个矿的煤，为了得到一个博士学位，你需要挖两个矿。Beard 的表述在今天引起了更深刻的共鸣：煤矿是狭窄、黑暗、深邃的，博士生必须深挖以发展知识，尤其是他们跟随一条很多矿工已经探索过的矿脉。如果他们在"挖到煤"后却不让世人知晓，那么百般艰辛就失去了意义。不论他们的工作有多深入、多专业化，博士生最终都必须从隧道中出来。[59]

我支持学术专门化，尽管乍看起来不像。在数理和人文学科领域，专门化对创造新知识是有利的。很多博士生不得不做专门化的工作，而且他们也应该这样做。但是专门化也有 Beard 描述的风险。一个博士沟通课程——或者任何为了同样目的的政策——都可以改善这些风险。Aronson 建议研究生也许可以进行"给非专业人士讲述的展示"。我能从这样的训练中看到两种价值观。首先，这可以教会研究生如何教学。研究生从事的专业工作会磨炼他们的展示能力和讲解能力，而本科生却没有接受过相关培训。看一眼任何学术场合的招聘启事就可以清晰地看出大多数课程只具有普遍性，而具有特殊目的的专门化课程不多。

并不是只有想当教授的研究生才需要接受此类培训，那些在学术圈之外工作的人，会在与非专业人员群体相处的过程中得到宝贵的经验。

更重要的是，学会如何接触不同知识层次的受众不只是一门技巧，它也是一种开眼看世界的方式，这种"向外看"可以帮助学生找到其他可行的出路，并与小专业圈子之外的社会建立联系。这为一种在狭隘知识领域中丢失自己的默认趋势提供了平衡。"公共博士"指的就是那些为不同专业程度的人群提供学术服务的学者。通过思考如何在创造新知的同时传播新知，这些学者不断提高自身，服务社会。

这种专业学术的"外化"有赖于学者自身的意愿和能力，以及他们工作的公共性质。杜克大学的学术与公共论坛是一个很好的例子，在这个例子中，学校支持使用多种传媒交换。[60]另外一个令人赞赏的例子也许可以从威斯康星麦迪逊大学的公共人文交换的项目中发现。这个项目意在资助本校的一些公共性研究——通常与研究生有关，旨在使学术突破大学校园的围墙，称为 HEX 项目。

在其中一个项目中，两名研究生，Colleen Lucey（斯拉夫语言文学专业）和 Janelle Pulczinski（比较文学专业），旨在为刚出狱的犯人创建一个通过阅读和创意写作小组活动的"文学环境"。[61]这样的工作不局限于社区服务。Tracy Lemaster，一位威斯康星麦迪逊大学的英语专业研究生，打算将自己的论文定名为"少女研究"，此跨学科题材主要关注有别于"幼女"以及"女人"的年轻女孩，于是她开始通过学校项目的赞助，与适龄研究对象建立联系。"当在整个研究生学习期间研究这个领域，我开始感觉从这个题目本身偏移出来了。"Lemaster 说，同时她也质疑理论研究的"实际意义"。她因此为女生们创建了一个"媒介识读"项目，并在当地学校十三四岁的女生中测试了这个程序。"结果很让人欢喜，"Lemaster 说，"观察女孩们的反馈能够支持描述，甚至反驳成年人关于少女时代的主观性的理论。"[62]

HEX 项目是高教大繁荣时代服务全国理想的延续。这个"外向"学术的使命称为"威斯康星妙计"。[63]作为民粹主义理想和杜威哲学的杂合，威斯康星妙计的核心概念如记者 Lincoln Stephen 所说，大学应该"在任何时间、任何地点教任何人"。[64]这个公共服务使命的中心是"合作关系的概念"，[65]合作关系有助于扩展教学的贡献。"州政府对大学的支持和兴趣"，以及对公民的支持，对大学早期校长的拥护，使得合作关系日益繁荣。州立法者在 1958 年庆祝威斯康星妙计，政府称它为"一次对威斯康星人民慷慨的捐赠""一次神圣的、不可分割的信任，是为了他们自己以及后代的一次遗赠"，是为了"大众的需要"。[66]

但是这个想法在 1970 年失败了。"在那段时间，"州立法资料局提到，"研究和随后发表的重要性与日俱增，对公共服务的强调却不断减少。"[67]后来的历史如我所述。社会学家 Craig Calhoun 建议，"二战"后大学数量的激增滋养了"一种强调公共投入的，弱化学术专门化的价值观"，受此价值观影响的包括专业学者。[68]研究文化的深入和学术等级制度的兴起共同驱使教授们与大众需求背道而驰。高等教育作为公共服务的观点，即大学应该多与外界接触的观点，现在成为一种"课余谈资"。[69]

公共服务不应仅限于"课余活动"。Ernest Boyer，在 1996 年发表的最后一篇论文中为"投入的学术"辩解为大学在公家日常的"强大使命感"的一部分。追溯我在本章中提到的类似的故事(如美国殖民大学公共投入的学生的准备工作)和写在他的里程碑一般的《学术的反思》(我在本书中也提到过),Boyer 对于大学作为公共道德感和社会评论家的角色的减少悲哀。"我确信,"他写道,"最终,学术界的投入意味着创造一个特别的气氛,在这种气氛中,学者和公民文化会更持续、更有创意地沟通。"[70]

那将是怎样·副场景呢?答案有多种可能性。物理学家可能会得到特别的荣誉——就像诺贝尔奖获得者 Richard Feyman 曾经做的——给本科生教授导引课时。或者一个历史学家会写一个青年人版本的学术专著,正如 Scott Reynolds Nelson 在《寻找真正的约翰·亨利》——一曲古老的歌曲中提到的。[71]一个英语专业的教授也许会给当地的"大阅读"贡献自己的专业知识(大阅读是指一个政府的项目,一个社区的成员组成的一个大型读书小组)。

从本质上看,我们需要复兴 Hermann Von Holst 在 19 世纪提出的,为了维护大学的传教士的热情,但是我们应该更多地维护自己。Edmund J. James,艾莉诺丝大学的校长,在 1996 年指出州立大学应该增加"一场道德运动"来教育州民众。[72]他的观点是大学应该关切社会,而不是被关切。这里有一个哲学界的相关例子。Adam Briggle 和 Robert Frodeman,北得克萨斯大学的哲学学者,已经开始重塑哲学家古时的光辉形象。他们共同启动了公共哲学网,为促进应用公共道德规范(他们称为"哲学者官僚"的创意)和"领域性哲学",他们寻找工程学等应用学科作为联盟。Frodeman 指出:"任何能让哲学走出本学科走向世界的进步,都是莫大的好消息。"[73]

学术道德规范最终落实于个体学者的行为。威斯康星妙计表现了一个大学的责任,正如我在本书中多次提到的,大学需要将一切行为围绕"责任"一词展开。今天的高教体系,以及我们对高教体系的期许,包括有关学术就业市场内的用人单位,都反映了我们在"二战"后的黄金年代创造出的实践的延续,我们应该将彼时学术的社会属性付诸今日之实践。机构是由人组成的,我们中的每一个人都有各自的工作,应当从我做起而无须等待制度上有了大变革之后再开始行动。Jacque Barzun 在 1947 年认为,学者的基本职责是教学——不仅仅在大学中。更重要的是，学者是"知识的传播者"。[74]

很多学科注定是专门化的，博士阶段的学习哪怕再"外向"也不会改变这个事实。开阔眼界的确会改变我们对本专业工作的看法，对不同知识层次需求的区分的确会使学者的事业更高效，但是我们不应该忽视学界等级区分对我们的世界观和方法论带来的负面效果，那些憎恨研究生教育花销不断增长的群体一定会抓着这点不松口。学者要铭记在心，和非专业人员的普通群众接触是值得的，对为我们提供赞助的大众更友好也是无害的。让我们在教给研究生新知的同时，也教给他们如何与外界沟通。"社会化"事关学界的生死存亡，如果学术生涯成为深井"挖煤"式的千篇一律，学界必将无存。

五、终曲

大学需要明确提出一个新的道德规范，否则就会有由社会各界制定的规范强加于我们。事实上，这已经发生了。一些规模较小的变革，如评估的改革就易于助长教、管之间的矛盾而有损教学贡献，另一些规模较大的变革则更加发人深省。对于一个州来说，"重点大学比以往更大更重要"，美国大学联合会的主席 Hunter R. Rawlings III 指出："太多的政治家和他们的下属试图将高等教育按照他们的意愿重塑。"弗吉尼亚和得克萨斯州大学的校董已经想要取代他们的校长，后者几乎难逃被架空的厄运。"校董对待大学就如同经商"，Raulings 说，"其中产率和效率是最重要的目标。"[75]简单地听了一下 Bill Gates 的演讲，得克萨斯州长 Rick Perry 仅仅做了简单的计算就得出结论：一个本科学历一共只要花费 1 万美元，然后他试图将自己的想法付诸实践。一个类似的提案在佛罗里达州被提出，同样推出了一系列以成绩为基础的奖学金发放办法，其实质是惩罚那些离开本州的毕业生，即使是一些负有盛名的奖学金也受此影响。[76]

类似荒谬的例子可以一直举下去——但是我的观点在于，学界必须从与广大社会交流的失败中吸取教训。高等教育在这方面付出的代价已经很高。为了搭建一个交流平台，我们需要先改变学界一些基础性的前提和预设，使这些新的思想指导深入人心。我不是建议一套大话空话，相反地，学术圈需要引入协作机制，道德规范的根基在于将高等教育作为一个社会资产，既不是个人的商业投资，也不是完全独立的体系。高等教育和社会应当存在一种健康的合作关系，并可以滋养对方。

我们要加入这样的对话的信念，源于我们对教学发展的关注。我们必须时时刻刻将学生的利益装在心里。MLA 指出："想要学习人文学科的博士生，会为同领域学术和公共生活做出贡献。"这个论点假定，学术社会化的内在价值在于受过良好教育的人会催生出更健康的民主。

只有当博士生在其工作中是满足的，他们的新定位才有意义。问题不在于我们造就了多少博士生，而在于他们是否能开心地投入社会工作。这是一个教学道德的问题，许多教师都在这方面做得不够。导师不让学生愉悦地受教、愉快地育人，而让他们饱受折磨、苦不堪言。在整个人文学科中（也包括其他学科），我们已经多年教学不得其法，心怀怨恨的兼职教授大军就是活生生的证据。

我们要让研究生在入学时就清楚他们的前景（例如，哪个教授在业内资历较浅），然后尽职尽责地辅导学生并帮助他们做出选择。我们还要很早就开始强调他们在职业选择时的多样性（让他们知道外面还有很多不同的选择），教会他们如何放宽眼界，在更广阔的天地间创造属于自己美好的人生。就业数据显示，很多得到博士学位并且在大学之外工作的人都很喜欢自己的工作。学会如何享受工作是最重要的，也是最容易被忽略的研究生教育的一部分。

"二战"后的学术黄金时代已然成为模糊的过去，教职充盈的美好时光也一去不复返。彼时，凡有意愿者皆获得教席，这是"旧常态"。黄金一代的经历让笼罩前代学者供过于求的不幸境遇烟消云散。而对于后代的学者来说，繁荣的往昔已成废池乔木、清角吹寒的经济颓势，诚可谓，算而今，重到须惊。教授开始让学生韬光养晦，静候教席，代代之间周而复始，一职难求之恨尚无绝期。

如果人文学者将一腔热血遍洒整个社会，而不只是校园，我们的职业才能重现往日荣光。若此能成真，研究生将在教化社会的同时明己之志，彰己之才。不过，他们需要我们的指点。对于高等教育新道德规范的需求在近年来更加迫切，而作为学界的一分子，我们都应该负起自己的学术责任，为现在混乱的学术氛围找到出路。

注释：

[1] 沃伦泽凡. 政府的混乱. 2003.

[2] 威廉·蔡斯. 英语系的衰落：如何发生，做什么以扭转这种局面. 美国学者，2009. http: // theamericanscholar.org/the–decline–of–the–english–Department/#.U–uDNU–reic.

[3] 大卫·莱昂哈特. 政府如何夸大学院的真实成本. 纽约时报，2014-07-29. http: // www.nytimes.com/2014/07/29/upshot/how– the–government–exaggerates–the–cost–of–college.html?_r=1.

[4] 在 2014 年 9 月发行的《大西洋》中，标题是"高校注定失败？"。另见丹尼尔·B·史密斯的《大学没有穿衣服》. http: //nymag.com/news/features/college–education–2011–5/.

[5] 相对精彩的批评是小威廉·F·巴克利的著作《上帝和人在耶鲁："学术自由"的迷信》（芝加哥：Regnery，1951）。艾伦·布鲁姆认为：人文主义倡导一种道德和文化相对主义（《走向封闭的美国精神》，纽约：西蒙和舒斯特，1987）. 几十年后许多学者的批评都是建立在这本书的基础之上的。

[6] J·C·琼斯. 难道大学教育收费？论坛，1898（26）：354–363. W·H·约翰逊. 难道学院培训收费？利平科特的月刊，1890（45）：758–762. H·E·克拉茨. 难道大学教育收费？教育评论，1899（17）：297–299.

[7] 《高等教育纪事》分析和研究了一个由国家指导，在国家支持了 25 年之久的公立大学的衰落的前因后果。请参阅《25 年下的公共学院国家支持》（《高等教育纪事报》，2014 年 3 月 3 日），http: // chronicle.com/article/25–Years–of–Declining–State/144973/. 许多公立大学的国家的资金水平下降超过 50%。例如，弗吉尼亚大学，得到国家支持的 14.4%，降幅超过 1987 年以来的 60%。

[8] 本作是对于争议较大的大学提价问题的概述和分析。加里福柯. 为什么涨学费？因为纳税人的支持下降了. 高等教育纪事报，2012. http: //chronicle.com/article/Why– Does–Tuition–Go–Up– / 131372 /。Fethke 给出简短而有力的理由。

[9] http: //opinionator.blogs.nytimes.com/2010/11/08/the–woe–is–us–books.

[10] 凡勃伦抱怨说，高等教育机构如今更想让本机构学术研究出名，而不是使其对社会进步产生更大的作用。重视宣传而不是教育，这就算不是必然，也已经十分常见。因为经营一所大学，就像经营企业，如银行、钢铁厂或铁路公司一样，它们拥有相同的资本，故也遵循相似的资本规律。

[11] 沃尔特·蒙代尔在 1984 年和加里·哈特探讨了一个问题："哪里有牛肉？"（根据当时流行的商业广告，温迪汉堡连锁店画），这在当时是颇具讽刺性的隐喻。

[12] 弗雷德里克·鲁道夫. 美国学院和大学：历史（1962 年再版）. 雅典：格鲁吉亚出版社，1990：6.

[13] http: //www.constitution.org/primarysources/princeton.html.

[14] 来自亚历山大·利奇，A·普林斯顿的著作.

[15] 威廉·史密斯. 关于生命的信件（卷1）.

[16] 纽约州参议院的文档第一卷.

[17] 托马斯·D·斯奈德报道："在 19 世纪，招生在高等教育机构快速增长，但这一增长大部分是由于人口的增加。1869—1870 年，招生增长了 278%。1899—1900 年，学生为 18～24

岁的人群比例从 1%上升至 2%。"（斯奈德. 120 多年美国教育：统计一览. 华盛顿特区：教育美国能源部，教育研究和改进办公室，1993：64.）http://nces.ed.gov/pubs93/93442.pdf.

[18] 美国密歇根大学的马里昂乐华伯顿描述奖学金款项为"投资"，但它们更像是来回交换社会投资，其中大学的社会集资，钱都花在培养学者上。

[19] 威廉·雷尼哈珀. 美国芝加哥大学第一任校长，第一年年度报告. 芝加哥杂志，1915（8）：257.

[20] 来自安塞尔·亚当斯、南希·韦恩纽荷尔的观点。

[21] 尼古拉·斯莱曼. 研究型大学的灵魂. 高等教育纪事，2014. http://chronicle.com/article/The-Soul-of-the-Research/ 146155？CID = megamenu.

[22] 对于克拉克大学初期的描述，参见维西. 美国大学的出现. 芝加哥：芝加哥出版社，1965. 如今，克拉克大学是一个以本科生为中心的机构，而不是一所研究型大学。

[23] 爱泰里克研究生科研机构，如洛克菲勒大学，大多数观察家并不认为它是一个大学，罕见的例外。

[24] 米奇·丹尼尔斯，前联邦官员，现任普渡总裁。他近日表示，"有太多的教授们花费太多的时间写论文，研究没有真正的深奥课题，对于公共事业和人类知识的理解没有真正的贡献"。斯科特加斯切克. 镇上的新警长. 高等教育一览，2013. https://www.insidehighered.com/news/2013/01/21/ new-purdue-president-outlines-critiques-higher- education.

[25] 尼古拉斯·默里·巴特勒. 奖学金和服务：在一个现代民主国家大学政策与理想. 纽约：斯克里纳之子公司，1921.

[26] 罗伯特·C·克洛西. 总统罗格斯大学的报告. 罗格斯大学公告，1936（13）：5.

[27] A·朱莉鲁本. 现代大学. 芝加哥：芝加哥大学出版社，1996.

[28] 艾伦·崔切伯格. 美国的加入：文化与社会的镀金时代. 纽约：希尔和王，1982.

[29] 一个生动的例子是一篇《麦克梯格：旧金山的故事》的文章。故事说的是一个叫麦克梯格的牙医通过当学徒成才，结果却因为缺少一个新设立的临管机构颁发的执照而被禁止行医。

[30] 在这些更宁静的小镇，大学被视为公共利益的一部分，它甚至能够行使征用权。

[31] 一个例外是朱莉·A·鲁本的《现代大学的形成》。鲁本有理由认为维西低估了宗教在高校知识产权文化中产生的影响。

[32] 安德鲁·德尔班科. 学院：什么是？是和应该是. 普林斯顿：普林斯顿大学出版社，2012.

[33] 有关这方面的决定以及艾略特对于实用主义的看法，参见维西的《美国大学的出现》。

[34] 1890 年的莫里尔法案。

[35] J·H·坎菲尔德. 高等教育伦理文化. 国民教育协会，1892（92）：111.

[36] 乔治·沃克，E·克里斯，M·金果，劳拉·琼斯，等. 学者组建：反思博士生教育的 21 世纪. 旧金山：卡内基金会的进步教会/乔西巴斯，2008：44.

[37] 德里克·博克援引调查中显示，"超过 70%的大学教授声称教学相比于科研更重要"。博克. 美国高等教育. 普林斯顿：普林斯顿大学出版社，2013.

[38] 威廉·冯·洪堡. 精神和组织架构在柏林的知识产权制度（1810）. 他的观点并非所有人都同意。当美国的学院成为大学时，凡妮莎·L·莱恩表示："他们嫁接洪堡模式到传统自由主义的教育，根本没有看到它是以教学和科研为单位的。"瑞安"再次定义教学，研究其联系"，引自《现代语言协会公约》。例如，红衣主教约翰·亨利纽曼在《大学的理念》中提出了一种完全不同的模式，他认为大学是用来教学的，来扩展知识，而不是创造知识。"要发现并教学。"纽曼说。他又说："研究是留给研究会、学术团体和专科院校外大学的。"

[39] 博克提到"研究生（博士）的培训和研究并没有标准的课程"，教授太忙了，教学的时间很短暂。换句话说，要考虑他们如何教得更好（美国高等教育模式，341）。他指出，研究的专业化（我将在本章后面讨论）导致保守主义，其结果是"大众没有享受到服务"（335）。博克诊断的一个重要问题，不是解决价值系统而是创建它。

[40] 理查德·霍夫斯塔特，华特·P·梅茨格. 学术自由在美国. 纽约：哥伦比亚大学出版社，1955. 在该卷的第一部分，霍夫斯塔特论述了高校教师任职之前的不稳定（261–274）。

[41] 维西. 美国大学的兴起，171，172.

[42] 想进一步了解越战时期美国大学的激荡政治氛围可以参见：肯尼斯·约瑟夫·海涅曼. 校园战争：和平运动在美国的州高校越战. 纽约：纽约大学出版社，1994. 许多年后，我们到处都可以看到缺乏信任。在《合同与学术界》中，安德鲁·德尔班科给出了争议的例子，当李·M·巴斯试图收回他送给耶鲁大学的20万美元的礼物时，该大学没有根据他的意愿奠基西方文明. 德尔班科. 合同与学术界. 纽约客，1995（71）：7.

[43] 平肖清表达了开垦时代背后的基本原理。组织在此期间形成塞拉俱乐部和荒野协会（建于1935年），以打击这种功利主义哲学。参见大卫·N·卡苏托. 干涸：文学、政治和水在沙漠西南地区. 安娜堡：密歇根大学出版社，2001.

[44] 利奥波德. 沙乡年鉴生态与保护. 纽约：美国图书馆，2013.

[45] 蕾切尔·卡逊. 寂静的春天. 波士顿：霍顿米夫林，1962. 利奥波德所讲的，除了经济方面的措施的重要性，我们灭掉的动物（在这种情况下，食肉动物）也是"社区的成员"（同上，247页）。

[46] 这是乔治·W·布什对保护和环境的言论. http: //georgewbush–whitehouse. archives.gov/ infocus/environment/.

[47] 克拉克·科尔关于多元大学的叙述，参见《大学的用途》（哈佛大学出版社，1963）。《学者的构成》作者提到学者是"纪律管家，而不是简单地经营自己的事业"（乔治·沃克等人）。

[48] 利奥波德沙乡年鉴，258页.

[49] 雅克贝尔林格. 生存战略人文主义：参与. 高等教育纪事，2012. http: // chronicle.com/ article/Survival–Strategy–for/133309/.

[50] 同上。雅克贝尔林格指出：大多数学术研究是枯燥和无用的，这句话值得反驳。我不同意雅克贝尔林格的描述，因为我认为他的评价是不公平的。事实上，大多数研究在很多时候注定是无用的，因为你要挖一个洞寻找宝藏。相反，哀叹工作的艰苦是必然现象，我们应该庆祝自己的成功。

[51] 阿伦森在他的博客中讨论了"研究生和社会的交友建议"，2012 年 3 月 14 日，http: // blogs.slj.com/nonfictionmatters/2012/03/14/dating–service–for–grad–students–and–society/. 我在2012 年 1 月采访阿伦森时获得了进一步信息，包括杜克大学在内，沿着这些线路有益的举措，见科琳弗莱厄蒂. 论文快照. 高等教育参考，2013. http: // www.insidehighered. com/news/2013/02/22/duke–proposes–mandatory–short–video–pitch –accompany– dissertations.

[52] 约翰·杜威认为有一些学者更适合进行学术圈以外的公众交流，其原因可能是他们的脾气性格，也有可能是他们的专业领域。杜威在他的《社会公众和其问题：政治性探询》中认为，学术上"了解"和"交流"之间有明显区别。

[53] 朱莉埃·里森，太摩西·K·伊特. 公共领域中的学术：大学中的知识创新和教席政策，在人文学科和设计领域取得升职和终身教席的途径.

[54] 汤森提出了一个重要的区别，学科和历史的专业之间，避免"吹毛求疵"，他用广义的术语——历史的企业。
[55] 同上，115，116，179。
[56] 2012 年，美国现代语言协会主席罗素·A·伯曼呼吁，"我们在从幼儿园到 12 年级的教育问题上与教师们站在一起。我们与专业的协会战略合作；和联盟愚蠢地分道扬镳。罗伯特表示，从幼儿园到高三年级的教育，它们和高等教育从来就没有被分离过，因为它们不曾被结合在一起。奥里尔写到，没有高等教育和基础教育的良好合作记录，"以及"更多的往往不是，二者之间的直接关系就一直存在问题，而不是有目的的和富有成效的。奥里尔展示了高等教育和基础性教育系统是如何脱节的（90–93）。
[57] 约翰·杜威. 民主的伦理. 密歇根州安娜堡：安德鲁斯出版社：1888.
[58] 一个原因是杜威发现公共知识分子和学术界之间存在屏障。利奥布罗迪指出，这是美国的一个特别的问题，学者是公众所接受的成员，它们之间的交流更容易出现。
[59] 在 1882 年美国的巡回演讲中，奥斯卡·王尔德在科罗拉多州的银矿内对一组银矿工发表了一次著名的演讲。王尔德不仅是一个著名的诗人和剧作家，而且是一个严肃的学者，并曾一度被看好——会在牛津大学获得一席之地。
[60] 杜克对论坛的自己的描述可见于：https://fsp.trinity.duke.edu/.
[61] 见美国威斯康星大学麦迪逊分校的人文科学 Hex 中心：过去的项目。http://humanities.wisc.edu/public-humanities/exchange-program/past-projects/2011-2012-projects/.
[62] 特蕾西·莱姆斯特于 2012 年 4 月与作者取得电邮联系。
[63] 这个项目在当时也响彻威斯康星州以外的地区。伊利诺伊大学校长埃德蒙·J·詹姆斯在 1906 年写到，州立大学应该是"一个伟大的公务员学院，让年轻男性和女性进入服务于国家、市、镇的工作状态（引述维齐《美国大学的出现》73 页"）。
[64] 斯蒂芬斯在 1909 年创造的短语（引述维齐《美国大学的出现》107 页）。
[65] 艾伦·B·诺克斯，乔·科里. 面向 21 世的纪威斯康星思想. 1995—1996 威斯康星州蓝皮书，1981. http://legis.wisconsin.gov/lrb/pubs/feature/wisidea.pdf.
[66] 杰克·斯塔克. 威斯康星理念：大学对国家的服务. 1995—1996 威斯康星州蓝皮书，1981. 立法引用在 49 页。
[67] 同上，64、69 页。
[68] 参考社会科学研究委员会学术与公共领域论文丛书. 详见 http://publicsphere.src.org/calhoun-social-science-for-public-knowledge/.
[69] 威斯康星的思想在 2015 年 2 月受到了来自州长斯科特·沃克的强力围攻，当时这本书正在付印阶段。沃克提交的预算将削减大学的公共资金，但他同时试图修改该大学的宪章，因此而获得了更多的关注。沃克建议删除大学呼吁"寻找真理"这一语言描述，使用"满足国家的劳动力需求"取而代之。沃克的方案可以被很容易地确定为一种对研究文化价值观的终极挑战的推动。沃克这一直率的企图显示出的自信说明，在这一时期，实用主义大行其道，并且显示出大学和资助它们的州政府之间的紧张关系。反对沃克的言论很快如潮水般涌现出来，地方长官们见状也都偃旗息鼓。他把这一建议称作"根本的错误"，但是这些都被他的预算大幅缩减而湮没。
[70] 欧内斯特·L·博耶. 学术的承诺. 公共服务与推广杂志，1996（1）.
[71] 斯科特·雷诺兹·纳尔逊. 驱动人：约翰·亨利，一个美国不为人知的传奇故事. 牛津：牛津大学出版社，2006. 斯科特·雷诺兹·纳尔逊，马克·阿伦森. 只是一个人：我追求

真正的约翰·亨利. 国家地理杂志，2008.
[72] 维奇. 美国大学的出现，第 79 页。
[73] http://chronicle.com/article/A–New–Philosophy–for–the–21st/13 0025/.
[74] 巴赞. 学者是一个机构，397.
[75] 亨特·R·罗林斯III. 得州使教育"改革"一片混乱. 高等教育年鉴，2014. http://chronicle.com/article/Texas–Makes–an–Appalling–Mess/147561/.
[76] 埃里克·克莱曼. 前往$ 10 000 学士学位的底部. 高等教育年鉴，2013. http://chronicle.com/article/Getting–Down–to–the–Reality–of/137637/. R·Y·里瓦德. 惩罚它的使命？高等教育界，2014. https://www.insidehighered.com/news/2014/08/07/one–liberal–arts–college–loses–money–after–its–state–adopts–performance–funding.

第二章

授课：课堂研讨及其他方式

几乎每个教授都想在研究生院授课，这种想法好像是与生俱来的。不难理解，就像孩子长大了想要享受成人所拥有的权力一样，教授们做学生时在研究生院的成长经历，让他们"长大后"特别希望能够在研究生院执教。

在 20 世纪 20—30 年代，这种想法更是深深地嵌入学院的 DNA 当中。当时，研讨课开始在美国的研究生院出现。19 世纪 80 年代，Henry Adams 就开始广泛推广这种新的授课方式，[1]10 年之后，美国大学的研究生院已经基本接受了这种授课模式，研究生研讨课慢慢发展为主流。历史学家 Roger Geiger 的研究显示，研究型大学扩招的高涨阶段即广泛开设研讨课的阶段。Henry Adams 这样写道："杰出的学者才能够给研究生上课，而普通教授只能给本科生上课。"[2]在类似观念的刺激下，大学中的教学分层被固定下来，研究生教学处于顶层。

那种一览众山小的感觉我至今难忘：在职业生涯的开端我就认为教研究生是学术的巅峰。当这种机会来临的时候，并非是我多有资格，而是承蒙天赐。直到现在我依旧秉承这样的信念。

回首当初，我才发觉其实我并不知道为什么要努力成为研究生导师，尽管我特别希望能够有这样的机会。当时对于应该怎样给他们上课我并没有具体的想法，也没有什么想要付诸实践的教学思路（因为我自己做研究生的时候课堂教学的问题很多，因此我不知道该做什么，却知道什么不该做）。尽管我成功地实现了当研究生导师的目标，但我压根就没有教学理念。我的想法很简单，就是成为研究院的一名教授。不只我一人，我相信许多大学老师都这么想。

既然人人都想教研究生，为什么没人去想该如何教好呢？其中一个原因是学术界固有的保守主义。资深教授不愿意改变固有的教法，Derek Bok 指出："毕竟他们没学过也不想学怎么教书。"[3]另一个原因是研讨课可以很轻松地教。研究生阶段的学习状态就像搬重物，教师不搬的学生就要自己搬，当然，学生的起点不同，要搬的重量也不同。重点是，无论学生以什么样的学习状态上课，如果教授不想费尽心思地授课他就完全可以"挥一挥衣袖，不留下一片云彩"。

我所在的研究院中的老师，就是一个不想留下一片云彩的人。我那时的课就像一场多人沙滩球游戏，球从一人传到另一人，大家畅所欲言，有来有往，从一个话题蹦到另一个话题而没有教学大纲的引导。我们的老师站在台上几乎一言不发。[4]这种情况使研究生教学状况越来越差。历史学家 David Gerber 回忆了自己的一节研究生研讨课，那节课没有任何指定的阅读内容：

教授在授课时，很大程度上是即兴发挥。课堂上没有教学大纲、指定的阅读书籍或其他资料，也没有学生会谈及自己的目标规划计划。教授强制性地建议我们每六人或七人讨论一个与他的研究相关的话题。在没有方法论指导的情况下，教授会随机让我们汇报自己的发现。他时不时会给我们念他正在写的书或者论文，我们就坐着听。[5]

几十年来，若不是这种又懒又自恋的教授数不胜数，我可能还觉得这位站在讲台上的样子挺招人喜欢。就因为他们的课题根本不是课程的核心，Gerber 和他的同学并没有从课堂上得到任何帮助。

跟随这样的教授不会有太多的课后任务，因为教授放弃了依据学生的教育需求设计和建构课程的责任。这种行为放在本科生课堂中称为精神失常，当值老师会相应地受到处罚，但放在研究生课堂上叫正常，当堂老师的责任无人追究。这是因为在研究生阶段，只有学生们自己可以抗议教师的不作为，而没人（敢）如此做。可想而知，教授之所以能"无为而治"，就是利用了一个荒谬的成规：做研究生不能不学，做研究生导师却可以不教。

老师们并不是因为懒而想去教研究生。在我的印象中，大多数研究生导师并不懒，勤劳的老师们都想教研究生。在研究生院授课的另一个吸引人的地方就在于，老师和学生可以互相学习，这里的讨论激烈而给人启发，出色的学生甚至能教他们的老师。

这些还不是全部。老师们想去教研究生也是为了积累社会学中的"文化资本",即教育界的"声望"。在教学链的顶端教书,声望自然能赚到手软。在职场中,希望在最富声望的工作中占有一席之地无可厚非,因此也没有必要对想要当研究生导师的人冷嘲热讽。但是,提高声望必须伴随着加重的担子,当今导师们的担子应该尤其沉重。

教授受学校委托提供学生进入职场前的最后培训,随着学生们技艺的日臻成熟,我们会为学生提供最后的实习机会。导师们的职责就是帮学生做好就业前的各项准备,这就需要我们把学生们看作待雕琢的璞玉。有许多学术专著讲本科生如何学习,老师们该如何因材施教。我不建议将关于本科生的结论大规模地照搬到研究生院,因为二者不同。不过结论虽不同,问题却相同:研究生们又是如何学习的呢?

在整本书中我都建议教授不要将研究生教学的设计和实施看作易如反掌、手到擒来的事情。事实上,我们应该尽可能减少主观臆想,多学习理论方法并付诸实践。研究生与本科生一样是待雕璞玉,需要不断学习,同时也是即将踏入各自就业领域的未来栋梁,需要不断实践。导师们应该满足学生以上两方面的需求。

导师们需要做出改变的另一个原因是研究生教育本身也在发生着变化,这种变化源自招生规模的变化。我认为,研究生院的招生工作受制于经济发展的规模,这种观点受到大多数人的认可。经济下行,硕士、博士的招生就会随之走低。在如今不景气的经济形势下,许多研究生项目都缩减招生规模,博士生项目也难挡同样的命运。"与此同时,人文学者们不断雇用新的教员以适应种种新兴研究领域的发展。"在 Frank J. Donoghue 所教授的英语学科中,这种"新领域"包括"拉丁语研究、性研究、印第安研究、数字媒体,等等"。但是,这也带来学生数量不足的问题:"年复一年地缩减招生,许多领域新生匮乏,导致相应的研讨课程取消。"[6]

研究生招生的持续缩水对于今后的研究生教育发展有着重大影响。"软科学"领域,即人文学科和一些社会学科,较之自然科学更容易形成一些规模较小的教育模式,因为人文社科的基础是人,而不是高新技术。

人文社科的模式是人与人之间的交际，有交流才有教育。因此，人文学科教学主要采用自由研讨的方式，硕士和博士在这一点上一样。博士们还会由一位论文导师全权负责，同时受到相关论文答辩委员会委员[①]的指导。

　　这种教学模式从未被质疑，但是这并不意味着该模式很难改进。少一些集体研讨课，多一些一对一或者一对多的个别指导，也不会使系里为之"拔树拆屋"，大动干戈，有一些国家（如英国）已经做出了这个转变。

　　这个转变知易行难，原因之一是教授们的抗拒，他们就算不太会教一堂研讨课，也对这种授课形式非常喜爱。一个建立在个别指导基础上的授课方式尽管不那么吸引人，但其重要性要高过教授们的个人喜好。许多"高深玄妙"的研究方向招不上研究生，因此不能周期性地出现在研讨课的开课列表上，管理层便会酌情将这些无人问津的课题减少乃至取消。

　　各个项目开始相互竞争研究生名额的现实，会引发研究目的和方向的改变。比如，那些人气相对较低的研究方向可以加入一些少数人持有的、与正统学术观点相悖的新论调以刺激生源。研讨课的开设列表是学生选择研究领域的重要参照，仅仅因为招不上人就把一些子研究领域从列表中删去，无疑会将这些课题完全封杀而"有效地"、不思进取地维护学术研究的现状。

　　这些都是将来要面对的问题，现在还没有完全出现。但是我们需要从现在开始防微杜渐，对研究生教育进行更严格的审查以做出改变。任何变革都要先从课堂抓起，因此授课教师们应当是变革的领导者，而非管理层。上述问题的种种征兆已经开始在研究生教育体系中滋生蔓延。在这危急存亡之秋，我们清楚地认识到，课堂教学变或不变事关全国硕博教育事业的兴衰。同时，博士在就业市场中遇到的问题表明，硕博教育变或不变也事关整个高教体系的兴衰。

　　这些问题的解决需要富有创造力的办法，在本章，我将同时对问题本身和可能的措施进行更深入的分析。研究生研讨课尚未退出历史舞台，但是这种形式若要继续作为人文学科授课的一种可行方式而持续存在，就需要不断进行自我调整以适应新的教育形势。且不说我们以后具体该怎么进行教学，教学的公开性和创

[①] 译者注：作为博士生论文的指导者——博导，往往也是该博士生未来的论文答辩委员会的成员之一。

新性都应该提高。研究生教学的重要性不仅限于本身，更体现在其对高等教育其他阶段的深刻影响上。每一位力争改善教学的教师都是拯救现行研究生教育体系于囹圄的一股力量，齐心协力会让我们的力量更加强大。

一、供选与选择课程

我们可以把研究生教学看成整个研究生院的内部合作。系里的工作就是为研究生提供可选的课程来帮助他们趋利避害，扬长避短。听起来本该简单的一件事，在实践中却是"难煞人也"。在以教学为主的研究型大学中，研究领域不但日益详细化，在详细化的基础上还要再划分出优先级，这必然导致研究生的供选课程"又细又专"。

例如，从前有一家偏远的杂货店说它能满足你所有的烹调和饮食的需求，你跋山涉水到了那里，发现能买到的只有柠檬草、柚子和甜辣酱。当你询问其他的选择时，老板说你需要等到下周才有西班牙甜椒、朝鲜蓟和车厘子。

人文类的学生们就好比刚刚抵达研究生院这家大杂货店开始选择商品。但是每个学期，每个学年的商品不但款式各异而且彼此无关。这里提供的大杂烩琳琅满目，尽是在教授带领下进行中的研究或者他们尚待完成的书和文章。由此可知，教授们只知道自己想要教什么，而不知道学生们需要他们教什么，也不知道他们的同僚们各自想要教什么。

我们先从学生的角度看，人文学科的新生们看着自助餐台摆出的各式奇怪菜肴，只得勉强拼凑出一个"套餐"往嘴里咽。他们必须在这样的条件下取得进步以应对包罗万象的考试。但是，他们又该如何将又细又专的课程凝聚为包罗万象的能力呢？这是一个在人文学科研究生中广泛存在的问题。绝大多数学生解决了它们，也就通过了考试，但是需要花费时间，而研究生阶段的学习本身就够长的了。

我们再从教师的角度看，大多数研究生老师致力于构建积极的学习共同体，从自由发言的研讨课到彼此配合的实验课；从专时专场举办的讨论会到鼓励学生随时随地聚到一起（有时甚至在收发室）共同讨论和学习。

我们鼓励学生一起讨论该怎么学，自己却从来不聚在一起讨论该如何教。教着同一批学生的同系老师哪怕不经意间一同讨论起教学也感到浑身不自在。那么，我们该为学生提供什么课程？其原因又何在呢？我经常看到人文学科的本科教师们进行有关教学目标、内容和方法的讨论（在他们的文化中"教学相长"的观念似乎更深），而同样的讨论在研究生院却凤毛麟角。进行这样的讨论也有其困难，人文学界根深蒂固的陈规旧俗就是一个障碍。套用一句哲学常用语，讨论教学的趋势"不可避免"，而我们实际上却一直在"尽量避免"。

Gerald Graff，现代语言学会主席，在2009年提出教学界应当警惕"授课中心主义"，即教师们只关注自己的课程而无视其他课程的陋习。他说，由此带来的教学"不透明"性已经使得本科生不知所措。课程与课程、老师与老师彼此老死不相往来的问题，在研究生的教学中尽管有所不同却为害更甚，研究生导师似乎认为教课就是唱"独角戏"。Joseph Tussman 于1969年提出，交流型的"团体学习"方式在逐渐消失，"一些看似彼此相关的课程也许彼此完全无关"，[7]这就是人文学科研究生课程安排的现状。教人文却不关注人文教学圈，此举苦了学生。

较之强化课程设置、目标方面的沟通交流，我们更愿意相信一个以微观经济形式运作的课程供给方式。这种"人各为己"的随机供课基于如下两个理由：其一，教授对感兴趣的工作会做到最好；其二，只有教授讲授他们自己喜欢的专业课程，才会给学生提供多样化的选择，以适应不同学生的学习需要。[8]

第二个理由值得详查：为其提供依据的是19世纪后期就读于哈佛大学的Charles Eliot。他用本科阶段的选修课程代替了全必修的课程设置。其实研究生教学中很早就引入了"自由教学"的概念，这种"教其所爱"的方式源自在德国研究型大学中盛行的"学术自由"理念，该理念是美国早期的学术自由的依据，美国人吸取了这种开放的学术精神并将之发扬光大，建立起了一批美式的研究型大学。

教其所好的概念不仅植根于从德国传过来的"学术自由"，更源自教授们的一种想法：只要他们每个人都贡献出自己想讲的科目，研究生课程这个"市场"就会自然而然充满能满足所有学生专业需要的各式课程"商品"。

高校教授很长一段时间依赖这种课程设置的市场模式，大家坚信这个市场也会受一双无形的手的掌控。这个世界上没有完美的纯市场调节，但凡经历过最近经济大萧条的人都明白，市场也需要宏观上的人为调控，至少经济学家们这么看。[9]

社科学生选课往往不是在这样一个"自由放任的市场"中,在研究生阶段,他们每个人都必须学习相同的基础知识。斯坦福政治学教授 Josiah Ober 认为,课程需要由学生所学的技能来决定,这些技能是他们做研究必备的。Ober 认为:"在社科的学习中有必要认真地学习如何去学习,当然阅读古往今来的文献也必不可少。"[10]

很多人文学科院系致力于将方法论置于授课中最显要的位置,却没有达成什么是最佳学习方法的共识。一些人文学院会在选课的"大杂烩"中掺入一门方法论课(你也能一下就认出教方法论课的教授,他们通常都是胳膊朝后被铐着来教室的),但这个领域至今没有一个普世的最适方法论。有的人认为该研究文献理论,有的人认为该钻研归档方法,还有的人主张关注书中史实。教什么最终还是看教授们的癖好。

教育学家将这种"从癖如流"的课程称作"教师中心型课程",全凭教授个人意愿而无视学生需求,其结果往往是害了学生也害了自己。首先,上着"大杂烩"课程的学生们对导师们在课程结束后为他们"精心设计"的全面"大考"无法做充分的准备。这些考试旨在全面考查研究生的学科基础,如果教授上课压根不教这些,我们凭什么要求学生无师自通?

教授们如果不教这些必要的知识,学生只能进行自学。好在人文学科的研究生聪明而有创造力,他们对自己需要学会什么有自知之明。他们在课堂上辛苦地"筛着金砂",学到零星皮毛,然后一头扎进图书馆中自学备考。由此可见,教师中心型课程会增加学生的备考时间,从而拖长他们的学业。语言协会前任会长、斯坦福比较文学的德国教授 Russell A. Berman 认为:"只有上课讲授所需内容才能使学生顺利通过考试。"[11]

的确,教授们上课讲授自己手头的研究也有其价值。Gerald Graff 向我们展示了教授们怎样通过讲自己的书来促进师生的合作研究。[12]此类课程只是众多授课方式的一种。平日吃惯了此等"山珍海味"的学生需要吃一点粗茶淡饭换换口味,即便没那么上档次。粗茶淡饭,也就是基本的知识和技能,非常重要。法餐大厨兼卢特斯餐饮老板的 Andre Soltner,在面试副厨时就偏偏不让他们做山珍海味而考粗茶淡饭。

美国高教界有一位很有想法的评论员 Andrew Delbanco，他曾撰文讲述人文学生基础教育的必要性。他写到，科学的"日新月异"使医学专业的学生必须相对于 10 年前的同行掌握更多关于基因遗传病和器官移植的知识。不过人文学科的精髓在于持之以恒地探求真理，而不是舍旧取新。[13]这说明人文学科教学需要代际不断地重复。Delbanco 讨论的是本科教学，但是他的观点放在研究生教学身上同样适用，研究生导师们有责任教学生之所需。

在研究生阶段的教学中，不同方向的"学生之所需"最突出的特点是"隔行如隔山"。就拿我自己来说，我不教人类学，因此我根本不知道主攻人类学的研究生需要学什么。但是教人类学的老师们应当时不时凑在一起，好好讨论一下他们的学生需要学什么。

共同的教学目标不仅能增进同事间的友谊，还有更重要的意义：这个目标可以让本专业的教学更具一致性，最起码我们教的东西要与我们出题考的东西一致。比如，文学院得出的目标就是让学生大致地掌握文学史，那么文学院教授就应当以事先约定好的频次来开设相应的文学概论课，即我所强调的教学"一致性"。

Berman 认为，教授应该是研究生课程设置的"守夜人"。教育学学者将这种课程设置称为"学生中心型设置"，其标志是以学生的需求为出发点。我们大可不必在称谓上较真而把"教学生之所需"和"教导师之所好"看作学术自由的两面，后者向前者的转化是老师学术责任的要求和体现。

二、教学"内容"招致"愁容"

学术责任不能只体现在课程的设置上，而应该重点考虑授课的内容。说到这儿我必须承认，人文学科的教学很长时间以来一贯是坚定地以内容为转移。人文学科所教授的内容不都是历史，但是都具有历史性，其原因在于不论什么专业的文科学生都需要去探寻本专业的历史来搞明白他们为什么要学这个专业。

如今的人文学院不再是"麻雀虽小而五脏俱全"，其最突出的原因在于各个领域学术"正统"的不断泛化，学生们也越来越多地去读本领域不断问世的"四书五经"。某一个领域不再需要有每个分支专业上的学者，研究生们再也读不到其专业"非正统"的相关著作。研究生们相较过去能更快地找到自己的专业方向（这不仅仅是由于学术"正统"的驱使)。这是因为一个系的师资和课程不能随着学术"正统"的泛化而无限增加,也就是说,"麻雀"总有一天会装不下"五脏"。[14]应该说,从现在开始在教学内容上多考虑一点学生的需要属于亡羊补牢,为时"略晚"。

以学生为中心的教学思想古已有之。这种思想产生于100多年前John Dewey和Jean Piaget的时代,并被应用于本科教育,但是至今还没有被大面积推广到研究生教学中。美国历史协会会长Jim Grossman指出:"我们很少做教学的学问,更不会在具体的学科教学中应用这个学问。"[15]其结果就是导致无视学生需求的内容主导式教学的泛滥。

内容主导式的教学缺陷在于以教师为中心,如果教授坚持将18周的内容用14周完成,那么学生虽然跟不上,但教授却可以完成教学任务。教授们这般独断专行的意义何在?他们这么做是向学生们展示"大家风范",但他们不仅不知道什么才是"大家",也根本不在乎学生如何适应课堂的超负荷运转。这种教学上的"独善其身"正应了棒球明星Jim Bouton的"名言":"他们打得太差,不过我打得好就好。"

再者,常年从事大学教师培训的Ed Neal指出,这样授课让学生找不到自己感兴趣的研究课题。高强度的填鸭式教学迫使学生四处拼凑论文并使他们大多都完不成学业,这样的情况在教育学上实应杜绝。

围绕某一小块内容进行教学的做法对于教师来说太过容易,大多数教研讨课的人都这么做过(我有时也这么做)。都这么做并不代表这就是对的。修辞学学者Peter Khost,Lohe Debie,以及Sweetman Chuck都认为:"博士们既享受上课又享受结业,但并不确定他们从开课到结业究竟学了些什么。"[16]一个不愿透露姓名的学生表示:"研讨课的目的不明。我平时读书,读什么学到什么。不过我不清楚我上课要学什么。"不仅学生不知道学什么,我认为大多数老师也不确定教什么。

是时候改变"内容主导式的课程"而更重视知识技能的培养了。这个观点也是前任提出的。约翰·霍普金斯大学的校长Joseph S. Ames指出,在1930年之后,很多博士在研究生毕业之后就不再钻研学术,而是在院校中任教。因此,"高校的责任就在于培养他们成为有知识、重技能的老师"。[17]

在这里我想说明，并不是固定内容的教学完全不可取。人文学者需要大量的阅读，天道如此。但是光死读书不行，他们还要用所读的内容去教。具体来说，人文学者需要以某种形式不断地去"转播"自己的见解，或通过出版著作或通过课堂教学或通过其他渠道。由此可见，讲课的人不仅要讲，还要专门拿出时间让学生将所讲的内容应用到学术生活中，以构建 70 多年以前 Gilbert Ryle 口中的"车间型课堂"，而不是单纯的"博览式课堂"。[18]

在详细介绍如何让学生"学以致用"之前，我先说说为什么要"学以致用"。

最现实的原因就在于学了就要记住。学了不记，也就没有学的必要。不同年龄段的教学者多对这种"死记硬背"持有偏见，他们认为学生学了只会记到考试，考完就忘。在研究生的研讨课中，学的太多也会跟其他阶段的学生一样临时抱佛脚。教育学者 Barbara E. Lovitts 谈到了研讨课讲师的抱怨："讲着讲着就发现学生已经忘了我上学期讲的内容，我很惊讶。"[19]其实，这位老师用不着惊讶，大部分研讨课都是填鸭式教学，学生哪来的时间去记住老师所讲？

教育学者 Diane F. Halpern 和 Milton D. Hakel 重点写道："正规教育的目就在于知识的迁移。"换句话说，其目的是让学生都能将课堂上所教授的知识和方法迁移到课下的应用领域。同时，Halpern 和 Hake 也证实，高等教育存在的合理性就在于上述理论。因此，他们会假设教授最基本的唯一目标就是培养学生的长时记忆与迁移能力。[20]原因很明显：只有学以致用，学习才能有长远的价值。这个观点没有问题。

我们又该怎么让学生记住所学呢？Halpern 和 Hake 认为有一个有效的办法：在课上以一种形式将信息展现给学生，之后要求他们以另一种形式对同样的信息进行自我展示。[21]比如，老师以图表的形式呈现给学生某一章节的时间线，然后要求学生进行口头转述。这样的练习可能会出现在研讨课中，但是一定不多见。我回想起上次在研讨课中所讲到的一条时间线，后来我又在大课中提了一次，不过没有要求学生进行自我展示，我相信他们会记住并在课下温习。这样可以节省时间而讲更多的内容。

不要求学生对课上内容进行重述，我便没有达到使他们"主动学习"的目的。这种学习方式恰好是一个名为"人们如何学习"的研究主题。主动学习不仅需要事实性信息做基础，更重要的是，学生需要学会在一定的概念框架内理解上述事实和既有观点。除此之外，"主动学习"还要求学生具备组织和归纳信息的能力，以便在应用信息的时候简化信息检索的过程，最有效地将所学贯之于实践。[22]这种以学生需求为中心的课程设计要从后往前，也就是说，从想要达成的目标来"倒推"。如果课程目标是让学生建立长期记忆，途径是不断地应用所学理念，那么教授该课的老师就需要设计专门的应用环节来达成目标。[23]

《学者是怎样炼成的》（这本书所呈现的研究是卡内基大学赞助的一个关于博士生焦虑的项目）一书的作者还提到了一种"整合性学习法"。这种方法要求博士生们在不同条件下，有时是在不同的课上，反复地应用所学知识。[24]这个教学目标很不错。鉴于当今的研究生教学分散化严重，课程与课程、导师与导师之间没有交集，想要达到这个目标尚任重道远。

到目前为止，我的叙述还比较抽象，但抽象的理论需要实践来使人更好地理解。有一种"体验式教学"在社会科学和理科的教学中要比在人文科学中更容易进行实践。社会学家 Kelleher M. E 讲到过如何在研究生的研讨课中实践这个教学理念。她说："以此理念为指导的教学大纲刚刚出现（但教授们已经学会了把所有核心课题都杂糅进去），这样的教学设计把教学内容和学生所需'有机地'联系在一起。"Kelleher 认为，这种师生合作的"体验式教学，通过将学生置于一个更大职业群体的观念和权威之中解决了专业教育领域的一个突出问题"。[25]

有人觉得以学生为中心的方法可能会让教学走一些弯路，这是因为老师们"唯我独尊"惯了，不从学生的角度看问题。[26]尽管相关文献很少，Neal 的研究论文可以提供很多有用的指导。Neal 鼓励教授开展研讨课，课上学生必须学会思考某学科领域的内容和研究方法，而不是让学生机械地写论文。Neal 还提议，教授应该以问题为导向设计研讨课，并增加师生之间合作研究与学习的可能性，即在系里教学督导的监督下，由教师和学生共同建构课程的目标、设计课程的流程。[27]

在这样的情况下，让我们回过头考虑历史学家 David Gerber 的教学改革建议。在本章的开始部分，我提到他作为学生的经历：我的老师曾经强制性地灌输给他们自己的研究并且逼着他们写与之相关的论文。在这样的情况下，Gerber 设计了以论文写作为核心的课程体系,以便促进学生独立和集体研究问题的能力。他的努力失败了,原因之一就是他遇到了研究生教学中存在的顽疾:学生们一般需要过长的时间来拟定自己的研究课题,留给实际操作的时间太短了,一个学期根本不够他们自己去做这两件事。同时,Gerber 还发现学生缺乏的是研究方法方面的知识,如在历史学中,如何做笔记、高效地整理文件等,"我很少留出时间去教学生研究方法。"Gerber 说道。[28]

因此,Gerber 开始做调整。他放弃以论文为中心,使用"学生中心"的方法,在提供来源的情况下让学生们搜集数据并写"研究报告"。换言之,他在课程中锻炼学生的独立调研能力,引导他们一步步获得独立研究历史的能力。"我想在他们的研究中提供实实在在的指导,而不只是帮他们选一个研究课题。之后我还会把大家组织起来教他们怎么做接下来的工作。"[29]

John Dewey 认为,学生首先要学会探究,自己得出结论。他在小学教化学的过程中,先带着学生一起煮鸡蛋,并观察在煮沸的过程中蛋白纹理的变化来让学生获得直接经验。学生也通过实际体验学到新知识。[30]这位小学老师的教学方法与前面历史学导师的教学方法实在是英雄所见略同。[31]

Gerber 的教学法似乎有一些先见之明:Khost,Lohe 和 Sweetman 注意到,在研究生课程进行的过程中,学生会被要求写很多文章,但是教师并不提供指导。修辞学家 Laura R. Micciche 和 Allison D. Carr 的研讨课会对写作进行清晰的指导,他们认为研究生需要具备修辞意识,以便保持多样化的写作方式。[32]这种观点很有现实意义,但是其风险在于学生们会因此全部选择同一门写作课。如果整个研究生院真的出现这样的一门课程,它的教师将在整个学院"一枝独秀",教学将由"以教师群体为中心"成为"以某个教师为中心"。学生们可能从这门课中受益,其他的教师们却不会。除此之外,在仅有一个教师指导写作的情况下,学生的文章就不会都被其他老师批阅。老师们看不见学生写作的困难也就不会想到如 Geber 那样去"三省吾身",改革教学方法,最终导致学生的写作水平还是没有起色。

教师不仅需要告诉学生"学什么",还要告诉他们"怎么学"。原因之一是较之"学内容"(研究生通常有一定的自主选择学习内容的权利),学生更需要改善的是"学习方法"。尤其当今研究生在主动的自我缺点鉴定学习方法上的不足,使他们自身可能没有意识到这些缺点的存在。例如，我会在研讨课中给学生写两篇中篇论文的机会，而不是让他们写一个长篇。我认为两篇短的比一篇长的更能让学生体会该怎么学论文，尤其是他们在学期进行之中就在进行写作，而不是像平常那样都堆到期末，这样他们是在"边学边写"，可以将所学的内容和方法付诸实践。说起来容易做起来难，每当我让学生们自己去选，他们还是会选择写一篇，同是出自旧教学法的"淤泥"的确很难"不染"。

Lohe 和 Sweetman 试着将学生置于教师的位置，他们让学生去填补教学计划的不足以反映"师生的共同需要"。其目是让学生知道在教学计划中做出抉择的重要意义。Khost 将这样的实践描述为研讨课中的"无为"，让学生写教学计划就像让一个年轻的民族写一本自传性民族志，他们能够在写作的过程中认识到自己在本学科学习中的不足或无知。"知不足"意味着学生会在学习和研究中进行自我反省以查漏补缺。Khost 指出："这个法子不见得能马上让学生优秀到发表论文，但在此过程中，他们一定会成为更好的学生、写手和学者。"[33]

Neal 认为，平日课堂上流行的小组工作是为了让课堂成为这些"未来的学者们"讨论交流的平台。若想做到这一点，我们必须对研究生教学的旧教学方法进行改革。我们应该使用新方法，来鼓励学生之间的合作、培养学生的批判式思维。[34]研讨课应首先满足学生的需求，因此教师们必须让研究生们参与到课堂的除旧立新之中。

本书没有着重讲关于研究生怎么去教本科生的内容，很大一部分原因是其他书对此已有讨论。常言道："教学相长。"如果老师们能真正给予研究生们一个发挥特长、展示自我的讲台，而不把他们用作代替自己的"廉价劳动力"，教本科生的确能使研究生进步。

除了在课堂上模拟教学场景之外，研究生导师们应该考虑将自己的一些教学工作真正分给学生。例如，2010 年，斯坦福大学利用提格基金会所支持的一系列合作式教学项目，就旨在每年将 8 位资深教授和 8 位研究生老师组成互助小组。这 8 对教学小组都设在人文学院，教授与研究生合作教授一门本科课程。这 8 个小组每以一学年为周期，定期交流经验并安排接下来的教学任务，重点是在头衔、学术地位不平等的师生之间建立平等的合作关系（尽管不太可能完全平等但越平等越好）。这个项目最终获得了很大的成功，因此斯坦福大学在捐助的基金用尽之后自掏腰包将这个项目延续了下去。斯坦福资金充裕，当然可以砸钱来运行这种项目。其实一些资金紧张的大学也完全可以以更低的成本进行尝试，我并不觉得这样的教学项目特别费钱。

斯坦福大学的组织者 Russell Berman 宣称，我们不能将研究生教育简单地局限在研讨课，而应将其朝着这种平等合作教学的模式转变。研究生招生的缩减给了这个想法以推广的舞台：学生的减少意味着探讨课的减少，同时也意味着在教学和其他方面师生合作机会的增多，合作的方式只有想不到，没有做不到。

我们之前分配给研究生助教的任务既少又固定。我们派他们用自己的课余时间帮我们扫描文献、整理书籍或给论文打成绩，等等。这种忙法纯属瞎忙：教师本可以通过让研究生当助教来真正锻炼他们的能力。可以让研究生学习进步的平台其实很广，而当助教这个平台尤其需要导师们的投入。导师们需要将助教工作真正变成一份"辅助课堂教学"的工作，而不是为我们跑腿打杂的工作。助教表面上是帮助导师，其实他们更需要导师的帮助。

事实上，学生帮导师，导师帮学生完全可统一成一种助教与导师的合作伙伴关系。助教既是导师的学徒又是导师的伙伴；让助教成为导师的伙伴也是让他们成为更好的学徒。诚如《学者是怎样炼成的》的作者所言："只有开放、平等的课堂教学才能使导师与学生都从中受益。" [35]

三、职业选择的教学

在我们确定需要以学生的需求为导向的课堂教学方式后，我们还需要看看学生们的需求到底是什么。我们需要看看到底是不是所有的研究生都是"教授坯子"。

这个观念早已根深蒂固。一位如今是律师的司法博士回忆起 30 多年前的往事。她说在其博士毕业的时候，她的导师不愿意为她给律师事务所写推荐信，原因很简单：她选择离开学术圈。听起来她的导师固执到可笑的程度，不过这个故事所暴露出的学术界的隐忧却令人笑不起来。很多教授会将非学术职业作为学生"没有办法的办法"，并且一有机会就向"下海"的弟子们表露自己的不满。博士毕业生要想"平安无事"地跟导师说自己不想留下教书必须先拉上几个同学做垫背的，否则一定会被导师横眉冷对外加一通冷嘲热讽，不过导师们到头来也阻止不了学生下海的热情。既然如此，在教学的时候导师就要兼顾学生下海就业的需求。

近些年，导师们也认识到了这一点。例如，2011 年 Anthony T. Grafton 和 Jim Grossman "谦虚地提议"道："我们需要改变研究生的教学方式了。"[36]作为美国历史协会会长和执行理事，他们也不介意郑重其事地登上大礼堂的讲台，向世界宣布他们赞成学生下海。

Grafton 和 Grossman 写道："现在的历史学博士不容易留在学校任教并且指望职称一路高升。"他们说得很对，是时候正视这个残酷的现实了。"外部的就业市场多年来没有什么变化，是我们的观念落伍了。"这样的"昭告天下"很新、很犀利，也为整个研究生院的体系开始主动顺应就业市场的发展潮流注入了一针强心剂。研究生教育不仅要搞清经济现状，还要探明这种现状对于自身的发展意味着什么。

"历史学博士有很多其他就业机会，"Grafton 和 Grossman 如是说："历史学导师们需要帮助学生提高诸多在圈外岗位就业的能力。"这种说法并不新鲜，我自己在前文也提到过，但是要分是谁在说。这可是美国历史学界两位领军人物，可谓在研究生教育亟须做出改变时"冒天之大不韪"，并站出来引领新潮。

他们在《历史视野》中的这番陈述引起了广泛的关注与回应。[37]就在上一次"轰炸"的冲击还未平息时，Grafton 和 Grossman 又投下了第二波重磅炸弹，矛头直接对准历史学导师："历史学家需要对教学进行深刻反省，承认就业多样性就意味着我们需要改革课程设置的教学方式来履行我们作为教师的责任。"历史上，研究生院都是在培养教授，如果历史学教学需要培养适合其他岗位的学生，那目前的教学就需要"推倒重建"，他们如实进行了总结。

下面我带大家下到课堂里，一起看看到底该如何做。芝加哥大学历史学教授 Leora Auslander 认为："做老师首先需要接受相关培训。"[38]不过，由于老师们做"井底之蛙"已久，一时半会儿想跳出井来真心不易。

我先从教师的角度，再从整个课程的角度来剖析问题，正如我在本书引言中提及的，博士毕业都要教书的观点始见于"二战"后的高等教育的扩招时期。想要突破这种旧观点，我们就要先谈谈怎样才能当上大学教授以及怎样才有资格当好一个大学教授。教一个将来想接过自己教鞭的学生简直妙不可言：自己是老师的人只要倾尽自己之所能于弟子，弟子将来自然就是老师。不过如此这般的美妙景象在研究生院几乎见不到，因为研究生教学的情况特殊，没有老师会真正"倾尽所能"去培养接班人，而且想让研究生导师为学生的其他就业出路做准备也比其他阶段的教师更加困难。困难虽有但是可以克服，毕竟同样的教师，在带本科生的时候就会充分考虑就业多样性，因此带研究生的时候想做出改变绝对不难。例如，本科阶段社会学的教学就会将社会学专业知识放到就业大市场中进行综合性教学，如此为学生拓宽毕业之后的出路。研究生导师们也该这么做。

此外，研究生教育应该具备更大的自由度。教育的合理性应当首先体现在其实用性上：职场的现状使我们去重新设计课程。究竟应该怎样改良设计呢？答案就是要改变课堂教学的目标，以便兼容不同就业需求的学生。最近的研究生教育界出现了这样的一些"吉兆"，比如 2014 年，梅隆基金会资助了一个在四个历史院系同时开展的课程改良试点，旨在拓宽历史学毕业生的出路。[39]这个项目可能会达到预期效果，但是其他院校不能坐等结果，而要一同行动起来。

再如，一位历史教授会根据他的学生去本科院校做教师的想法，具体设计各类课程，这并不意味着他会将研讨课变成纯粹的教学法课，而意味着教授本身作为学徒教师和学者，会为学生提供了解客观现实的方法。Auslander 认为，教授的任务不仅包括从其他媒体中获取知识，还包括接受以前没有考虑过的目标。

仅就历史学的改良而言，导师们可以增加教学训练，使其不只服务于想在大学就业的研究生，还照顾想去初、高中教书的学生。这并不是说历史学课堂需要完全转变为"职场演练"，但在研究史学材料的时候，教师要尽量从学术研究和中学教学两个角度引导学生。除了上述建议，auslander 还提出历史学教授需要教一些"非常规内容"。她着重强调了脱离书本知识而使用新媒介进行教学的重要性。不过这位思想超前的老师在自己的课堂上推行改良教学法时，也遇到了许多令她始料未及的挑战。

这些挑战往往因学科而异，但是解决起来有一个共同之处：研究生教学需要进行更多协作。前文已经提到过斯坦福大学的师生合作教学项目。如果斯坦福的方式太新奇，那么还有其他比较传统的协作方式。让我们看一下杜克大学历史教授 Edward Balleisen 的实践性教学设想。他认为应该重划学科间的界限，不同学科的学生可以都参与到一些跨学科的课程当中，使历史学学生能够与其他专业的学生进行合作。在 2012 年，Balleisen 和他在法学院供职的同事 Jonathan Wiener 共同教了一门名为"监管性治理"的跨学科课程。该课程涵盖了社会学、政治学、经济学、认知心理学、历史学、法律学的基础知识。[40]比起过于小精尖的课程，这样的新课有种"襟三江而带五湖"的大气，其职场实用性也要更胜一筹。这门课让学生能够"置身井外"地设想将自身特长应用于不同职业的情景，其最核心的功效便是使过去一味向"纵深"发展的文科开始拓展广度。

人文学科和部分社会学科中独立著书立说的现象也会发生改变。Balleisen 鼓励历史学研究生积极参与全球史纲或者历史学网站的编纂，这样不但可以"青史留名"，还可以培养提高技术水平和历史学分析及创新能力，使年轻的历史学者们接触更广泛的读者群体。这样的观点值得肯定。非学术领域工作都需要协作，不像圈内学者那样更愿意形影相吊，非学术项目所培养的技能也会对在校外其他岗位就业多有裨益。Michael A. Elliott 是埃默里大学（Emory University）的一位英语教授，他的研究兴趣包括历史。迈克尔在 2007 年讲了一门叫作"历史旅游"的研究生课程，课上他试验了上述新方法。他不要求学生写论文，而是让他们组成小组参与到一些历史学网站的网页编辑活动中。Elliott 回忆道："他们根据不同的兴趣点组队，并且自己决定网页的样式。"结果显示："其中一个小组竟然在可乐世界网站上制作了网页；另一个小组设计了一个利用有历史意义的公墓进行历史教学的课程；还有一个小组给一个史学网站投了一篇文章；最后一个小组写了一系列的短文。"如此多样的产出证明当教师给学生提供创新的机会，万事皆有可能。Elliott 这样说道："相比传统的研讨课中，我更享受现在的教学方式。学生可以通过研究院之外的学习提高研究能力并掌握设计技巧。"[41]

Balleisen 进一步建议，系里要为研究生提供从事非学术工作的机会来增加学生在其他领域就业的可能性。他指出，杜克大学的公共政策学院正在考虑面向历史学研究生开设"公共政策历史"课程，作为历史学院博士的选修课。Balleisen 说道："这样的形式意在将一系列课程进行组合。这种课程部分具有明显的历史学特性而兼涉经济学和政策学，而且很可能提供在政策研究所实习的机会。"就这样，贝雷森将我们的视线从课堂教学改革转移到了课程设计上。

这种改革最好能"自上而下",即最好在研究生院管理层的支持下,而不应停留在学术会议上骚人儒生们的"纸上谈兵"。高谈阔论人人都会,真正付诸实践有其困难。

如何设计为非学术职业做准备的课程呢?我接下来将历史学再一次作为个案进行阐述。普林斯顿大学的历史学和公共事务学教授 Julian E. Zelizer 指出,为博士生从事非学术职业做准备是符合道德的并且具有实践性意义,但是做起来并不容易。[42]Zelizer 的研究生的确可以既学历史又学公共政策,不过兼修两个专业方向需要在学位证书上有所体现或者颁给他们其他的证明,写学期论文的时候也要让他们自己从两个方向中选择一个。Zelizer 说道:"如果真想让研究生兼修两个方向,课程的设置必须完全改变,因为公共政策学与历史学论文是截然不同的。"兼修公共政策的真正意义就在于就业的实用性。公共政策的学生要比历史学学生受到更多的经济学和统计学训练,因此前者可以在毕业之后做预算制定等其他工作。

Zelizer 还建议道:"如果想将两个方向合二为一,研究生院必须在历史学学习的基础上将公共政策的课程真正加入课程安排中,也就是说,它们需要增加一些课程,并且删减一些课程。那些对公共政策感兴趣的历史学学生则需要专门为公共政策的学习早做准备。他们必须有针对性地学习断代史,最重要的是美国历史,腾出时间去做一些非学术性的兼职也很有好处。一方面能够积累经验,另一方面,日后在公共政策领域求职也有个好名声。"

对于设计此类兼修课程的专业人士来说,以下两条是课程设计的关键:

- 先确定最终就业目标,由结果开始往前进行设计。这个流程看起来符合逻辑,但是这么做的人很少,过于小精尖的专业方向通常意味着学生只能被教授牵着鼻子走。
- 研究生院的教工要不断鼓励学生明确自己的就业目标并带领他们进行相应的训练。Zelizer 告诫道:"职业目标和相应的培训要具体、有针对性而且趁早。"这一条看起来像是废话,但事实上新入学的研究生几个月都得不到任何就业辅导。

设计新的课程需要除旧立新的魄力,这在学界并不常见。教授们很容易就被自己读研时候的陈旧观念束缚了手脚。但时代在变,社会在变,新一代的研究生有着完全不同的人生观和就业观，教授们要学着去"开眼看世界"。如果教授了解到他们的学生倾向于到公共机构、政府部门中就业，或者选择从事其他非学术性工作，那么就必须调整教学思路。调整思路就意味着思考，而教授擅长思考，这是他们之所以是教授的原因。我曾见过一群人大声谈论着该如何去花一笔教学经费，他们得出的结论就是花钱好好开一个会来继续讨论。高等教育系统，尤其是研究生教育系统可容不下这样的一众庸人。教学改革需要有人拿出具体的方案来进行试点，而不是无结果却不停歇地讨论。古典学者 Peter T. Struck 指出："与其纠结于旧弊端还不如设计新课程。"[43]

由此可见，"设计"是将想法变成方案的关键。德鲁克协会的执行会长 Zachary First 指出："好的设计是可行的（能否执行）、可取的（能否推广）、可求的（能否被接受）。"[44]

学生也应该参与到课程设计中来。耶鲁大学一项开始于美国研究专业的人文学科"公共历史学"改革计划就是由师生共同操刀，将公共历史学融入传统历史学的教学体系中（"公共"指的是在校外进行的教学和实践）。对于传统历史学的学习来说，参观博物馆和访问名胜古迹是常事。而公共历史学（长时间以来被称作研究生院的骗钱专业）一直被视为低级的历史学。[45]这种歧视如今正在改变。很多高校开设了公共历史课程，通常安排在研究生阶段。耶鲁大学的这个计划备受关注并不在于它首创了公共历史学，而是向世人展示了师生合作设计课程产生的强大革新力量。[46]

此项计划执委会的主席 Lauren Tilton，一位美国研究专业的博士，说自己"热衷于将'高贵'的历史学和'低贱'的历史学结合在一起"。她回忆起很多年前耶鲁大学的学生主动发起这个计划时的情景，当时他们出于"为受鄙视的公共人文学科正名"的共同愿望，聚在一起"研读不同的材料"来进行设计。[47]

历史学院教授、美国研究会会长 Matthew Jacobson 赞成这样的做法并开始帮助这群学生，不久之后另一位美国研究会的教授 Laura Wexler 也加入进来。两位老师将四类公共人文的课程进行整合，并将其面向所有方向的研究生。参与这门新课程学习的研究生可以将其纳入课程篮子并在结业后获得相应的学分和证明。Jacobson 在这门课的教学中发现学生具有"令人惊讶的技能"，这些技能在传统研讨课后的论文写作中无法得到充分展现。[48]Wexler 说道："的确，这门课的核心就是让师生都能暂时走出学术，面向未来就业。学生们证明了自己可以胜任自己规划之内的任何岗位。"[49]

  同时，耶鲁大学其他的历史学者也参与了一个类似项目，历史学院教授、耶鲁奴隶制社会研究中心的负责人 David Blight 认为，历史学家必须"更接地气"。他将学术圈外的人称为历史学"真正的观众"。[50]该研究中心的前二把手助理 Dana Schaffer 认为，想在这个国家找到好工作，学生需要积累更多的工作经验。2012 年，为了迎合学生和公众的需要，耶鲁奴隶制社会研究中心为研究生和博物馆专业人士举行了为期一周的夏季讲座和研讨会。会议结束之后研究中心与受邀博物馆还保持了一年的合作关系。这个项目由耶鲁大学和史密森非裔美国国家历史文化博物馆共同资助，其花费还不及一个教授的年薪（不是名校名师，只是平均水平）。

  耶鲁大学的"公共人文"项目搭建了一个师生合作的平台。它照顾到了公共历史学家的需求，设计出了公共历史学教学的框架，感兴趣的学生还可以直接参与进来。zelizer 指出，仅仅兼修两门历史学还不够，学生需要去理性地组合不同的课程来满足某个特定岗位的要求。"我们必须好好地进行此类组合课程的设计，而且其他领域的教授也应该学习历史学教学中的这种创新，在各自的领域建立起组合型教学体系。"这种新尝试当然会因学科而异。用 Auslander 的话说，"逃避问题意味着慢性死亡"。她还强调，教授们想要做出改变就必须"甘愿受学生的影响"。我们需要主动使教学方法去适应研究生的就业需求。教学毕竟是一门合作的学问，研究生院的老师是时候一起研究改革之策了。

注释：

[1] 劳伦斯·R·维希. 美国大学的出现. 芝加哥：芝加哥大学出版社，1965.
[2] 罗杰·L·盖革. 推进知识：美国研究型大学的发展（1900—1940）. 牛津：牛津大学出版社，1986.
[3] 德里克·博克. 美国的高等教育. 普林斯顿：普林斯顿大学出版社，2013.
[4] 当埃德·尼尔指出教授们的准备不足是由于他们相信学生自己会找到适合自己的方式时，我们或许可以说，他对这种倾向的描述更加慈善一些。尼尔. 研讨会主旨：研究生与本科生. 卓越教育，1996. http://podnetwork.org/content/uploads/V8-N1-Neal.pdf.

[5] 大卫·A·格柏. 反思美国历史上研究生研究的研讨会：寻找一种新的模式. 教育史, 1988 (13) 1：9.
[6] 弗兰克·J·多诺霍. 研讨会之死是否可以为博士教育带来生机？高等教育纪事报, 2013-12-06. http://chronicle.com/article/Can-the-Death-of-the-Seminar/143609/.
[7] 杰拉尔德·格拉夫. 2008 总统报告：中间路线. 现代语言学会会刊, 2009（124）：728–736. 格拉夫引用舒曼的论证来支持自己的观点。
[8] 有 1/3 的假设与教授们的某一权力有关：他们可以在忽视学生需求的情况下，按照自己的意愿开设研究生课程。
[9] R·C·列万廷在他卓越的、有关冷战给美国学术界造成巨大影响的分析中指明："显然，自'二战'结束，它影响了所有的欧洲、北美以及亚洲的政策制定者，甚至影响了绝大多数的经济学者，而现代资本主义的繁荣是非常依赖于政府对经济庞大的干预的。"
[10] 乔赛亚·奥伯于 2012 年 6 月对作者进行了电话采访。
[11] 罗素·伯曼于 2012 年 6 月对作者进行了采访，后续有关的引用也出自此次采访。
[12] 杰拉尔德·格拉夫. 愚蠢的学术：教育如何掩盖了精神生活. 纽黑文：耶鲁大学出版社, 2004.
[13] 安德鲁·德尔班科. 学院：过去、现在和将来. 普林斯顿：普林斯顿大学出版社, 2012.
[14] 杰拉尔德·格拉夫在他的重要著作《自称文学：一个机构的历史》中指出了覆盖模型的不足。（芝加哥：芝加哥大学出版社, 1987）。成员学者 E·雪莱·里德担心"基于覆盖率的教育"会限制学习的可能性。她提出了"非覆盖率"模型，将研究生教育描绘成"与世界接轨的实践而非仅仅对技巧或知识的掌握"。里德. 写作教学中的非覆盖模型. 写作研究, 2004（32）：16.
[15] 吉姆·格罗斯曼于 2014 年 4 月 10 日在纽约召开的蒂格尔基金会上发表了题为"学者团体，教师团体：一个介绍"的演说。
[16] 彼得·霍斯特. 研究生研讨会的反思与盲点. 教育学, 2015（15）：21.
[17] 艾姆斯与霍普金斯教育部共同提出了一个倡议，追求这一目标. 约瑟夫·埃姆斯. 校长年度报告. 约翰霍普金斯大学校刊, 1930（419）：6.
[18] 吉尔伯特·赖尔于 1946 年在伦敦大学俱乐部亚里士多德学会前发表了题为"知道以及知道如何"的校长演说。
[19] 芭芭拉·E·洛维特. 过渡到独立研究：谁，谁不以及为什么. 高等教育, 2008（79）：306.
[20] 戴安娜·哈尔彭, 密尔顿·D·哈克尔. 学习科学在大学及更高教育中的应用. 改变, 2003（7）：38.
[21] 同上，第 39 卷。
[22] 学习科学发展委员会以及来自学习研究和教育实践委员会的补充材料. 人们是如何学习的：大脑、意识、经验和学校. 华盛顿：国家学术出版社, 2004.
[23] 更多关于反拨设计的信息详见《了解设计》。
[24] 乔治·E·沃克，克里斯·M·金果，劳拉·琼斯，安德烈·康克林，比舍尔，帕特·哈钦斯. 学者的形成：反思 21 世纪博士教育. 旧金山：卡内基教学促进基金会, 2008：76.
[25] 莫琳·E·凯莱赫. 研究生教学：经验法. 教育社会学, 1991（19）：363.
[26] 举例来说，心理学家保罗·泰勒编写过一个培训计划，目的是提高学生在研讨会上的演讲水平。时间退回到 1971 年，化学家基思·莱德勒呼吁在化学学科的博士课程中加入对学生做公开报告的能力要求，学生应该在课程内学习相关的规则，以便日后不时之需。

[27] 尼尔. 引导研讨课.
[28] 格伯. 研究生研讨课的反思, 第 12 页.
[29] 同上, 第 14 页。
[30] 约翰·杜威. 儿童的学校与生活、学校与社会. 芝加哥: 芝加哥大学出版社, 1907.
[31] 史提芬·M·卡恩提供了一个来源于他的导师, 同时也是他毕业论文的指导者——理查德·泰勒的例子. 卡恩回忆说, 泰勒教授研究生课程的时候, 几乎不使用任何哲学文本, 取而代之的是要求学生写作. 他说: "我们不该学习过去的著名哲学家的著作或研读学习对他们的评论. 相反, 我们应该'创造'哲学. 我们不应该'读'哲学家, 而是要成为哲学家." 泰勒的课程里只涉及几篇文章, 另外, 学生被要求完成三篇探讨哲学问题的文章. 泰勒曾告诉卡恩, 他的文章可以成为毕业论文中的一个章节, 建议他采纳这一做法的提议. 卡恩. 从学生到学者: 一份塑造教授的坦率指南. 纽约: 哥伦比亚大学出版社, 2008: 76.
[32] 霍斯特, 洛厄, 斯威特曼. 关于研究生研讨课的反思与不足, 第 21 页. 劳拉·R·米奇凯, 埃里森·D·卡尔. 面向研究生的写作教学. 学院写作与交流, 2001 (62): 478.
[33] 霍斯特, 洛厄, 斯威特曼. 关于研究生研讨课的反思与不足, 第 24、28、26 行. 玛丽·露易丝·普拉特在 1991 年将人文学科引入自传式民族志体裁中, 尽管它在社会学领域外还留有大量的模糊地带. 详见《社会研究》第 12 卷, 第一期 (2011 年), http://www.qualitative-research.net/index.php/fqs/article/view/1589/3095.
[34] 尼尔. 引导研讨课.
[35] 沃克等人《学者的形成》第 129 行. 更多关于教学共通的想法参见: 玛丽·泰勒·休伯特, 佩特·哈群斯. 学习的进步: 构建教学. 旧金山: 乔西-巴斯出版社, 2005.
[36] 安东尼·T·格拉夫顿, 吉姆·格罗斯曼. 不再需要备案: 有史以来最温和的研究生课程. 历史视角, 2011 (10). http://www.historians.org/publications-and-directories/perspectives-on-history/october-2011/no-more-plan-b. 后续关于格拉夫顿和格罗斯曼的引用均出自此篇文章.
[37] 此文之后很快也于 2011 年 10 月 9 日在《高等教育年鉴》中刊登出来. http://chronicle.com/article/No-More-Plan-B/129293.
[38] 蕾奥拉·奥斯兰德于 2011 年 12 月对作者进行了采访, 后续有关奥斯兰德的引用均出自同一采访.
[39] 四个项目分别来自哥伦比亚、芝加哥、新墨西哥大学和加州大学洛杉矶分校, 此外还有美国历史学会. 补助是为了给博士生提供空间, 用以探索学术界以外的工作. 详情参见维姆帕特尔. 160 万美金能够使历史专业博士生更好地进行职业准备. 高等教育年鉴, 2014. http://chronicle.com/article/16-Million-Grant-Will-Better/145399/.
[40] 爱德华·博利森于 2011 年 12 月对作者进行了采访, 后续相关引用均出自同一采访.
[41] 米歇尔·伊利尔特于 2011 年 3 月通过电子邮件的方式与作者取得了联系.
[42] 朱利安·泽利泽于 2011 年 11 月对作者进行了采访, 后续有关泽利泽的引用均出自同一采访.
[43] 皮特·斯达克于 2012 年 2 月对作者进行了采访.
[44] 扎卡里·弗斯特于 2012 年 2 月在全国论坛会议上关于博雅教育的未来进行演讲.
[45] 罗伯特·B·汤森. 历史的通天塔: 奖学金、职业化和美国的历史事业. 芝加哥: 芝加哥大学出版社, 2013.
[46] 在众多可以引用的例子中, 我想挑出爱荷华州大学伯曼先生行为与学术研究所的项目案例

来说明。这一项目持续 6 年，每年对研究生使用同一方法进行培养，并且训练他们公开从事研究与教学。详情参见项目网站：http://obermann.uiowa.edu/programs/graduate–institute–engagement–and–academy.爱荷华州大学出版了一系列相关丛书：《人文学科与公众生活》。

[47] 劳伦·蒂尔顿于 2011 年 11 月对作者进行了采访。
[48] 劳拉·韦克斯勒于 2011 年 11 月对作者进行了采访。
[49] 大卫·布莱特于 2011 年 11 月对作者进行了采访。
[50] 戴纳·谢弗于 2011 年 11 月对作者进行了采访。

第三章

综合考试——极致还是基础

我在高中的时候曾碰到过一位数学老师，说他是个骂人狂一点儿也不为过。他会将一些差生剔除出来，以激烈的言辞指责他们，就好像以当众批评的方式便能教会学生这一学科的知识似的。我以前非常讨厌他，现在也一样，只不过现在我在讨厌之余，开始对他当时的行为展开反思。如果他真的对数学教学上心的话（我想他确实是上心的），他是如何看待自己所教授学科的教学目的的呢？他当时一定认为恐惧是一种绝佳的动力吧。

带着这个令人忧虑的想法，我来讲讲博士研究生的综合考试。每一个参加过综合考试的人都会有这样的感想，那就是考场是一片孕育研究生院各类"战事"的沃土，开战的原因不是激励而是恐惧。这种恐惧有合理的目的吗？也许有吧。大家知道，一些组织的入会仪式令人痛苦，但是它有一个附带的效用，那就是从燃着熊熊大火的障碍上跨过去的人会"向死而生"。但是当我们把这个道理运用在考试上，让学生也"上刀山下火海"，只为体验一把"向死而生"的快感似乎就玩得过火了。期盼让研究生们从巨大的学业压力中完全解脱出来是不切实际的，我们应该尽力让他们减轻压力。我们给学生们设置的考试太过专注于"折磨"，严重缺乏目的性。

如果考试的目的并非是要播散恐惧，那么它又该是什么呢？它又如何才能得以实现呢？让我们看看我们正在做什么，问问自己为什么要这样做。首先来审视一下我们赋予这些考试的称呼。"综合考试"是一类基于教学内容而设计的考试，它所注重的考察范围是一个学科领域内的全部知识。"通用考试"（仍然在用）与它相似。还有一种对这类考试的通称——"资格考试"，它的目的是通过学生在考试中的表现来判定预设目标的完成情况。[1]名称的不明确意味着目标的不明确。总之,我将在接下来的内容中使用这些名称,因为它们的内涵各有不同。

从研究生的诞生之日起,考试就是其固定戏码,要改良考试就像要改写孔孟老庄。不过,在美国,资格考试的历史从 20 世纪 30 年代才开始。它建立在研究生院稳步发展时期的末尾。从那时起,"旧学院的延伸"开始初具现代研究生院的雏形。"二战"之后,由于学生数量大量增长,仅仅依靠学术论文一种手段来对学生进行考核已经不可能,所以研究生考试的频次激增。[2]在人造卫星相关研究经费的推动下,20 世纪 60 年代美国的博士生数量增长了 3 倍。在这段短暂却令人记忆深刻的黄金时期,由于教授数量空前短缺,很多学生的论文都是在缺少指导与监督的情况下自行完成的。(拿威斯康星大学的历史系来说,在 20 世纪 60 年代初期,它一年招收超过 200 名研究生,可以想象当时是怎样一番景象!)正是由于这个原因,论文答辩有了更多的繁文缛节,也催生出了对于筛查淘汰型入学考试的需求。

博士研究生综合考试起到了这种筛查作用,它将研究生的课程与论文分开。这一考试的根本目的在于鉴定一个学生是否具备"成为候选"的资格或是否"具有资格"继续攻读。无论如何称呼它,它实际上起到的作用是保证学生有继续学习以及撰写博士论文的能力。如果我们企图探讨这一考试的意图及目的,就应该牢记这一基本事实。

一项最近在美国展开的关于研究生就读时间的研究发现,只有半数选择放弃学业的人文学科的研究生,会选择在课程开始的前几年内离开,而大多数在数学和自然科学领域内辍学的学生则大都在前三年内就离开了(在人文学科中则与此相反,其余一半辍学的学生会在 7 年内离开)。[3]

这说明,那些苦苦纠缠于写论文的学生相较于没有这个压力的同僚来说,不会选择在研究开始的阶段离开。这种现象不难理解,因为很多人都会没有一点防备地陷入这个无底洞。一个在私立高等教学中屡屡成为话题的弊病得到了印证,中途放弃的人要背负沉重的贷款负担。[4]到那时,他们会感觉到陷得太深而无法自拔(我将在第五章继续讨论这些"陷于困境"的学生)。

博士课程引入资格考试的目的在于在这种长期无法完课程的窘境发生之前就

将其规避。说句官话,综合考试是最后一道剔除那些能力存疑学生的防线。这也是将其称为"资格考试"的一个原因。我曾亲眼见到许多教授(很遗憾,其中也包括我自己)在综合考试中放了那些不够格的学生一马,结果后来只能眼睁睁看着这些学生在学业中苦苦挣扎,仁慈之心在这件事情上是百害而无一利的。让不够格的学生通过考试实际上是一种对他们的欺骗——就像任何一个父母都能告诉你的那样:在行为(给予学生及格分数)面前,语言(你本来是不合格的,由于我们放了你一马,你才得以通过考试,所以一定要好好表现!)显得苍白无力。

让不够格的学生进入研究生课程中学习是一种折磨。这种折磨在其学业接近完成阶段(撰写论文和找工作)时尤其严重。即使这些不够格的学生完成了学业——往往是依靠组委会成员的诚心相助才完成的——他们也总会由于准备不充分或水平达不到要求而花费相当长的时间才能寻得一份心仪的工作。在毕业之际遇到这种丢面子的窘事对于学生来说毫无益处。

由此可见,教授应该让综合考试发挥它的本质性作用,即甄选出最适合研究生课程学习的学生以及淘汰不适合的学生。适合的学生继续深造,不适合的学生请转身离开。

但是,最佳的甄选合格的研究者的方法又是什么呢?让候选者们在压力极大的环境下接受一次覆盖其专业领域中所学全部知识的口头审查对于他们的论文撰写工作起到的作用微乎其微。这就像通过跳高测试来获悉他们是否具备参加马拉松比赛的资质一样。在确定综合考试的范围和重点时,应该将其与最终的论文和为了完成论文而进行的相关工作(也就是研究方法和研究实践),相互关联起来。

总而言之,现在的资格考试缺乏教学想象力。将考试的考查重点放在费时的死知识上,并不能像过去那样考查学生的掌握和理解能力。这种活动限制了学生从经验中学习新知。写作老师白费了大把时间教给他的学生合格写手都该知道的事情,即写作应该意在"知新",而并非仅是忠实地记录已有知识。同样地,考试是教学的继续,而不仅仅是考查学生已经教过的内容。可是到现在为止,人文学科所进行的大部分综合考试还没有很好地发挥出"继续教学"的功能。

大部分博士课程甚至都没有尝试开拓综合考试的教学潜能。尤其是"告诉老师你都知道些什么"的考试模式,与"反向设计"课程的理念背道而驰。这里所说的"反向设计"我在前面第二章曾经介绍过，是指教师首先确立自己的教学目标，继而根据这一目标来进行教学和学习任务的设计，最终实现教学目标的教学模式。两名拥护这一教学法的教育家 Grant Wiggins 和 Jay McTighe 例证了"告诉老师你都知道些什么"这一考试模式的"双重罪"，它们分别是"活动中心型教学"和"规模中心型教学"。[5]前者指那些没有清晰学习目标的教学法，后者（我在第二章中讨论过）将重心放在追求对于所教授材料内容范围的广度上，而没有真正关注这些知识是否已经被学习者掌握。这些过失很容易出现在各种类型的课堂教学中，当然，它们也同样存在于综合考试中，因为考试本身是教学的继续。

写论文是通过研究和综合来探求新知，而一场又臭又长的口语考试（或者一次紧张的写作考试）又如何能达到这个目的呢？那种基于书本知识的、"告诉老师你都知道些什么"的考试，对于实验和综合都起不到激励作用。《人们是如何学习的》一书的作者警告教师们不要创设一种默默地传递着"不要被发现你还有些知识不会"的信息的教学环境。[6]相反，他们提倡教师们鼓励学生要敢去尝试，不怕犯错。只有勇于犯错，学生们才能够学着将知识应用于实践。而资格考试传递出的绝对是"不要被发现你还有些知识不会"这个信息。它提倡一种保守的、反对创新与进步的学术研究方法，这使进行论文辅导的教授非常苦恼。简而言之，设计不良的综合考试比不合理地使用学生的时间更加糟糕（尽管不合理使用学生的时间就已经够糟糕的了）。糟糕的考试模式所带来的僵化思维模式会更加束缚学生在论文上的发挥。所以，考试之害，幅员之广远迈其身而足以害群，污染着整个教学体系。

不幸的是，这种过程与目标南辕北辙的情况在高等教学中仍在不断增加。原因是大学教授们受制于迂腐成规的思想，总是选择用自己读书时的"受害"方式再去"为害"。大部分教授根本不了解自己的学生如何学习、研究和写作，而沿用旧式的教学方式（其中自然包括考核方式）。Halpern 和 Hakel 说："结果就是很难设计出一种基于最新的对于人类认知研究成果的教学模式，用以取代当今在学院和大学中正在使用的教学模式。"[7]

社会学家 David Jaffe 表示，最主要的问题来源于工具主义思想：教授们总是要求学生完成狭隘的学习目标（比如通过大型考试），而不是记住那些对于将来研究和发展更有用的内容。就像我在第二章中强调的："记忆力和知识的迁移能力是教育家们宣扬的真理，也就是说学生应该去学习那些能够在课下应用的知识与技能。"Halpern 和 Hakel 控诉道："教授们总是宣称秉承上述目标，但他们总是说一套做一套，好像教学的最终目的就是让孩子们都当上三好学生似的。"[8]

我并不是想要使人觉得传统模式的考试就一定一无是处。我曾经在参加研究提案答辩之前的几个月中读过不少有趣的书籍，但事实上在那之前我就已经养成了阅读的习惯。这场答辩既没有帮助我更好地写论文，也没有让我展示出我的博览群书和考场压力下我"任尔东南西北风"式的淡定。此外，长达 6 个月的学习仅仅就为了准备一场两个小时的对话，这真的令人不爽。我边和组委会成员握手边想："这就完事儿了？"我强烈地感觉到我要远离考场"苦海"，去游荡一番江湖来涤净心中愤懑，这样才能以良好的状态完成研究生院学习的最后冲刺。于是我做出了一个决定：世界很大，玩儿他一年。

英语教授 Kelly Nelson 和 Stephen Watt 问什么是这类考试能够做到而课程教学却做不到的。[9]就像一个在读研究生所提出的那样：如果我接受并且完成了这种考试，它是如何使我学到（而不仅仅是记忆）知识的？又是如何使我具有创新能力的？如何能被雇主认可？如何能在同辈之中脱颖而出？考了高分如何能够使得我的目标得以实现？

大多数资格考试都对于实现个人目标没什么帮助。教育家 John H.Williams 和 William J. Berg 提出：这些考试都"是通往学位的无良障碍，由系里按成规设置，食之无味，弃之又可惜"。它们对于教学没有任何好处。这两名教育家还提出，考试分散了学生进行学术研究的注意力。[10]尽管这些声明是在 1971 年被提出的，但今人视之，亦有感于斯言：尽管时间跨过了整整两代人，可是前后同疾，没有改变。

以教师为中心和以学生为中心的教学法之间的差异为如何看待和解决这一问题提供了新思路。考试应该是教授与学生之间的交流，双方都需要从这种交流中有所收获。就目前而言，双方皆一无所获。现在的情况是，教授们需要通过考试筛除出潜在的能力不足者——但是从人文学科居高不下的肄业率可以看出，他们的目的没有达到。同样，研究生们也有自己的需求，一个费时而且重要的综合考试，应该同时满足学生的需求。那么这样的考试到底应该包含什么内容呢？我想最该有的是教学目的性，而这正是问题所在。

实际上已经有人制定出了解决方案。在一些非人文学科领域里的综合考试，已经很好地满足了学生的需求。例如，一些生物学的课程要求学生向学院组委会成员进行原创研究提案答辩。美国田纳西大学生物学院在网站上声明，这样做的目的是要"尽可能模仿一名科学家在其学术研究生涯中所面临的专业要求"。[11] Daniel Simmons，一名来自伊利诺伊大学的厄巴纳—香槟分校的心理学教授也就本学科的考试表达了类似观点，他说："我们不希望学生仅仅是为了读书而读书，而希望他们能够带着研究目的而读书。"[12]

自然科学中的资格考试和人文科学中的资格考试之间一个重要的区别在于，前者注重专业化，也就是注重考查那些科学家在日常的工作中会用到的专业技能，而后者却没有做到这一点。实际上，自然科学领域内的科学家们的考查方式有助于他们的学生日后发展成为职业科学家，并且考试所得的专业认证也能够成为他们进入自然科学研究机构的敲门砖。这种模式值得人文科学领域内的考试效仿。

社科和文科使用的关于综合考试的方法多种多样，但老式的写作和答辩仍然十分盛行。这些考试看上去几乎全是"反向构建"的。它们的潜台词是："告诉我你都知道些什么。"这对于学习当然是有帮助的。作为一名人文学者，缺少广泛的阅读很难成功，而仅仅做到"广读书"却是远远不够的。在第二章中我强调过，学生最终必须将所学的知识应用到教学和研究工作中去。我们一直在强调学生要充分地准备考试所考的知识，却并不要求他们具备应用这些知识的能力，这个错误我们在讲课的时候也会犯。相较自然科学，人文学科表现得很不专业，因为文科的教学（包括考试）没能使其学生具备进入从事专业研究的能力。

在过去的几十年，人文学科在"正统学术"标准上的变化无常使得人文学家更难就本学科"经史典籍"的认定达成一致。关于研究生应该看什么书，学谁的理论，大家众说纷纭。而这种意见的不统一也如实反映了出来：同一学科综合考试的结构和内容总是变来变去。仅仅基于资格考试的一致性，很难就其综合考试究竟该如何设计才能够对学生起到促进作用的命题得出结论。反复无常的考试着重反映出了人文教学界对于这些考试所应具有的意义和应采取的方法的不确定。[13]

我花费了大量的时间解释为什么多数人文学科的综合考试没有意义以及它们是如何偏离初衷，以至于对于师生双方都没有用处的。读者们完全有理由觉得我是在力主取消综合考试，实则不然。我坚决主张一次彻底的大规模改革。要知道，除了传统的考试方式外，还有许多不错的方式可供我们选择。

与迫使学生死记硬背（除了长时间的死记硬背之外，又如何才能通过一次传统的综合考试呢？）相比，教授们更应该突破传统的测试设计模式，使学生能够在应考时"综合使用学科知识与技能，即综合运用理论、概念和原理，去分析和解决他们在本专业内所从事的实践活动中将要面对的现实问题"。教学家们称其为"正宗的测试"。[14]

设立师生协调的综合考试可以帮助我们调整它的目的以力求达到"正宗考试"的要求。正宗的考试必须同时满足施测者和受测者的需求——既然如此，为什么双方不能一起讨论如何构建一个考试呢？教学学者 Robert E. Baga 和 Jane Mayo 在大约 30 年前就曾提出：只有将研究生教学看作一个不断发展的过程，它才能发挥出更好的作用。而基础知识教学是这一过程中至关重要的一个阶段。他们写道："他们的考试中体现出的学生和教授达到的双向共识是非常重要的。"[15]如果教与学双方共同讨论考试需要和考试目标，那么这场"资格赛"也许就能够真的成为一种学习经验了。30 年后，一小拨研究生院开始改弦更张，用师生协调的方式考试，但是只有他们的努力是远远不够的。

这种方式的核心问题是：考试该是研究生教育的基石还是顶石？它应该出现在课程结束之后，作为一种对学生基本知识掌握程度的测试吗（这称作顶石法）？还是应该将其看作论文阶段开始的标志，象征着学生可以从通用基本知识的学习阶段进入具体专业领域的研究工作中了（这称作基石法）？我们已经使用顶石法太久，是时候转向使用基石法了。

综合考试在从后向前地进行设计的同时，也应该从前向后地展望未来。有些人文学院设计出了两者兼顾的考试，很值得我们效仿。马里兰大学的美国研究学院设置了一种综合考试，这个考试中包括一篇基于学生自主研究课题的跨学科综合论文，而且这一论文被明确为正式论文计划的"番外篇"。西弗吉尼亚大学英语系的考试，则是基于与学生论文主题相关的一系列读物之上的，而读物的选择则是学生与老师商讨后共同决定的。以此为基础开展的写作与口语考试指引着学生朝之后论文选题的方向思考。

这些都是我们取得的进步，但我们还能够做得更好。毕竟综合考试依然需要花费很长的时间去做准备，并且可能造成学生获得学位时间的显著增加。在人文学科领域，学生大约要花费 9 年的时间去获取博士学位，简化入学考试可以显著节省学生的时间和金钱。

相应地，一些院系采用了"（教学）档案袋"评价体系。这一体系能反映出学生在一段时期内不同阶段的表现，并以此取代了令人充满焦虑的"一考定终身"模式。[16]以美国圣路易斯大学的研究学院为例，学生会先被安排参加一场写作考试，但评分重点则是在于之后上交的一篇研究报告（"这一报告要逐步完善至公开发表的水平。"系主任 Mattew Mancini 补充道）以及文献综述。这篇文献综述需要基于与学生论文选题相关的三个不同领域。"这一体系具有前瞻性和发展性。"Mancini 认为，并且是"既严格却又有人情味儿的"。[17]

许多课程在考试中都包括论文写作的内容。美国印第安纳大学的英语系在其综合考试设计中加入了一个学期研讨会，专门研究论文计划书。早期数据显示，这种做法将学位获得时间缩短了 8 个月。加拿大阿尔伯塔大学的英文与电影专业同样将资格考试的重点放在了论文提案的撰写上，提案将作为创新课程的一部分。这一创新使得学生得以在第二学年的 5 月之前进入准博士阶段。美国华盛顿大学的西班牙与葡萄牙研究专业仍旧保留着传统的口语考试，但这一考试变成了三个考试中的一个。另外两个考试分别是附有说明的文献目录和论文计划书。匹兹堡大学的英语系所设置的考试类似一个"博士研究计划"，它的形式是两份 30 页的报告，不完全是一份论文说明书，却也取代了那种"千磨万击还坚劲"的"一锤定音"式考试。[18]杜克大学的历史系也在不久前取消了被研究生主任 John Thompson 称为"决定前途的可怕考试"，转而采用了阶段性评价的考核模式。他还说道："这种考核模式使得学生学业进展更快，并且避免了临近毕业时遭遇鬼门关。"（另一个延长毕业时间的原因）。[19]

说到底，谁也不需要吓人的大型考试。

当在考核研究生时，我们是在寻找一些能够完成接下来的任务（写论文）的人。综合考试是这一寻找过程的重要手段，但这并不意味着它应该使每个应试的人都惶惶不可终日，也不应该给本已经耗时很长的研究生课程增添额外的时间，多让学生学习少给他们添堵才是王道。

综合考试需要存在合理性，我们在考核研究生的同时也要考量我们自己的所作所为。

注释：

[1] 这一考试也称作"预备考试"，但是这一叫法已不常用。

[2] 海蒂·埃斯特雷姆，布莱德·E·卢卡斯. 嵌入式的传统，不均匀的改革：通识考试在博士写作与修辞课程中的位置. 修辞评论，2003（22）：396–416.

[3] 约翰·格莱依斯. 人文学科，10 年未必能够拿到博士学位. 高等教育年鉴，2007. http://www.csun.edu/pubrels/clips/July07/07-23-07C1.pdf. 我会在第五章中进一步说明"消耗"。

[4] 芭芭拉·E·洛维茨. 离开象牙塔：退出博士课程的原因与结果. 博灵顿：爱思唯尔出版社，2006. 对于学生债务的更多探讨可参见第四章。

[5] 格兰特·维金斯，杰·麦克泰. 了解设计. 亚历山德里亚：课程监督与发展委员会出版社，2005.

[6] 学习科学发展委员会以及来自学习研究和教育实践委员会. 人们是如何学习的：大脑、意识、经验和学校. 华盛顿特区：国家学术出版社，2004.

[7] DFH，MDH. 学习科学在大学及更高教育中的应用. 改变，2003（7–8）：37–38.

[8] 大卫·贾非. 停止要求学生为考试而学. 高等教育年鉴，2012. http://chronicle.com/article/Stop-Telling-Students-to-Study/131622/; 哈尔彭，克尔. 学习科学的应用，第 38 行。

[9] 凯瑞·尼尔森，斯蒂芬·沃特. 学术关键词：高等教育的撒旦词典. 纽约：劳特利奇出版社，1999. 尼尔森个人对废除综合考试的呼吁保留了《美国现代语言学协会会刊》中少数相关主题的参考。这是一本文学和语言学领域里的旗舰刊物。凯瑞·尼尔森. 研究生教育和就业市场. 美国现代语言学协会会刊，2000（115）：1202.

[10] 约翰·H·威廉姆斯，威廉姆·J·伯格. 预考和研究生教育. 物质，1971–1972（1）：136. 作者在文中指出，学院在其他领域的不负责行为导致该考试获得了不寻常的重要地位。有一些控诉正是发生在他们写作之时，那段时间研究生项目非常庞大，学院招收了过多的学生，之后又通过种种考试把他们筛掉。值得一提的是，这些抨击非常恰当地保留了下来。

[11] 田纳西大学国立橡树岭实验所基因科学与技术研究生院研究生手册，第七版，第 22 页。http://gst.tennessee.edu/GST%20Handbook%207th%20edition.doc.

[12] 丹尼尔·西蒙于 2012 年 2 月对作者进行了采访。

[13] 举例来说，我所在的部门负责职业发展的主任在 2013 年比较了大约 20 所院校的英语专业的考试，结果发现并没有真正意义上的模式或通过线。

[14] 贾非. 不要再让学生为了考试而学.

[15] 罗伯特·E·巴加，简·梅·张伯伦. 博士课程中的教授与学生问题. 高等教育，1983（54）：

413–414.

[16] 宝拉·韦斯利. 作品集在通向毕业的路上进一步取代了资格考试. 高等教育年鉴, 2008. http://chronicle.com/article/Portfolios-Are-Replacing/9141/.

[17] 马修·曼西尼于 2012 年 2 月与作者以电子邮件方式取得联系。

[18] 参见埃伦·麦凯在印第安纳州的报告；科里恩·黑罗尔在阿尔伯塔省的报告；安东尼·L·盖斯特在华盛顿的报告和顿·博埃利斯基在匹兹堡的报告，全部收录于《现代语言学会关于现代语言学和文学博士课程的工作报告》的附录中。

[19] 约翰·托马森于 2012 年 2 月与作者以电子邮件方式取得联系。

ann
第四章

Advising 导师制度

对大学里那些辅导毕业生论文并在上面署名的教授有很多称呼，最主要的是"adviser"，也有的叫"director"，少见一些的是"sponsor"。我所在的大学和其他的大学则把处于这种职位的教授叫作"mentor"——一个我不喜欢却被普遍使用的术语。（我之后会解释不喜欢它的原因。）我喜欢"adviser"，因为我认为这是对工作做得很好的最佳描述（这两个词翻译成中文都是导师，为了避免混乱，还是保留英文）。

这些词有时候可以换用，但他们的内在联系会将其含义推向迥异的方向。无论你如何称呼这种师生关系，它在研究生教育中都是最重要且最长久的关系，是教授和学生之间的一种特殊纽带。研究生院的师生关系是一种有着不同"后果"的关系。[1]处理得当，这种关系能使双方受用终身，师徒还能成为朋友。处理不当，这种关系导致的愤怒、怨恨、痛苦会一直在双方校内校外的生活中"阴魂不散"。这种关系把一师一生连成小家，把一个个小家串成大家。[2]当然，就算师生关系不如家庭成员那般亲密无间，也至少是领导和员工的关系。[3]

我们究竟该如何定义这种内涵颇丰的关系呢？19世纪的学生称老师为"master"（师傅），词如其人。学生会通过研讨课和自己的师傅接洽，自然而然地为师傅所吸引，这种吸引力现在叫"气质"。这种"师徒"式的教学起源于德国。但在美国，这种关系迅速被理解为"过于亲密"，就好像着了魔一般对师傅高山仰止，如影随形。这一关系如此强大，以至于有人建议博士学位证书应该附带其"师傅"的名字而不是校名。[4]

对于今天的我们来说，这样的关系听上去未免过度浮夸。虽然现在没有人再叫"师傅"了，但类似的师生关系依旧比比皆是。现在的"师傅"们依旧通过魅力吸引学生，并且他们的推荐信依旧控制着想继续深造的学生的命运，也就是说依旧败絮其中，这应该让我们感到不安。

正因为如此，相较"director"（主管），我更喜欢"adviser"（导师），因为这个词弱化了权威性。研究生要写论文，教授负责提供指导，指明方向，贴和词义。

"你自己掌管自己的学习。"我如是告诉我的学生。我喜欢这句话，因为它传达了管理职责，建立了自我问责制度。研究生院是专业的学校，大学毕业生也不是学步的幼儿，研究生的任务就是按部就班，自己完成学位要求。

但这并不简单，我的职责仅仅是提建议，但是学生的论文还是需要我审核通过，这样他们才能获得学位。论文是自己完成，审批却在我，这个过程包含我们两个人。回到刚才的"主管"和"导师"之辨：研究生才是自己学业的"主管"，我只是"导师"，"主管"并不是任何时候都由"导师"来"主"成败。

研究生当然要主宰自己的命运，他们为自己设定目标并为之付出努力。在这种情况下，导师确保他们的目标是明智的，他们的计划是合理的。其中必会产生一些摩擦。例如，单从概率来看，当人文学科教授（或社科或自然科学）这个目标就不现实。当然，一个目标是否理性，还取决于如何去为之奋斗。

教授帮助学生去追求现实的就业目标至关重要，这是教授的职责之一。为了追求一个教席而不顾一切地放弃所有其他出路，这就叫非理性。第一个问题由此应运而生：既然追求教授（导师）的职位不现实，其他工作又都不是我们的本行，那么我们如何指导学生去追求那些我们自己都不太了解的学界之外的工作岗位呢？这个问题很常见（本科生教师们就需要不断帮助那些根本不想当老师的毕业生找工作），但尚且没有机智而实用的解决办法。

帮研究生找工作还有一个更恼人的问题，叫作"榜样综合征"。Rebecca Schuman 博士的一篇文章对此有所涉及。Schuman 博士毕业于 1998 年，之后在媒体行业做了 7 年编辑工作。但她并不满意：在编辑中她不能像读德国文学（她的专业）那样"感同身受"，因此她决定加入一个德语的博士项目。鉴于这个学术界不堪的就业前景，她为什么还要辞了工作回去读书呢？据她所说，这个决定是出于自知和自决。她不惧学术就业市场的千难万险只因笃信"攻读博士学位是为了升华自身"。[5]

她再"不惧",在现实面前也得低头。Schuman 迅速在 5 年内完成了学位(几乎是一般人的速度的两倍),但是毕业后她的"低头"时刻还是来到了:她迫切地追求教席,一切都为了这个目标。她在一个非常著名的大学得到了博士后奖学金①,并把修改后的博士论文改成了书稿且被一所名校出版。但这位博士后待业 4 年,还是没有被任何学校正式聘用。

Schuman 的失败使她沮丧,带着这种沮丧,她离开了学术界(这当然是理性的选择)。Schuman 没有安静地离开,而是在 2013 年写了一篇名为"论文耻"的红文,劝诫想要读研读博的人断了这个念想,踏踏实实找工作。"你们别读研,千万别!"她如是说。Schuman 此言在所有痛恨读研的年轻人当中最是"痛彻心扉"。在这篇文章于《Slate》杂志刊登几个月内收到了 2 000 多读者的留言和评论。[6]

Schuman 受到的关注一部分自然源自她的"以己为鉴"。不过我倒是对她几周后发表在《高等教育纪事报》的另一篇文章中的自我评价更有兴趣。文中她哭诉了如何从一个年轻的学者,下定决心不为学术就业市场所动,一路成为博士后,最后却落得 4 年"餐肉饮血"般的苦恨。她至今不解,为什么自己当初明知山有虎,偏向虎山行。

她的答案是她是一种学术"邪教"的牺牲品。在 William Pannapacker 公式的启发下,Schuman 得出结论:整个研究生教育界在灌输教导的就是这种"邪教"。[7]她指出,首先受聘的邪教头子(教授)"将研究生围在城内",然后他们又用考试和论文这种"仪式"打破城墙。一旦新入伙的教徒(学生)开始对他们言听计从,邪教头子便开始"用 R1 荣耀毒害学生的头脑"(R1 是一等科研类大学的缩写。在卡内基基金会的大学分类下,R1 类大学泛指最好的、最有钱的大学,它们通常称自己有最好的研究生课程。该基金会已经开始使用一个新的分类系统,但旧系统仍被广泛使用),一旦被灌输了"R1 荣耀",Schuman 说,研究生们只有"学什么就干什么",发表文章,参加学术会议并"期待着一份工作"。即便一时不成功,这些研究生们也会"满怀希望",他们认为工作总会找到,哪怕拖个几年。当

---

① 译者注:博士后(post-doctorate)实际上是优秀的博士毕业生研究人员,兼职授课,由学校发放工资。博士后是向正式教席的过渡,不是一个高于博士的学位,博士就是最高学位。

Schuman 写下这一连串五味杂陈的艰涩，写下那些像她一样从梦想到梦碎的人后，她的情感如同一剂猛药，灼烧胜过治疗。[8]

Schuman 把自己描绘为一名邪教徒是夸张的，但这传达了一个非常重要的事实：研究生导师可以改变学生的一生，他们也愿意不停地这样做。导师们在任何地点任何时间都被学生视为榜样，而他们首先做出的榜样就是"当一名大学教授"。这就是研究生对他们的第一印象，也是研究生衡量自身价值的第一尺度。换句话说，如果放任自流，研究生们极有可能决定成为一名教授。

由此可见，研究生有一个默认的职业目标。当他们待在学校的时候，耳濡目染，潜移默化之间，他们就会朝着当大学老师的方向前进。如果导师们不加干涉，这会发展成一种"不为师即成仁"的急迫状态。不是所有人都可以"为师"，但导师可以帮助改变学生的默认设置。如果导师不利用其榜样作用帮助学生，他们实际上是在误导学生追逐根本无处可寻的工作，这样的误人子弟还会严重减少了学生进入更大就业市场的机会。在 Schuman 的描述中，她的导师在这方面完全没有作为，这个"渎职"很有代表性。导师没有与 Schuman 谈及未来就业的问题，正因为如此，她的求职历程才如此痛苦。

导师应该主动引导他们的学生，把研究生院看作一个达成目标的孵化器（而不是熔炉），帮助学生在获得专业技能的同时看清未来的出路，这在研究生院应该是最重要的教学内容。要想以这种方式有效地进行教学，研究生导师就需要断明师生关系的力量，并学会运用这种力量。

有鉴于此，我需要从基础开始，探究研究生院的师生关系，逐步帮助研究生更好地理解自己的学业和职业选择。

一、师生关系的基本原则

在很多年前的一次教师研讨会上，我应大家的要求回忆老师给我的最难忘的评价。一个辛辣的讽刺首先出现在我的脑海：大三的时候，教学辅导员写在我 20 世纪英国文学课论文的空白处的一句话："即便你如此贱卖无稽之谈，你的读者也不会买账。"这个评论的确刺痛了我，但也正是它让我不再敢自鸣得意地胡写，并在此后的 30 年里一直激励着我。

那次会上，多数老师回忆起的是批评，只有少数先想到表扬。批评会让人永生难忘，因此具有极强的教育意义。然而，作为老师的第一课就是"多鼓励，少批评"。"找好话说"成为师长的口头禅，其结果就是给初入学场，嗷嗷待哺的学生喂一勺蜜糖。

研究生也需要这勺蜜糖，他们有时比本科生更需要赞美。我曾经把我论文的一个章节拿给一名客座教授看。这位老师是我的朋友，但他却严词批评了我。我难过得想把这稿子放在一个我永远不会再看到的地方。我知道再读一遍只会更难过，但我还是再次翻开了这篇论文。我忍着痛揣摩他的评论，这个过程耗费了我所有的耐心。那个教授至今仍是我的朋友，当我多年后问他为什么没有给我任何好评时，他很吃惊。"我以为你知道我是喜欢你才批评你呢。"他说，正因为喜欢，他才仔细研读，最终提出批评性建议。在理智上虽参透了他的苦心，可还是恕我的心情实难淡定。我明知他是好意却还是难以心平气和地接受他的评论。这说明评论最需要的不是单纯的批评或者表扬，而是二者的平衡。

导师与研究生之间的关系也需要平衡，但关系的平衡十分微妙。在读研读博的过程中，学生依靠导师的建议多于任何参加了工作的人。学生们不但帮导师做很多工作，而且需要导师的认可，无论是为了今后就业还是继续求学。

因此，研究生会花费很多时间来观察和揣摩导师。他们也许不会天天和老师面对面，但导师会一直受到学生的关注。学生私下会聊他们的导师，他们会读导师的文章，甚至会被这些文章激发出灵感，他们还会模仿导师的言行举止。我认识这样一个教授，他受雇于他当初的导师，因此刻意在课堂上大量照搬导师著作的内容和观点。

导师批评不仅能刺痛皮肤，还会直戳内心。因此单纯的批评不仅非常伤人，而且会影响学生的进步。许多导师并不知道这一点。

我并不是说导师不应该批评学生，不批评就无法进步。如果一个学生是自己职业生涯的掌控者，他就应该心无旁骛，把导师的批评当作成长的一部分。

"不要指手画脚，妄加评论"是大众眼中为师的公理，但这一谚语使我厌烦。尽管苛责无益，但人怎样才能在不做评论的情况下进行指导呢？教授们尤其不能。作为评估文化的一员，教授恰恰以"指点江山，横加评论"为生（不仅评论学生的写作和语言,而且评论书稿和文稿,评论升职称的材料,研究基金申请文书等)。

需要澄清的是,我并不是建议放纵学生,不进行批评,而是应该正确理解批评的含义。导师也许会出口伤人,但只要不是跟每个学生都熟悉,他们不可能知道哪些评论会伤害哪些学生。什么才是进行批评的最好方法呢?Robert R. Bargar 和 Jane Mayo Chamberlain 的文章,是为数不多的相关研究。它强调师生关系的"发展性"特征——这一纽带是持续发展的。学生在整个研究生阶段不断发展进步,导师要去适应学生不同发展阶段的需要。导师和学生需要保持开放的沟通渠道,不仅在工作上通力协作,在情感上也最好能无话不谈。在这个问题上,防患于未然胜过亡羊而补牢。

Bargar 和 Jane Mayo Chamberlain 认为,导师应该为学生创造一个"积极的环境",让他们可以在"工作和生活"中"展示出浓厚兴趣"。作者强调"自由讨论"和"直接参与合作"。[9]这些听起来都很抽象,在学术圈子之外倒是有一个非常好的例子:2012 年发表在体育画报上的一篇文章,描述了圣安东尼奥马刺队的明星后卫篮球队队员 Tony Parker 和他的教练格 Gregg Poporich 之间的关系。在教练加入这个团队后,他疯狂地训练 Parker,然而几年后,Parker 签了一份长期合同,以此来接受教练此后多年的批评。

虽然 Poporich 的教法可能有助于 Parker 的成长,但他何必如此严苛地对待球员呢?现在的职业篮球不是以教练为核心,而是球星。他们凭借自己在经济利益上的号召力,经常是一句"一山不容二虎",就逼着球队老板解雇教练。而马刺队的教练早已找到了他与 Parker 的平衡。"私下切磋"是 Poporich 维持这个平衡的秘诀:教练和球员一个赛季共享 15~20 次晚餐。"你不能得到一名球员却一直忽视他下一次上场,"Poporich 说,"或者只偶尔用他一次。"[10] Poporich 和 Parker 在经历了十几年的共处后,已经成了朋友,他们私下里共处的时间可以促使他们同心同德,朝同一个目标努力。

虽然学习是为了自己而不是为了教练,但上述运动圈的例子对于学界依然实用。我照着 Poporich 的样子安排学生们和我轮流吃午餐。我现在试着每周与其中一个学生相约在学校会议室一起吃个饭,聊聊天,增进互相了解。哪一天,几点,在哪里都取决于学生的安排。在谈话中,我们会很自然地谈到最近正在学些什么。

和这个学生，我们可能讨论论文的某一章节；和另一个学生，我们可能讨论潜在的其他职业道路。我们也会谈论很多与学术完全无关的话题：旅行、书籍、孩子、政治（虽然这里我特别小心）或体育。我们谈论什么不重要，最重要的是我们能像平常人一样待在一起，而不是忙碌地学习。我们平时谈论学术已经够多的了，就像两个生意人做买卖，他们给我成果，我给他们分数。一起吃个便饭能让我们私下里也互相了解，找些学术之外的共同语言。

导师与学生的关系终究还是要落在学术上，因此我最后的建议是：如果导师能和学生坐下来聊一聊，很简单地问上一句"最近怎么样？"或"还顺心吗？"他们会成长得更快，我们的批评也不会像冷不丁飞来的手榴弹那样把他们的自尊炸得粉碎。也就是说，师生之间的私交至少能让批评听起来不那么伤人，从而使学生学会将其视作一种纠错和激励的方式。通过建立私交，我能更好地调整我对他们每个人的要求；通过了解学生的个人生活，我能更好地培养他们的学术能力。

这里我要警告各位，不要靠得太近！前面说的是导师该做什么，下面我们看看导师不该做什么。

哥伦比亚大学意大利文学教授 Elisabeth Leake 给博士生提出过的建议良多。他曾告诉我，当今的博士应当学学古代的医士，Hippcrates 的行医誓言中说："第一，不伤害他人。"[11]这句话放在当下也很有意义，因为导师有能力造成极大伤害。研究生和导师之间的关系既包括专业的关系，也包括个人的关系，这种关系异常的强大和微妙。导师在拉近师生关系的同时也要与学生保持距离。

导师不应奴役学生，这一点不言自明。但据我所知，有些学生曾为导师取过干洗的衣服，这种蓄意剥削简直玷辱师道，不过导师若仅是无意地"利用"一下学生，并非绝对不可。我们可能认为有时让贫困的学生为我们最新的文章或书籍做研究挣些钱是件好事，但请记住，学生没准会认为他们不能拒绝而只能"打掉牙往肚子里咽"。邀请学生进行合作本来没有问题（这有助于他们的职业生涯），但导师必须给学生台阶下，也就是说，给学生一个回绝邀请的机会。

导师要把研究生当作"熟人"而不是"密友"。为什么如此小心？ 因为研究生和导师的关系比导师认为的要亲近，这是因为学生每时每刻都在揣度着导师的言行，他们会关注导师在想什么，要做什么。这似乎有些危言耸听。不过一位教授曾告诉我，在她做研究生的时候，她曾在超市遇到她的导师。后者随口评价了几句她买的东西，她却把那句话反复琢磨了几个月，并清楚地记了 20 多年。除了一些私密，导师生活的其他方面都极有可能被其学生摸得一清二楚。当导师要批评学生的时候，过于亲密的关系会让事情变得复杂。此理在社交网络变得如此"疏而不漏"之前是适切的，但身处现世则更需要提高警惕。

  导师不该吹嘘自己的工作，这一点不言自明。你既知不要吹嘘，那就请你也不要抱怨，因为这么做实在无耻。要知道，无数的学子渴望我们的工作，我们去抱怨就是在践踏他们的理想，就是去做身在福中不知福的"富二代"。不要抱怨，哪怕现实强加给我们无数抱怨的理由（抱怨收入尤其不好，许多教授的薪酬都很低，尤其是在人文学科。但要记住，学生更穷）。

  许多导师和学生的关系，特别是那些以论文为中心的关系，多涉及移情效应。就像 Freud 的精神分析法中概括的那样，移情涉及从病人到其精神分析师的"投影心理"，这种心理总是以病人"孩童时期的一些重要人物"为原型。因此病人幼时的重要关系（比如和父母的关系）会影响到其与现在分析师的互动。[12]

  这并不是说教导研究生就像分析精神病（如果学生真的需要治疗，我们的工作只是劝他们就医）。但是我认为研究生和导师的复杂关系，也就是专业关系加上个人关系，和精神分析法中以投影心理为特征的移情效应有一定的联系。博导把他们的学生看作"学术上的儿女"，那博士生为自己的"学术父母""尽孝"倒也无可厚非。德语中把导师称作"博士父亲"并不是巧合。[13] 几年前，当得知我当初的两位导师中的最后一位也过世的消息时，我立马就联想到自己变成了"学术孤儿"，尽管我们已经多年没有联系。

  有移情就有反移情，即移情的方向转为由分析师到精神病人，在这里是由老师到学生。心理治疗的基本原则是，分析师需要控制住反移情作用。这个任务很困难。有一个有趣的例子，2010 年的电影《国王的演讲》（这是一部很好的教学电影，已经出版很长时间了），[14] 讲的是英国国王 George VI 在语言治疗师 Lionel Logue 的帮助下努力克服口吃的故事。Logue 不断地加强训练，却不见起色，于是他便沮丧地开车离开。然后 Logue 意识到是他将自己克服口吃的壮志雄心强行"投射"到了自己的学生身上。最后 Logue 回到国王身边，向他的学生道歉。这段插曲就是一个没有控制住反移情的例子。

"不要太亲近",这个准则既适用于专业教导,也适用于私人关系。反移情作用会把老师变成老妈子,整天为学生是否能按时交稿而忧心忡忡,这样绝对不行。研究生处在迈入社会之前的最后阶段,他们要学会为自己寻找职业出路。导师既可以在这个过程中为学生提供建议,加深相互了解,也可以变成"疯狂科学家",试图在学生身上克隆自己。学生们完全看得透,谁是属于哪种类型。这两种导师的差异从一次实验就看得出来:"疯狂科学家"式的导师也会批准实验并提供经费,不过最后发布结果时他们的名字要位列第一。

综上所述,不要靠得太近,不要离得太远。保持这种微妙的平衡的方法因研究生个体的区别而所不同。

二、认识学生的差异

导师应该有两个目标。第一,他们需要帮助学生完成学位论文,或者劝退。第二,导师应该为学生在其自主选定的就业领域做准备,无论这个领域是学术的还是非学术的。我一再强调,职前准备就是教学的一种形式。我在这本书里提出了一个倡议——以学生为中心。那么导师要怎样以学生为中心呢?

首先,认识学生之间的差异。种族差异是一个很好的例子。在本科阶段,种族受到的关注比在研究生院要多,但研究生同样面临这一阻碍。总体来说教授都倾向于种族平等,但研究生院仍是一个以白人为主的地方。非白人研究生在任何历史阶段都显得为数较少。20世纪50年代,在"二战"后大学的民主化发展中,研究生院管理层探寻过克服黑人学生"种族背景缺陷"的方法,但在处理少数种族学生的教育劣势问题上,仍有很多困难。[15]到20世纪60年代,一小部分研究生院试着去录取一些没有达到录取标准的少数种族成员,并不断增加录取名额。学校选择去相信黑人学生、拉丁裔美国人和印第安裔美国人的学术能力,这反而引发了很多选拔过程中的问题。[16]尽管学校积极主动地进行变革,招录少数种族的学生从来不是研究生院的要务。目前,由于社会的不关注和资源的匮乏,博士的培养仍是"白色统治",其他种族的学生依旧是凤毛麟角。[17]

当少数种族学生真正踏上"成博"之路时,需要做好经常遇到种族歧视的心理准备。也就是说，一旦非白人学生进入研究生院，任何额外的支持和帮助都会像临时脚手架一样散得七零八落，大家都认为少数种族的学生就应该在困境中"自力更生"。这种忽视非白人的现象非常危险：系里对学生的歧视越强，学生对系里就越不满，学生与系里的交流也就越困难。[18]

学者们总结道："黑人博士生面临孤立、缺乏社会支持、难以掌控局面的境地，极少人以他们为榜样。"他们"在社交中处于极低的地位"以及"在寻找可以依靠的朋友上有更多阻碍"。[19]他们建议研究生群体由不同的种族组成，根据需要由导师进行更多有效的指导。Martin Davidson 是持此观点之人中的一员，他认为导师的指导必须包含更多内容，而对于学生在种族多元化问题上的指导理应受到重视。[20]

由于页面不足，水平有限，这里不再详述少数种族成员在大学中的社交问题。我的观点是研究生导师应该识别哪里存在差异，并引起重视。戴维森指出："在跨种族的师生关系中，导师对种族差异的限定决定着关系的有效性和满意度。"文中传递出这样一个信息，白人导师应该设法去解决这个问题，而不是选择"搁置争议"。[21]导师们当然不能为忽视少数种族学生需求的后果负责，Marissa K. Lopez 和 Daniel Heath Justice 曾经针对这个问题写过一篇短文，名为《如何指导非白人学生》，该文提出的建议很有参考价值。文中最引人深思的当属开头，Lopez 开门见山地感叹，这样的文章想发表都难。[22]

女性读博也成了热门话题。从量上讲，女性不是少数，[23]今年女性获得的博士头衔比男性多，但这并不意味着性别差异在研究生院得到了应有的尊重。研究生院的相关规范准则急需改正。

我的一个研究生使这一观点更为清晰。她的名字叫 Diana。她或许是唯一一个在能否给她指导论文上"考核"过老师（我）的学生，我们也因此彼此熟悉。她曾上过我的课并出色地完成了任务。我很高兴能和她一起共事。

那次"考核"中的一个瞬间让我难忘。我告诉 Diana，她才是自己论文乃至整个学业的主导者。我作为导师会全力支持她，但在接下来的几年时间里她要学会事无巨细都最终由自己决定，而我仅在她做出决定之后提供建议和指导。"在你的研究生期间，也许你会结婚成家，"我对 Diana 说，"也许你不会。但不管你想怎么做，我只负责帮助你达到你的目标。"

我察觉出她眉宇间的些许赞同。几天后，她正式选择我做她的导师。几年后，Diana 告诉我，正是由于我当年主动提出成家的问题，她"被迫"进行了一番深思并做出了自己的决定。我开始尝试与新学生开诚布公地谈谈成家立业的问题，我相信这么做是正确的。学生开始读研的年纪就不小了，再加上几年的学习时间，成家立业"迫在眉睫"。要知道，在人文学科平均 9 年的时间才能获得博士学位。这虽令人不齿，但这就是现实。如果学生在本科毕业就开始读研（虽然我不建议这样做），那么他们将在 30 岁左右获得博士学位。[24]在这个年龄段，每个学生都要面对"择偶"这件人生大事，是否成家的问题绝不能忽视。

最近有很多人站出来鼓励女性在读博期间，克服诸多困难和障碍去结婚生子，这是件好事。[25]人们争论起这个话题的时候，都会对导师在这个抉择中应该起到的作用避而不谈。似乎所有人都认为导师只会又坏又蠢地阻挠学生的"宝贝计划"。

其实我们可以帮忙，我们可以明明白白地告诉想要生孩子的学生她们可以这样做。这仅仅是第一步。接下来导师还可以给她们讲讲学校的妊娠期福利，比如产假，以此来宽慰她们（你也许觉得准妈妈们都应该知道这件事，但是很多人真的不知道）。最近有本书一经问世就获得了广泛关注，书名叫《生子重要吗》。其作者的观点就是，待产的女性一定要知道法定的相关福利并加以利用。如果"准妈妈"学生所在的学校不提供产妇优待，她们也有权按法律规定申请无薪休假和职位保护。同样，教师往往也不知道自己有权申请"家庭休假"和"暂缓教学"，正在追求终身教席的老师也有权等到休假归来再继续"升职称"。[26]

我相信导师多是善良之人，但这并不意味着他们有万事的正解。学生所面临的重大人生抉择，包括是否（或什么时候）生孩子，按理说不该由老师指手画脚，我也正是这么对 Diana 说的。当然，我也可以完全回避"成家"这个话题，有人认为沉默才是让学生自己做主的最佳方式。但我还是觉得被动地回避敏感话题是错的，因为导师需要与学生建立（有限的）私人的关系。

之前我曾说师生关系不应仅局限于一篇论文，我坚持这个观点。Diana 在学习和生活上都曾将我视作她的导师，这就是我的为师之道。她不断地写短文，写论文，找寻二者之间的平衡并决定哪些拿去发表，她同时还规划自己的未来并为之做准备。这些"琐事"虽占据了她绝大部分的时间，可它们有时真的无足轻重。作为 Diana 的导师，我很庆幸当初跟她挑明了生子成家的问题，因为她在这件事上做出的决定才真正决定了她的一生。

正如女权主义者认识到权益和政治不能分离，研究生导师同样应该接受私人生活和专业生活的密切相关，二者实属异曲同工。就算导师能分清学生的私人决策与学业决策（这里暂且不拿生孩子说事），学生所做的私人决策依旧能极大地影响学业决策，私人生活依旧会影响学业。此外，学生并不会理解我"搁置争议"的"苦心"，该出现的问题早晚会出现。与其如此，还不如主动提出，主动解决。

这里出现了一个矛盾：Diana 是否要孩子不关我的事，但我却有义务提出这个问题。我的支持对她来说至关重要，这话从我嘴里说出来她会感觉很幸福，她的学习也会进步。很遗憾，在研究生院这个是非之地导师们要想尽办法去"干涉"学生的私生活，不过其他地方，其他行业也一样。所有行业在这种人文关怀上做得都不好，而在教育中，老师们更愿意去做出改变。

Diana 后来把我对她的支持称为具有"合同性"。这听起来很枯燥、务实，但这正是我想要的。我支持 Diana 决定自己的未来，这巩固了我们之间私下里和学业上的关系。Diana 生了两个孩子，一个在她论文完成之前，一个在论文完成之后。她答辩时发挥得流畅自如，她的论文也是我指导的最好的之一。更令人惊讶的是，她边写论文边带孩子，还同时找工作。她的路还很长，我俩如今也保持着联络。是良好的师生关系让我们一起塑造了她的职业生涯和幸福生活，她为主，我为辅。

Diana 以及她的同僚如今面对的是学术界"两极化"的职业选择。教授工作的一极是需要人鞠躬尽瘁获得终身教席的一流岗位以及全职但不能升职称的二流岗位；另一极是兼职的，工资奇低的不入流辅助教学岗位。[27]

是一二流还是不入流，你的性别很关键。《生孩子重要吗》一书的作者，揭露了一个令人不安的事实。他们发现，女性占据了绝大多数的兼职岗位，而且年轻母亲更倾向于在二流以下的岗位工作或者干脆离开学术界。妈妈们再也不期盼得到终身教席了。因此，女性比男性更少担任终身教授，而且女性比其男同事更少地在"在岗期间"结婚生子。实际上，男性教授若想成家会有额外金钱入账，而女性在职产子会得不偿失。[28]其结果是：尽管教职工中大部分是女性，但铁律依旧是男性作为终身教授在讲台上风光，他的妻子却在家里给他带孩子。

教授大多有些"左"倾，因此我怀疑很多人愿意支持这个"颠倒黑白"的教育系统。话又说回来，尽管我们看不惯学生的糟糕处境，但没人站出来力主变革。我认为需要改变的不仅是上层建筑（行政管理），还包括最基本的师生关系。不承认学生有学业之外的生活的教授是很不称职的（这又是一个矛盾），因此我们要支持学生各奔前程，追求属于自己的幸福。学生在漫漫成才路上不断做出关乎未来生计的重大决定，他们力求平衡学术与就业，争取学业、事业的双丰收。导师们要能认识到学生肩负的重担，并在与学生的交流中抛出关键性的话题来引领他们进一步思考。即使有些事我们不建议他们做，我们也要抛砖引玉，让他们自己做出审慎的判断，就好像一位开明的家长引导孩子一样。更重要的是，我们需要摆脱程式化教育，避免教条主义，而去鼓励学生们追求个性。

"满足您学生的各方面要求。"这句话我们已经听得太多，但在这里依旧适用。你不用强调学生的天赋各不相同，这是显而易见的，但是他们的就业目标也不尽相同，这一点或许没那么明显。并不是所有的研究生都想成为教授，有些人就志在为人父母。我在本章开篇就强调我们应该认识到学生的多样性，现在看来，仅仅认识多样性本身还不够，我们还需要明白多样性对于学生学习体验的重要影响，更需要根据这种多样性来为他们提供"量身定做"的个性化建议。我们的职责是有限地引导他们，向他们指出其能做什么，并训练他们朝着那个目标努力。他们的能力不同、进度不同，需要的关注也不同。Bruce M.Snore 建议把研究生当作"活生生的人"，他的原则就是："学生是根。"[29]

三、进步学生和踏步学生

当研究生原地踏步的时候，导师应该做什么？基本上有两种选择：帮助他们留下，或帮助他们离开。第一个选择是极易理解的，但第二个方法有违常理。下面我一个一个分析。

关于如何写好博士论文有很多专著，诸如《博士论文写作》以及《如何写成一篇博士论文》等，都相当于写作训练。它们督促学生"自己教自己"，并且向他们传达论文导师不会提供任何帮助的这一隐含假设。

导师有能力也应该在学生遇到困难时竭尽全力帮助他们,但平时就缺乏交流,更不用说论文冲刺的阶段了。尽管论文写作类的书籍很多,但没有充足的文献去告诉导师们该如何指导一篇论文。

也许我们首先应该好好地审视一下"写论文"这件事情本身。信息时代的新媒体正在重塑我们的信息传播方式。Sidonie Smith 2010 年任职现代语言协会的会长,她呼吁"扩大论文的形式"去刺激数字学术和公共学术。[30]该协会在 2014 年《MLA 工作组在现代语言和文学博士研究》的报告中,也非常支持新的学术形式。[31]

固守旧的论文格式和内容,只会让学生的负担更重。研究生已经开始质疑"写论文"的这种学术考查方式,他们的教授也逐渐开始"破旧立新"。与其大刀阔斧地整改旧的论文写作规范(这种规范已经由于学术就业市场的紧缩变得迂腐不堪),还不如综合考虑学生和我们自己的研究课题,建立新的考核形式以减轻学生的负担。处理"论文"问题需要授课教师和行政人员双管齐下,由论文写作延伸出的种种疑难符合美国研究生院所面临困境的广泛性和连续性。与论文相关的一系列问题包括论文完成率、完成时间、获得学位的时间和研究生的就业目标的改变。就目前的形势来看,研究生还是要写论文,导师还是要进行指导,关于如何更好地教授论文的讨论应该从现在开始并认真进行。我们先来解决这个现实的问题。下面介绍论文写作的主要难题并提出我的解决思路。

利用你的论文委员会成员。所有写论文的学生都有一个论文委员会和一名导师,但学生总不搞清楚委员会是做什么用的,导师也不知道自己和委员会有什么关系,委员会的职责也并不明确。研究生院理事会的副理事丹尼尔说:"我们应该知道导师和委员会的关系,但我们并不知道,这是一个更值得关注的领域。"[32]可见论文写作太孤单,论文指导更孤单。

《研究生的磨炼》是一本好书,它从学生的视角讨论研究生院,Patricia Hinchey 和 Isabel Kimmel 坦言:"教师的权力普遍高于学生,但教师之间的权力并不平衡。"[33]这种不平衡屡屡见于学界并导致了一些问题。在实验性的科学中,导师拥有写论文的生产资料。学生在导师的实验室工作,并通过导师的资助养活自己。

实验结果出来之后，学生的名字会和导师的名字一起出现在出版文献上。这个领域的论文通常是实验结果的集合，有学生的名字，但是完全由导师资助。基于这一成文成书的流程，论文委员会的作用非常有限。正如美国参议院在批准条约时只起"建议与核准"的作用一样，试验性论文的委员会通常只有笼统的监督作用而没有实权，真正的幕后大佬是掌管实验经费的导师。

人文学科的组织完全不同。让我们也来看看谁来管钱：博士生通常被系里资助，或者通过薪酬，或者通过辅助教学获得报酬。导师在学生的论文工作中不牵扯资金分红，并且导师的名字只出现在确认单里，而不出现在发表的论文中。相反，导师对学生研究的"指导"在于时间的投入而不是金钱。非实验领域的论文导师（包括数学和一些社会科学）会读一篇论文不同阶段的草稿，并抽出时间定期与学生见面。

在非实验领域，委员会做得比导师还少。我告诉我的学生，一般来说，委员会指定每个委员对每一章进行精读，其他章节泛读。除了本人负责的章节之外，其他的阅读通常是粗略的，注重的是审核的过程而不是审核的细节。

学生应该什么时间把文章交给委员会评审呢？视情况而定。学生显然应该看准机会，充分利用每个委员的阅读方法和专业特长。不同的需要应该抓住不同的时机：也许学生的写作需要找到更好的研究方法，那么他不妨刚开始写就上交；或者等到研究结果已经出来了，而结果需要评论的时候，那么不妨写完改过之后再上交。学生自己是论文的主导者，在哪一个阶段交由论文委员会审核应该具体问题具体分析。

论文委员会的成员既不能任由学生导师摆布，也不能处处刁难学生，他们需要寻找一个中庸的评判标准。那么何谓中庸？几年前，哥伦比亚大学英语系废除了导师问责制，改由每个委员会成员对论文进行客观评判。这种安排旨在限制导师的权威，从理论上保障权力的平衡，但在实践中效果不佳。尽管学生在委员中有一个主要负责人，但胳膊拧不过大腿，外界还是期望他们有一个导师，尤其是当他们申请学术工作的时候。一个学生三人共管按道理会有优势，不过三个和尚没水喝的道理也适用。这样一个系统需要参与者的相互协调，实际可操作性较差。

按照自然科学领域的方式，人文领域的许多院系都要求博士生每隔一段时间就给委员会做一次"半正式"的论文报告,一些人文学科也开始要求博士生在正式提交论文提案之后就进行一次答辩。这是一件好事:学生能得到更多的专业意见,委员会也得以见证一篇论文的开题。委员会密切关注一个论文周期的开始和结束。不过仅注重一头一尾还不够,导师需要定期检查研究生的工作进展,并帮助学生答疑解难,共同确保论文写作的顺利进行。

科学领域需要一个论文审核团队,[34]非科学领域有时亦如此。一个文科博士提交了年度进展报告之后,要做一个20分钟的展示,由全体委员会成员共同监督。他们负责评估论文的进展状态并提出建议(或提出警告)。最后委员会还要详细地讨论论文的哪一章由谁看。[35]

(1)创建一个协作环境

高年级研究生的生活基本上是孤独的,这种孤独很容易使论文计划受阻。考虑到研究生从上课(每个人读和谈论相同的文本)到复习综合考试(他们经常在阅读小组和学习小组中一起复习)中体现的协作性,写论文完全不同。创造性和原创性是论文的核心,这两个论文特质会使学生陷入一个封闭的孤独世界。

这是一个不和谐的,由协作到独立的过渡,它在最近才开始受到教育学者的关注。Barbara E.Lovitts指出:"课堂上表现得好不足以写好论文。""当他们开始独立奋斗的时候,他们需要有创新性和原创性,需要在写论文的时候用到16年以上的教育没有教过他们的技能。"[36]教师们也逐渐意识到学生对写论文方法的陌生。学生明白研究生课程是本科课程的飞跃,他们不确定自己是否能平稳地过渡到研究生阶段的学习。也就是说,他们对自己独立研究、独立写作的能力很不自信。研究还表明,大约有1/3的研究生并不认为上课教会了他们如何进行独立的论文写作。

Lovitts说,我们需要的是创新和实践的结合,她认为这两者都应该是教学的内容。她认为创新就是学术原料(基础知识、方法和规则)、原料使用者(个人)和检验员(导师和委员会决定使用者用原料进行的生产是否合格)三者的合作。人文学者(与自然科学家相反)要想从实用角度开展创造性工作,并在他们的研究中获得帮助,可能没那么容易。Lovitts指出:"在论文写作阶段,人文学科的学生总是茕茕孑立,导师很难看到学生亦步亦趋,步步难行。" 按照学生自己的话说，这叫作"没有章法"。[37]

导师需要提供一个"章法"，他可以采取多种形式。导师可以每月见一次学生，检查他们的笔记和草稿，或者规定最后期限，或者让学生集体开会汇报进度，导师还可以指定参考书目或建议一个研究主题，等等。从上课和考试到写论文的转变，无疑是从本科到研究生最重要的转变。它需要一整套新的技能和方法，这也正是导师要教的。我们不能假设学生都懂如何完成这个过渡，如何独立自主地写论文。学生的任务是学习新技能，老师的任务自然是教。

导师也需要鼓励学生放开眼界，不论在专业会议上还是在宿舍或者家里。写论文的学生需要除导师之外的读者群体了解其论文的进程。教师可以鼓励学生在遵守学界规则的前提下形成互助小组（一个美国历史学家可以成为英国现代早期的听众，毕竟他们的科目相同），或者组织不同分支学科的论文互评小组（我每个月都会组织一次）。此外，一些院系也在尝试新花招。其宗旨是：学生不应该觉得他们是一个人在战斗。

（2）管理论文的建议

研究生可能陷入孤独的唯我论，他们写论文提案时，一定处于团体项目（课程、考试准备）和个人项目之间。这是一个常见的错误，建议在写论文之前先进行铺垫（提案），铺垫可以给学生一个良好的开端。但是学生和教师往往误解了这个提案的性质，大多数提案耗费了太长的时间。人文学科的研究生通常应该在3～6个月完成提案。导师需要认识到，学生应该在写论文之前和之中都放轻松，往往导师会逼着学生写一些不必要的草稿，完善一些根本不需要的格式。一定要记住，提案只是万里长征中的第一步。延长提案时间，只会让这条路更长，更耗费精力。学生通常不知道提案长什么样，它只是一个临时文件，一个向正文的过渡，而不是整篇论文的浓缩精华。一般来说，提案只是一个一般性的写作任务，旨在帮助研究生进行一些先期调研，并以放松的心态开始"长征"。[38]

（3）你的学生真正感兴趣的是什么？

好的学术成果通常带有自述性质，它讲述作者的兴趣，反映其研究进程。而写论文既是对新知的追求，又是写作和研究技巧的展示。论文作者的激情和投入可能会在写作的过程中发生改变，很容易写到一半就失去激情，不再投入。这会使整个写作的过程变得漫长而艰难，学生可能身陷困境之中，难以前进一步。

这时候导师需要坐下来冷静思考，主动联络，看看学生是否还关心他们的课题。鼓励可以使他们重新焕发活力，而批评只会摧毁他们的意志。此时导师和学生要面对面坐下来聊一聊，大不了重新寻找课题，确定方法，设计提纲。总之，用各种方式使论文符合学生的胃口。改题也不意味着前功尽弃，新旧主题往往互相关联，旧的工作成果一般可以继续使用。

有时一个小小的灵感就能唤出一整篇论文，最近我有一个学生把我几年前随口说的几句话作为他新论文的中心论点。如果不是她告诉我，我恐怕早忘了我说过那几句话。

（4）引导学生顺利开篇

大多数学生在开始写论文时过于死板，如果对此置之不理，他们大多会从导言的第一个词开始，逐词逐句地憋，然后顽强地用这种愚蠢的方式一直写几万字。其实写论文就好比画画，没有画家从一个角开始，一笔一画地铺满画布。这种写作方法需要你在动笔之前就想好整篇论文，否则根本无法动笔写导言，因为导言要概括全文，你不知道后边要怎么写就没法写前边。

毫无疑问，学生用这种烦琐的方法一章都写不出来，更不用说整篇论文。于是他们很快就会和一篇空白文档对视良久而无法下笔，或者在第一段就写了改，改了写。导师要教会学生写他们想说的任何话或任何观点，以此从踌躇不前中抽身。写完一部分后再转向另一部分，不需要全篇依次完成，中间没写的部分会有办法补上。在真正动笔之后要尽量"淡泊如菊"，不要字斟句酌，处处计较，给自己减轻压力。

（5）不追求完美

研究生通常认为他们的论文是学业的制高点。这并不完全是谬论，但也是很危险的惯性思维。学位论文是研究生教育的一部分，它不是简单的流水线产品，而是学习成果的体现。所以，论文要写好，特别是如果今后想要做学术工作，但论文无须在一开始就完美无缺。学生在写作的过程中需要进步的时间和空间。如果能认识到这一点，写论文的时候压力会小很多。我们要提醒学生，即使是一篇已经完成的论文（可能已经出版了）也不必通体无瑕，毕竟结业后依然有进步的空间。

查写兼顾。过多地翻阅资料只会拖延进度。文献是没有穷尽的，总会有另一本书或文章要读，要查，查完一个又蹦出两个。那些思路受阻的学生很容易以资料不足作为借口而"大查特查"。

什么时候停止查阅而开始写作呢？开始写作的时候导师的职责又何在呢？如果你看到学生正在疯狂地翻书而不动笔，你需要指导他们分段来写，逐步攻克难关。学生是否遭遇写作瓶颈，通常会在他们引用参考文献的时候体现出来：一些学生大量地摘录和改述文献，却怎么也写不出自己的东西。导师见此情景就明白学生距离"越过龙门"开始自如地写作已经不远了。有一次，我也遭遇了瓶颈期，只会抄而不会写。直到几周后，我才猛然意识到我早就不是在抄录而是在创作了，有时"鱼跃龙门"是自然而然的。

（6）不要让学生参与太多的教学

当我带研究生的课时，一开始我就会召集学生并告诉他们："你最重要的工作就是完成自己的学位，不是教课。"大多数人文学科的研究生喜欢教学，他们富有教学的能量和热情，但教学只是他们必要技能中的一个，且绝不能成为阻碍他们研究和写作的绊脚石，研究是他们的"必修"，而教学只是"选修"。我会允许学生自己制订计划，掌握时间。真让他们花大把的时间去代课也不现实，更何况有时他们只是要赚点课时费。帮助学生掌握教和学的平衡是导师的职责，这是对他们职业生涯的一种保护。为了冲淡论文写作之苦，学生既可以课下充电也可以课上教学。如果导师不去敦促学生合理分配时间和精力，他们的论文会出现问题。

我列举的这些写论文时可能出现的问题只是一部分。研究生教学文献的匮乏可能只因其太过个性化。每个学生的发展路径都像指纹一样独一无二，同一个方法只适用于极少数学生。

一般性的原则也有，其中最重要的是：写论文的是学生，他们需要我们的指导。导师就像园丁，培养着一株株的嫩苗。修枝剪叶、浇水施肥只为他们能茁壮成长。如果他们不再长高，我们要探明原因，循循善诱，切莫揠苗助长。

一旦学生停下来，就说明他们失去了写论文的动力。以下真理不辩自明：不是每个研究生都能完成论文,也不是每个研究生都应该完成论文。一些人在其他事情上做得更好,他们不是才智不够,只是不擅长写论文而已。我以前的一个研究生在几年前给我写了一张字条感谢我帮助他退学,其实退学也没什么大不了的,只是不常见而已。

问题是学术文化并不认为停止写论文的决定是可以接受的,这一点表现在以下两个层面:

第一,在制度上,研究生院测算"论文完成率",把它作为整体项目成功的指标,不写论文会拉低这个指标。设置这个指标不是一个坏主意,因为退学率太高了。这一指标可能转化为在校学生的压力,以此保证在读人数。例如,论文进度太慢的人会受到督促从而避免他们一走了之。

第二,对学生来说,退学一事好说不好听。我见过许多人以准博士毕业(没有获得博士学位),他们都有些后悔并把这当作个人失败:"我浪费了学校对我的投入。"研究生院从收取"档案保管费"中赚了数不清的钱,学生乐于支付费用以保持离校后的学生身份继续存在 5 年、10 年,甚至 20 年,为的就是证明(主要是对自己)他们仍然是在读博士而没有退学。

他们留下来忍痛读书是因为未完成的论文会像希腊神话中 Philoctetes 的伤口一样不停地折磨他们。写不完论文不光加重内心的负担,还会像《红字》里那样给学生的额头打上耻辱的烙印(至少学生自己是这么想的)。[39]研究生本来就是学术界最"低贱"的学徒,完不成论文会让他们再降一格,难怪在读研究生很少考虑离开。社会学家 Erving Goffman 提醒我们,羞愧产生羞耻。在学术界,眼看有人在论文这潭泥沼中挣扎是一番痛苦的景象,但不挣扎的后果就是将这种羞愧升级为羞耻。神话中的 Philotetes 被驱逐而成了悲剧英雄,学生会不顾一切地避免同样的命运。①

(7)退学,过去和现在

好消息是,近年来,博士生的低完成率和高退学率受到了更多的关注。坏消息是,这个问题只被管理层关注。如果我们想要帮助陷入困境的学生,就需要谈

---

① 笔者把这段语句的次序改了一下,句子也都改了,这样逻辑性更强。

谈退学这档子事。

研究生院退学在以前几乎没有人关注，那些少数注意到这个问题的人，经常将这归咎于学生自己的选择。[40]

现在博士项目的中途退学率约为50%。[41]这一数字将持续扰乱各个地方的教学秩序。50%，这样令人咋舌的数字并没有引起教育界的广泛关注。为什么？

首先是历史原因。Roger Geiger 说，当研究生院在20世纪二三十年代快速发展的时候，他们都是极其"开放"的，包括许多"平庸的学生"在内的每个人都能进入研究生院。1933年的一项研究显示，本科曾是优等生的研究生的比例还不到1/3。在威斯康星州，只有1/4的研究生本科成绩排在前10%，40%的研究生曾排在系里的后一半。[42]在这些学校开放招生的时期，许多学生出于各种原因中途退学，有的自愿，有的被劝退，总之退学率奇高。开放式入学的高退学率持续了几十年。Bernard Berelson 在1960年的研究中发现，哪怕是最挑剔的研究生院都录取了一半的申请者，稍差一些的研究生院基本上是全员录取。[43]因此，过去的研究生院不像现在的考试那样只有最优秀的学生才有资格参加。

本科排名上的巨大落差说明几十年前进入学院的研究生良莠不齐，加之课程的高要求，退学率自然会高。简言之，就是在录取的时候不筛选而入学之后再淘汰。[44]在研究生教育体系不断现代化的近几十年，高退学率俨然已经被视为理所当然。

这与很多其他研究生教育制度一样，显示了"教师中心性"。1970年，经济学家 David W.Breneman 指出，这个大容量高退学率的体系中的研究生被看作是"输入"和"输出"。大量的输入意味着研究生院必须大量豢养教授，极少的输出意味着只有很少的研究生能以优异的成绩毕业，并且到负有盛名的学府担任教师。他们的成就会给研究生院和学生导师带来荣誉。那些在学业上才智有限的学生只能在低端就业市场（圈外）就业（或者根本找不到工作），他们损害院系的声誉，所以干脆在毕业之前把他们全部请走，由此导致了高退学率：20世纪60年代文科博士的退学率为75%。[45]

这个故事解释了习惯性的高退学率，却没有解释为什么现在的高退学率仍不能引起关注。考虑这个问题，我们必须搞清楚这个词的意义。"退学"一词在高等教育领域一贯难听。学生和领导都不喜欢"退学",低毕业率对于学校的名声和学生的前途都不是什么好事,学校浪费了投入的时间和金钱,而学生则是以一个失败者的身份悻悻离开。

当今对于退学问题的研究认为,每个离开的学生都是一个可以避免的损失,原因是研究生院没有做好留住学生的工作。Barbara E.Lovitts 说,研究生的教学文化助长了"多元无知",院长、教师(甚至学生)都认为高退学率的罪魁祸首是学生自己。[46]

2010 年,研究生理事会赞助了一个名为"博士生完成率"的项目。该研究明确指出了教师和管理者的责任。这项研究既聚焦于获得学位的时间,也关注退学率。为了压低前者的时间和后者的比例,文中提出了一套"有用的政策",例如定期审查进度、更好的财政支持以及一个更友善的"就读环境"。[47]

研究生项目的就读环境会对学生是否留下产生影响。要想搭建起一个利于读书的环境,教师和管理者需要比学生做更多的工作。教师要肩负起责任,学生也要对自己责任。想继续学习的本科毕业生应该密切关注目标学校的退学率,但退学率又能说明什么呢?

我认为,研究生项目最理想的退学率应该比现在更低,但它不应该是零。我们先比较硕士和博士课程。硕士学位项目的最适退学率应该是极小的。硕士项目的时间最多也就两年,如果学生在被录取之后付出一定的时间和精力(对于很多人来说是付出金钱),想得到学位并不难。攻读博士则完全不同,不是所有的博士生都能毕业,他们也不该全都毕业。博士生包括以下三种类型:

第一,那些根本完不成博士学位的人。他们或者缺少独立研究的精神(本科阶段的学习不太需要这种精神),或者缺少必要的能力(比如学物理的人数学不行)。每届学生都有一部分属于这个类型。如果招生办公室在审核材料的时候认真一些,这些学生根本不应该踏进研究生院的大门。

第二,那些有能力却不想完成博士学位的人。有些人可能志向根本不在学术上,而是想成为企业家、水手或工匠;有些人可能由于个人原因或者家庭原因而离开。我们有理由相信,在如今经济不景气的背景下,有一部分人刚入门时渴望成为学者却中途选择了其他出路。

第三，那些完成博士学位的人。

运行很好的研究生课程（即导师们努力工作，避免安全事故），第三种类型人数会最多而第一种类型人数会最少。那么，第二种类型会怎么样呢？所有博士生都能坚持学习并拿到学位是不可能的，在最理想的条件下也不可能。

假设一个班的博士候选人都有很高的概率获得学位，就需要招生委员会选出那些天赋和动力在腹中"燃烧正旺"的申请者，借用一句俗语，就是招那些最牛掰的。他们一定是"带着熊熊火光"，在众多申请者中不难被发现。

那些有天赋但不一定适合研究生院的学生呢？（假设他们清楚地了解自己的就业前景，并对博士学习保持好奇）鉴于学术就业市场的状况，我们应该尊重他们的审慎。这些申请者腹中的火焰则是"忽明忽暗"，可能会发光发热，也可能只是灵光一闪。如果他们对继续读书抱有兴趣，难道不能来研究生院试试身手吗？

如果我们只要"最牛掰"的学生，毕业率自然会飙升（即退学率奇低），但是这意味着我们排除了第二类学生，拒绝给他们一个发掘自身潜力而成为博士的机会。在此我要告诉大家，我当年就是第二类学生。我对于申请博士项目犹豫不决，因为我明白我可能会中途退学（不过我打算至少获得硕士学位）。我也很明白即使我获得了博士学位也不一定会成为教授。那时的学术就业市场已经很糟糕了（虽然比现在好），但我想试试水深水浅，我认为只有试过才知道我是否有资格留在这儿。当真正进入了研究生院我才发现，我很爱教学。到第三年年底，我知道我一定要拿到学位。

现在的学生会花费过长的时间做出这个决定。研究生理事会（CGS）的报告称：在大多数数学和自然科学领域，学生们一般会在三年级之前退出。人文学科的情况也不容乐观：一半的退学发生在第三年，另一半的退学发生在接下来的七年之中。也就是说，足足四分之一的文科学生是在读了四年或四年以上才退学的。更糟糕的是，退学者的债务比完成者更沉重，Lovitts 的毕业生退学报告中如是说。[48]

那么我们应该做些什么呢？我们应该软硬兼施：Derek Bok 建议来一个"硬"办法，让研究生院必须提高其完成率。例如，未完成者越多，可招收的学生越少。[49]研究生理事会的研究呼吁全面限制退学,其办法在于招生:研究生院一定要通过评估和建议考查学生和项目之间的"适应性",并以金钱支持来帮助学生完成学业。这是一个不错的计划,但它意味着我们要一起做的还有很多。教书好比弹琴,我们通常单独行动,不愿意把舞台与别人共享。正是因为我们需要一起做的事情太多,50%的退学率才没有引起重视。教授必须为了学生牺牲小我,在博导的指挥下进行联奏,毕竟高退学率的症结在于缺乏指导。高退学率正在污染着我们的学术家园,容忍这种顽疾的滋生和蔓延是不负责任的,尤其在人文领域。的确不是所有的学生都能完成学位,但应该有更多的人可以办到,当退学率高达50%的时候,责任就在于导师了。

我们改变教学方式来减少退学行为,很多教育家认为这是一个该以什么态度对待学业滞后的学生的问题,但这一观点忽略了我们教书育人的目的,是帮助陷入困境的研究生发掘自我并做出最适合自身发展的决定,而不是强迫他们获得学位。[50]如果我们不能正视退学的问题,学生自己也不会。现如今教师总在暗示那些退出的学生是半途而废的失败者。

这种偏见实不可取。不论优秀与否,适合与否,成功与否,他们都是我们的学生,我们的责任就是教导他们、帮助他们、尊重他们。大多数教授已经认识到学生不能按时完成进度,主要是因为我们放任不管。导师需要与学习上有困难的研究生坐下来好好谈谈,而不是把他们视为无物。

我们应该如何教那些正在原地踏步的学生呢?他们有一系列的需求,我们可以加以识别并尽量满足。在这里我有一些对导师的建议,主要表现在以下四个方面:

① 爱他们,就请放手。导师的工作是引导学生朝着未来的目标前进,但目标是他们自己的选择。假设导师和学生做了所有他们能做的,论文仍然难以完成,也许是时候轻轻地问一句:"你是否想放手?"我不止一次这样问我的学生,他们最初的反应通常是:"好问题!"事实上,这是一个很多研究生都应该仔细考虑的问题,它是这种情况下的醒世恒"问"。

② 指引学生,不光在于论文。大多数研究生还是年轻人,他们仍需做出重大的人生抉择。例如,有些人要成家养家,就可能导致完不成论文。有时我会陷得

太深而需要提醒自己，这是学生的论文，不是我的（反移情作用的另一个表现）。如果学生愿意继续写，我们要不顾一切地提供帮助；如果论文注定完不成，我们需要放手，无论这篇论文可能多么优秀。

③ 明白导师认可的分量。"你的博士论文导师是谁？"这是学术界的一个常见问题，其隐含的假设是：如果你努力工作，一切顺利，有朝一日你将成为导师的接班人。研究生苦寻导师的认可，并一直相信，如果他们离开时没有获得博士学位，便辜负了导师的重托。我曾在闲谈中告诉过一个学生，如果她离开这个项目去做她喜欢的非学术工作，我将为她感到骄傲，如果她留下来完成她的论文，我也会很骄傲，她呆住了。回过味来之后，她郑重地感谢了我，她说此前从没想过自己可以自由地选择出路。

④ 准博士不等于失败。所有的学生都带着完成论文的想法进行写作，但有时对他们来说最有利的就是"早退早托生"。导师必须告诉学生，写不完论文不丢人。如果我们心里明白，我们也要让他们明白，对于他们来说离开学校比留下来更明智。

人们有充足的理由弃置论文：有的可能因追求完美而无法自拔，有的可能因不善研究而心生厌恶，还有的可能因追求学位而耽搁就业。学生能在论文写作阶段发现自我的种种不足，但需要一段时间去接受。

导师（特别是全奖学生的导师）有时发现了一些问题却选择不与学生讨论。我们总觉得"只要功夫深，铁杵磨成针"，导师的任务就是鞭策学生不断"向前进"。实际上，我们需要停下来检查学生的进度和工作的质量，并和学生谈谈他们的手头工作。我们可以询问他们有何困难，我们又能提供什么帮助。这些谈话会让他们重归正轨，即便是那些苦大仇深的学生。如果我们能告诉学生，离开研究生院只是一个决定，而不意味着失败，我们就可以化解退学带来的耻辱感。

我的学生大多完成了他们的论文并找到了工作，我为他们感到骄傲。但有些学生选择了离开，我同样感到骄傲。不是所有人都能获得博士学位，但所有人都值得我们去关注和尊重。教学生"放手"与教他们进取一样，都是导师光荣而艰巨的任务。

四、如何指导学生"圈外"就业

论文导师有时候想为他们的学生推介他们并不喜欢的学术圈内的工作,更有甚者,有些导师对学生接受小学校的职位而不是放眼研究型的大学感到失望。这听起来简直耸人听闻,但是我确实遇到过很多这样的奇葩导师,足以证明这些传闻有其现实依据,甚至在一些领域广为流行,连我也对一个好学生抱有同样的期望。不过那孩子很快就改变了我的想法,并且让我对我的期望感到惭愧。由此可见,导师必须控制好他们的期望值和本能反应,还要小心我之前提到过的"反移情"的作用。

如果一个学生选择去小学校教书就能使导师失望,若他决定完全离开学术圈会怎么样呢?一个离开大学的科学家 Dana Campbell 这样写道:"我有一种感觉,那就是如果我没有继续深造,没有去读博士后,我会让我的博士导师失望至极。"[51]在学术世界里,类似的故事屡屡发生,它们多源自导师和学生之间的"准家庭式"关系。

导师固然要将学生当作自己人,但自己人不代表家庭成员,更不是年轻版的自己。鉴于当今的就业前景,许多有前途的学生不会去追求教书这条路。这个决定可能会让导师失望,但是战胜这样的失望恰恰是导师的职责所在。"去大胆地质疑那些不让你自寻出路的人吧!"英语教授 Leo Braudy 如是说。我们需要和学生的选择保持一定的距离,导师需要保持这个距离来尊重学生的选择。Braudy 指出:"好的导师应该给予学生自由。"[52]

支持学生自主选择的最好办法是什么?更具体地说,导师该怎样帮助毕业生找到圈外的岗位呢?这个问题与前一节中学生在论文阶段的苦恼有相似的地方。实际上,很多中途退学的学生,甚至获得了学位的学生都不会选择当教授(那些成功毕业的学生也会因为道行尚浅难以获得教职,因此他们也会理智地离开学术圈)。由此看来,导师理解和支持学生辍学也是为了他们能够更好地在圈外就业。

对于导师来说,核心要务就是要明确地告诉学生自己赞同他们到圈外就业。我之前说过,教授需要尊重学生离开研究生院的决定,不只是在事发之时,更要在事发之前。学生需要知道离开也是一个合理的、可敬的选择,获得博士学位而不去追求教授的工作也是同理，导师也需要赞同这种计划的可行性，为的是让学生看到做出这种选择的价值和意义。

以这样的方式给予学生尊重看起来很简单，但它需要导师的努力和关心。教授不仅要私下告诉学生圈外就业的可行性，还必须站出来向公众讲明这一点。例如，一个院系会定期举行研讨会，在研讨会上，最近毕业的已经找到工作的学生会被请回来谈谈他们的工作。（很多院系现在在做，每个院系也都应该做）历史学家 Jacqueline Jones 曾经说："个人经历是做出改变的最好依据。"[53]对于教师来说，参加会议并聆听学生的成功经验是至关重要的，这代表他们支持这些成功经验背后承载的意义。

座谈会等"课余活动"是解决方法的一部分，向研究生阐明就业市场现状也是办法之一。这种教育需要赶早不赶晚，要早于学生开始考虑就业市场的具体情况。多样化的就业准备已经是研究生教育中的重要组成部分，每个人都要参与职业工作，此实乃大势所趋，的确，我在本章开始描述的"榜样"问题必须及早干预。如果研究生培养包含多样化的就业准备，那么各种就业选项就必须在读博早期就向学生全面地展示出来，如果推迟这项工作，"榜样"问题就会出现。

这项工作为什么由导师做呢？不久前，一位在中西部某州立大学的英语系研究生主管向我咨询，他该怎么建议多样化就业。他说他唯一做过的工作就是教书，他擅长他的专业领域却不擅长职业咨询。所以他怎么可能知道如何帮助学生？

我的回答是，教授必须这么做，因为这是新时代工作需求的一部分。20 世纪 60 年代，学术之外的知识不是必要的，当时需要的教授数量超出了博士生的数量。（这也可能存在争议，当时退学率更高。不论过去还是现在，其实研究生项目都应该肩负起帮助学生就业的职责）Braudy 问道："什么样的教授会这么自欺欺人，以至于将他的职业生涯强加给学生？我们心里都很明白，自己当时能获得教职是出于多么特殊的环境和偶然的机会。"布劳迪继续说："总是对学生炫耀我们的工作不但完全无益，甚至令人厌恶。[54]我们不能在一群只有少部分会当教师的学生面前整天宣扬师道尊严。我们有更多的责任。"

那么困难就在于如何学着去教一个不熟悉的科目。这也许不像听起来那么令人生畏。作为专业的学者，学习新内容是我们的特长。我们特别善于发现、吸收、组织和理解大量的新信息，并传递给他人（成功毕业的学生也擅长这些东西，事实上，这些技能适合他们去校外应聘）。对人文学者来说，了解不同的职业选择和写一篇毕业论文相比，并不是一个非常艰巨的任务。这个任务需要一些创造力，不过我们也需要这些技能。归根结底，教授可以学着去帮助学生找到圈外的工作，这也是我们的职责。

幸运的是，教授不必也不该独行。论文导师必须承担一部分责任，但在学生选择导师之前，整个研究生院都应该承担这项工作。系里必须尽快做通研究生的思想工作，告诉他们可行的职业出路，这个任务必须在培养初期完成。一旦学生步入正轨，教授应该面对的是一群已经知道自己未来的选择，并很可能已经形成了决定的新生，因此就业指导需在开学之后迅速开始。

职业发展研讨会。不同于研究生教育体系的许多其他问题，学生的就业问题可以由研究生院从职业发展研讨会做起，即"关起门来"解决。职业发展研讨会可以在博士生学术生涯的早期为他们指明就业的大方向，以跟上就业条件的快速变化。一些研究生院已经开始举办这样的研讨会，这值得其他学校学习。职业发展研讨会可以作为研究生初期的培训课，也可以作为论文写作开始之前的"最后一课"，我个人认为越早越好。

职业发展研讨会使学生深入地了解本专业及其就业情况，它应该涵盖校内和校外的不同岗位。研究生教学固然需要教学生本学科的内容，但不止于此。其他领域的就业渠道也应该是大纲的一部分。换句话说，如果我们必须做好研究生在各行各业就业的准备，要告诉学生这些圈外的工作是什么样的，这样一来在他们走向社会的时候才不会处处不懂，每每碰壁。简言之，我们需要改变"职场教学"的方式。

职业发展研讨会需要眼观六路，耳听八方，方式百变，花样翻新。例如，明尼苏达大学的地理学系举办研究生研讨会时，各个系的教授都参加，他们不仅讨论学术会议，研究和出版，也讨论职业道路的选择。他们不仅讨论职场上的性别和阶级问题，还有影响学生进步的家庭因素。[55]密歇根大学"研究生学业概论"要求语言类专业的研究生新生采访本系的一位资深教授，从而为自己树立一个榜样。这样的职业研讨会还可以请回成功就业的往届校友来谈谈经历和感受，如果需要详谈，可以分成两个或三个小组进行深入交流（不需要太多）。

总之，职业发展研讨会已经形成了一定的规模和影响。研讨会的意义就在于让学生明白教授或者校友是如何在低迷的市场环境下从业的。[56]

就业服务合作关系。就业服务办公室在许多大学校园内越办越大，院系和导师应该与这个机构合作，现在正好，以后太迟。现在的研究生多是间接求职，他们通过教授和院系寻找教师岗位，但他们还必须借助其他机构，通常是职业服务办公室来寻找圈外工作，但是这两个就业服务体系彼此缺乏合作。若想最大化服务效率，他们就要合兵一处，一起工作。

密歇根州立大学正在试点这样的合作。研究生事务主任 Matt Helm 设计了一个示范项目，将就业服务办公室和研究生以及研究生院三者相连，而且在研究生的学业伊始就开始运作。密歇根州立大学这个项目的名字叫 PREP，是计划、灵活、专注和专业四大标准的缩写，[57]旨在给予研究生以就业动力和就业指导，并在他们真正涉足就业市场之前就提高专业能力，感受专业生活。

我一再强调，导师一定要为学生指明所有可能的出路。如果导师不在开学伊始就讲明此事，他们很有可能依旧将目标设定为研究型大学教授，因为教授是他们的榜样，教职乃他们每日所闻所见。密歇根州立大学的职业服务办公室采取了积极的办法，Helm 指出，密歇根州立大学此举是要破除单一就业迷信而建立一个多方向就业市场，他将这个市场称为"一个更成熟的模型"，可以"使学生更好地准备就业"。此实乃一项必要的创举。[58]

我们不能等学生临近就业再发现根本找不到教职而让他们怀疑自己，万念俱灰。密歇根州立大学的就业指导办公室从刚入学抓起，那时学生仍有时间调整期望，并改变目标。Helm 说："当他们需要你的时候，你已经准备好为他们服务了。"鉴于研究生院和学生事务办公室分离的职责，Helm 用 PREP 作为两个体系工作的桥梁，外加导师们的全程参与。

随着就业服务办公室的推广，密大的许多研究生项目都为自己的学生定制了 PREP 项目。例如，化学系举办的 PREP 研讨会可以帮助本专业的学生写简历。研讨会由一位职场、学术通吃的领导主持。Helm 致力于在未来引入同僚互助的方式对学生进行职业教育，并以此为基础建立一系列学生自主领导的社团组织。他的工作目标是使 PREP "成为学术生活的有机组成部分",而不仅仅是可用可弃的辅助工具。

Helm 指出,研究表明研究生往往在入学的头两年就有圈外就业的志向,但他们常常不敢承认这一点。统计学家兼美国历史协会的顾问 Mullen Wood,在组织的 2014 年年会上报告说,有一些研究生甚至幻想自己被就业中介"跟踪",这种事传到系里会被认为是对待教席嘻嘻哈哈的不敬态度。[59]

PREP 以更一致、更理智的方法服务于学生学业的前期、中期和后期阶段,对每一个阶段因地制宜。例如,PREP 专门为新生提供了一个研讨会,专注于制定他们的学业和职业规划。这样的计划仅限于选择导师之前,旨在提醒学生他们将面临无数可能的职业。Helm 认为研究生的职业目标是极具可塑性的,因此 PREP 完全有能力"改变他们的目标",而学生越早具备实现改变之后的目标的能力,其前景就越光明。

因此,该项目还注重培养研究生的"核心就业力",这些能力可以在学术圈外发挥。Helm 对学界内外的毕业博士生进行了一项跟踪调查用以探明"核心就业力"所应囊括的内容。[60]他发现,这里不仅应包括学习、教学和写作的能力,还应包括评估、领导、交际和创业的能力。Helm 指出,研究生已经初步具备了"核心就业力",但他们需要"学着去认识"自己的专长何在。[61]

研究生的职业培训需要有全方位、多角度的方法。尽管学校有像就业指导办公室这样的就业服务机构,但它们却极少与研究生群体建立合作关系。其原因就在于我们错误地认为只有将研究生培养成教授才是正道,而培养学生在其他领域的就业则无足轻重。此种狭隘认知局限了职业教育和教学。

学生希望当他们被录取后可以利用这些就业服务机构的帮助,而我们却未能"供货"。这充分体现了组织学专家的教育"信息不畅通"。由此可见,教授不能太过沉迷于自己的研究,而忘记学生的进步,这样有助于他们把本职工作做得更好。就像前文所述,博士生教育不能仅限于教授与学生之间的"成双对",大学有很多的资源,可以让更多的教育主体加入进来。密歇根州立大学把职业服务办公室引入师生的二人世界,挑战传统的教育理念,正是研究生教育以学生为中心,为他们提供优质服务的最好体现。Helm 指出,如果学生想要成为教授,他们就要学会

"利用他们的研究能力,深入调查一下教育界职场"。职业培训项目,比如 PREP,使我们更全面地精进研究生教育的实用性和社会性。教育若不能帮助学生"学以致用",就毫无意义,教学生如何应用所学不是教育的附带内容,而应是其首要内容之一。

五、导师的指导

在写这一章时,我与很多学者进行过讨论。我问的一个问题是:"你的院系做过什么来增加学生圈外就业的可能性?"他们所在的部分学校有相关措施,但很多学校依然缺少制定促进就业政策的指导。提供这种指导并不容易,因为制定促进圈外就业的政策需要一种不同于圈内的创造力,要知道"圈外"的花花世界比"圈内"更非富多彩,求职者可以更自由地徜徉于职场,以多种多样的方式定义自身的社会属性,实现自身的社会价值。2014 年,Helen De Cruz 采访了初涉"圈外"的七位博士。他们的职业分别是:软件工程师、电视剧编剧、培训公司创始人、一家大型信息技术公司的信息检索员、一家网络安全公司的软件测试员、英国下议院图书馆的数据分析师和可持续发展顾问,[62]七个人的职业"多姿多彩",各不相同。一名博士可以做的工作总要与其具体专业领域的教育和培训相关:公共历史行业的岗位是历史学学生的目标;英语系的学生最好的出路也许是广告或公关公司;政治学毕业生时常到政府部门工作;银行可能不关心求职者的博士学位属于哪一专业,那是因为银行的工作仅要求博士毕业生一般性的职业技能,而不要求特定的专业技能。可见任何岗位都有其必要的专业限制。

除了专业方向上的限制,圈外就业市场的规模日益缩水,其竞争也日趋白热化。这种情况似乎有好转的趋势:随着更多有关博士毕业生就业的研究调查不断新鲜出炉,研究生院慢慢地意识到了"以学生意志为转移"的必要性。这种对学生圈外就业的支持不仅需要系领导的努力,还需要广大导师的全情投入,这也应了我一直在强调的重新定义研究生导师及其职责权限的问题,也就是说,导师们要学着"重新做人"。

我在本章伊始罗列了几个研究生院教授的称呼,其中"adviser"是我的最爱而"恩师"是最不爱的。被唤作"恩师"会给我很多不必要的压力,因为不是所有的老师都配得上"恩师"的称号。要知道,希腊神话中的那位"恩师",也就是 Taylor(Odysseus)的老师,可是一位被 Odsseus 依赖器重的"古之圣人"。[63]所谓"恩师",指的也尽是"授孙吴之略而建伊皋之业"的人,以我的道行修行,实不敢当。

我在本章花了很大的篇幅探讨本时期论文导师的职责所在。总结为一点就是:今之众师,需夙兴夜寐,重塑自身,才能为"恩师"。

注释:

[1] 米歇尔·T·奈特和凯瑟琳·M·米尔特著文指出:"大量的证据表明,指导教师对研究生的学习发挥了重要的作用,他们的关系也因此而受到影响。"

[2] 约翰·格罗特在 1856 年发表的论文中首次提出了"专业主义"这一概念,在此篇文章中,他将学生描述成"孩子"。劳伦斯·R·维齐曾在报告中提到,传奇历史学家弗雷德里克·杰克逊的学生们把他称为"我的专业父亲",并且会在实际生活中"直接如此宣称"。

[3] 有些成功的教授甚至成了他们家族族谱中的节点人物。有一个名为"心理树"的网站甚至创建了心理学领域中的指导教师与学生的"家谱"。"心理树"网站地址如下:http://academictree.org/psych/index.php.

[4] 有关德国学术领导力和起源的信息,参见威廉姆·克拉克. 研究型大学的领导力与起源. 芝加哥:芝加哥大学出版社,2006. 维奇提供了有关早期美国研究型大学简练而有力的领导角色的信息,见文于《美国大学的出现》,第 156—157 页。

[5] 丽贝卡·舒曼. 我的学术蜕变. 高等教育年鉴,2013. 除非特别声明,否则所有对舒曼著的引用均出自此文。

[6] 丽贝卡·舒曼. 论文恩仇录. Slate,2013-04-05. http://www.slate.com/articles/life/culturebox/2013/04/there_are_no_academic_jobs_and_getting_a_ph_d_will_make_you_into_a_horrible.html.

[7] http://chronicle.com/article/Is_Graduate_School_a_Cult–/44676/.

[8] 若想阅读更多舒曼见解深刻,并未广为人知的著作,可参见 A·W·斯特劳斯. 学术界的枪决. 高等教育年鉴,2014. http://chronicle.com/blogs/conversation/2014/07/23/academes–firing–squads/.

[9] 罗伯特·E·巴加,简·梅·张伯伦. 博士课程中的教授与学生问题. 高等教育,1983(54):410.

[10] 米歇尔·罗森博格. 他的时间,他的地点. 体育画报,2012-11-26. http://www.si.com/vault/2012/11/26/106258862/his–time–his–place.

[11] 伊丽莎白·利克于 2011 年 12 月对作者进行了采访。

[12] 西格蒙德·佛洛伊德. 心理分析技术. 纽约:诺顿出版社,1969.

[13] 感谢伊丽莎白·诺尔对我在此处的指点。

[14] 电影《国王的演讲》,2011 年由汤姆·霍伯导演、大卫·席德勒主演,温斯坦公司和锚湾娱乐公司出品。

[15] 詹姆斯·A·海德科,柴司特 S·威廉姆斯. 南部研究生教育中的黑人. 美国教育杂志(Phi Delta Kappan),1954(36):103.

[16] 路易斯·B·梅休. 研究生教育改革. 亚特兰大:南部地区教育委员会,1972.

[17] 马丁·戴维森. 对有色研究生研究员的指导. 教育研究评论, 2004（7）：549.
[18] 出于罗伯特·T·帕尔默, 亚得·A·希尔顿和蒂凡尼·P·福坦. 黑人学院和大学对黑人研究生的培养：趋势、经验和成果. 夏洛特：信息时代出版社, 2012.
[19] 麦克·格拉斯基. 潜在的好处. 86—87.
[20] 戴维森. 指导, 第 549—550 页. 戴维森也为有色学生无法接收到与白人学生同等的指导而痛惜（550 页）. 确实, 在导师和学生的种族差异上存在着文化隔离. 详见斯科特·雅席克. 白人男性的优势. 高等教育界, 2011. http://www.insidehighered.com/news/2011/03/01/study_explores_impact_of_white_male_dissertation_advisers_on_minority_doctoral_candidates_in sociology#sthash.2ZEwhcuV.AzdAf2xK.dpbs.
[21] 戴维森. 指导, 第 561 页. 这个问题并非全由教授一方造成, 戴维森发现"学生们常常联合起来拒谈种族问题"（562）.
[22] 玛丽萨·K·洛佩慈, 丹尼尔·希思·贾斯蒂斯. 有色研究生的指导. 现代语言协会共享, 2014. http://clpc.commons.mla.org/2014/04/25/mentoring–graduate–students–of–color/. 充分披露：在作者们为了发表他们的论文而做出各种努力时, 我也参与其中. 2015 年我在《教育学》杂志做客座编辑时, 征用了这篇文章.
[23] 德里克·博克. 美国高等教育. 普林斯顿：普林斯顿大学出版社, 2013.
[24] 伦纳德·卡苏托. 使用或不使用. 高等教育年鉴, 2013. http://chronicle.com/article/To–Apply–or–Not–to–Apply/139539.
[25] 例见伊丽莎白·基南. 无子惩罚. 高等教育年鉴, 2014. http://chroniclevitae.com/news/570–the–no–baby–penalty.
[26] 玛丽·安·梅森, 尼古拉斯·H·沃尔芬格, 马克·高顿. 孩子重要吗？象牙塔中的性别与家庭. 新不伦瑞克：罗格斯大学出版社, 2013. "家庭与医疗休假法案"起码保证了美国大学和学院中的教授们每年最少 12 周的无薪休假. 而现实中, 那些本该大力推行这一法案的部门领导们却选择忽视它（111 页）. 令人惊讶的是, 在现行的校园政策中还存有一个显著的性别差异：58%的大学和学院会为女性教师放 6 周的带薪产假, 但是只有 16%的大学和学院会为男性教师放 1 周的带薪产假（110）. 即使这样的离岗存在, 父亲们也往往选择使用正常假期的额度, 因为他们担心休产假会给别人造成自己不够严谨和认真的印象. 女性教师休假的情况更多一些, 但数据显示, 她们中的许多人都是迫于工作压力而被动离开工作岗位的, 许多人都不会选择主动离岗. 如果学院想要获得支持家庭的好名声, 作者建议, 管理人员和部门主管应该先通过沟通去除有关家庭生活的偏见, 之后再采取行动, 鼓励他们的教师们选择行使休假的权利. 作者补充说, 这种家庭友好的政策需要在研究生院的学年中培养. 许多人在博士在读期间做出有关家庭的各种决定. 调查显示, 女性比男性更容易选择推迟或放弃生子, 因为站在对研究生有力的角度上考虑, 学院没有给女性职员留有太多能够兼顾家庭与事业的余地. 如果女性研究生在博士在读期间或刚刚毕业时就生子, 许多将沦为职场边缘人或是只能做兼职工作. 大学应该充分考虑到这一趋势, 并且为身在职场的研究生开设校园儿童照料服务、设置探亲假或是提供其他诸如此类的基本保障. 只有 13%的大学为研究生和 23%的大学为博士后设置了 6 周的带薪产假（108 页）.《孩子重要吗？》一书的作者们提出, 这些规定对学者来说应该是一种信号, 提醒他们可以更好地融合家长与教授的角色.
[27] 对于这种第二级别全脱产的阶梯型教师的出现, 教授们、学院和领导层都应持开放的态度予以考量. 迈克尔·贝鲁比和珍妮弗·露丝在他们充满清晰且强有力的辩论的书中开创了

这一对话。书名为《人文学科、高等教育和学术自由：三个论证的必要因素》。(纽约：帕尔格雷夫麦克米伦出版社，2015 年)

[28] 出自《孩子重要吗？》

[29] 布鲁斯·M·肖尔. 研究生导师手册：以学生为中心的方法. 芝加哥：芝加哥大学出版社，2014.

[30] 茜多妮·史密斯. 从院长开始：论文的新日程，2010. http://www.mla.org/ blog&topic=134.一个有趣并带有警示意义的有关研究生提交电子版论文的个人陈述，可参见梅勒妮·李. 以忧郁的奥德赛为题的图文论文. 教育学，2015（15）：93–101.

[31] 针对现代语言学和文学博士课程的现代语言协会专案组著书，有关现代语言学和文学博士课程的报告. 纽约：现代语言学会，2014. http://www.mla.org/pdf/taskforcedocstudy 2014.pdf.

[32] 丹尼尔·德内克于 2012 年 6 月与作者以电子邮件方式取得联系。

[33] 帕特丽夏·辛奇，伊莎贝尔·基梅尔. 研究生之殇：关键看教育. 纽约：法尔默出版社，2000.

[34] 例如，密苏里堪萨斯大学要求研究生通过其研究生的发展系统提交年度报告，并要求顾问审阅这些报告。系统网址为：http://gradstudies.mis souri.edu/academics/progress/graduate–student–progress–system.php. 布朗大学博士课程下的生物医学工程小组的学生，被要求每年提交书面和口头的进展报告（此项目网址如下：http://www.brown.edu/academics/biomedical–engineering/graduate–program/phd–program–overview）。加州大学河滨分校的植物学系要求每年提交"学生学业报告"，这一报告由学生和他的所有指导员和论文导师共同完成（详情参见院系网站：http://plantbiology.ucr.edu/graduate_programs/current_students.html）。

[35] 我的这一建议首次提出是在 2012 年，导师和指导委员会. 高等教育年鉴，2012. http://chronicle.com/article/The–Adviserthe–Committee/132841/. 从那时起，我注意到，越来越多的人文领域博士课程采用了学业报告的形式监控毕业时间。现代语言协会在 2014 年《有关现代语言学和文学博士课程的报告》中对其进行了背书。

[36] 芭芭拉·E·洛维特. 乖乖听课是不够的：从理论的视角看向独立研究过渡. 高等教育研究，2005（30）：144.

[37] 芭芭拉·E·洛维特. 向独立研究过渡：谁做到了？谁没做到？为什么？. 高等教育，2008（79）：313，316.

[38] 欲知更多论文建议的信息，可参见莱昂纳德·卡苏托. 阐明论文建议. 高等教育年鉴，2011. http://chronicle.com/article/Demystifying–the–Dissertation/128916/.

[39] 戈夫曼说："带有污名的人是不具备被社会所完全接受的资格的。"欧文·戈夫曼. 污名：对缺损身份管理的标志. 纽约：西蒙和舒斯特尔出版社，1986.

[40] 我在德里克·博克思想的基础上构建了这一段落（《美国高等教育》第 234 页），以及芭芭拉·洛维特的文章《离开象牙塔：退出博士课程学习的原因和结果》（博灵顿. 爱思唯尔出版社，2006 年）第 28 页。博克观察到，专业的院校拥有 90%的毕业率，使得艺术和科学院校自惭形秽。洛维特指出，退出学业的学生常常归咎于他们自己，以我在研究生院几十年的教学经验来看，她是正确的。

[41] 完成和流失率因学科领域以及性别、种族的不同而有所不同，但人文学科的流失率达到 50%，参见研究生院理事会. 博士完成和流失率：基线人口统计学对博士课程完成率的分析. 执行摘要，2008. http://www.phdcompletion.org/information/Executive_Summary_

Demographics_Book_II.pdf. 有关将流失率作为历史问题看待的信息，参见威廉·G·鲍恩，尼尔·L·鲁汀斯坦. 攻读博士学位. 普林斯顿：普林斯顿大学出版社，1986.

[42] 罗杰·L·盖革. 推进知识：美国研究型大学的发展，1900–1940. 牛津：牛津大学出版社，1986：219.
[43] 伯纳德·R·贝雷尔森. 美国的研究生教育. 纽约：麦格劳–希尔出版集团，1960.
[44] 罗杰·L·盖革. 研究与相关知识："二战"以来的美国研究型大学. 牛津：牛津大学出版社，1993.
[45] 布雷内曼的研究集中在加州大学伯克利分校，这所学校拥有全美最高的辍学率。有关国家辍学率，参见盖特《研究和相关知识》（第 226 页）。
[46] 洛维特. 离开象牙塔，第 30 页。
[47] 研究生院理事会. 博士完成和流失：执行摘要，第 2 页。
[48] 洛维特. 离开象牙塔，第 6 页。
[49] 博克. 美国高等教育，第 237 页。他在书中提到："一些项目根据部门大小分配资金，由此催生了一种激励体制：招收更多的学生而不管留住他们。"当然，这种错误的奖励机制本身就是令人感到不安的。
[50] 比如博克说道："理论上说……院系如果反应迟钝，可能会使自己陷入窘境。"但是"实际上"，这种情况十分罕见。（《美国高等教育》第 232 页）
[51] 来自苏珊·巴索、达纳·坎贝尔、莉斯·斯托克的文章。
[52] 里奥·布劳迪. 做公共教育学：在墙外讲话. 职业，1999：30–31. 布劳迪的文章改编自他在 1998 年由伊莱恩·肖瓦尔特总统发起的"现代语言协会总统论坛"上发表的讲话，讲话题为"创造性合作：敌对的学院"。回想起来，当时肖瓦尔特有关职业选择的思想太过于超前，以至于带来的争议比变革还要多。
[53] 杰奎琳·琼斯于 2015 年 1 月在美国历史协会会议上发表讲话。琼斯，一个得克萨斯大学奥斯汀分校历史系的教授和前主席，诉说了她是如何为研究生每学期组织这样的座谈小组的。这做法看起来非常适合我。
[54] 布劳迪，做公共教育学，第 27、28 页。
[55] 约翰·S·亚当斯在《地理学博士项目的现实治疗》一文中描述了课程和课程计划，刊登于《地理学杂志》，2014 年。http://link.springer.com/search?query=Reality+Therapy+for+Geography+Ph.D.+Programs&search–within=Journal&facet–journal–id=10708#page–1.
[56] 莫拉·艾夫斯. 教学市场：教室中的研究生. ADE 公告，1998（119）：14–18. 希瑟·杜布罗. 安置服务研讨会. 美国现代语言学协会会刊，2000（115）：1263–1265.
[57] PREP 项目线上地址为：http:// grad.msu.edu/prep/.
[58] 马特·海姆于 2014 年 2 月对作者进行了采访，后续对海姆的引用均出自此篇采访。
[59] 我最早对这一概念的提出是在题为"未来不止一种选择"的报告中，刊于《高等教育年鉴》，2014 年 3 月 17 日。
[60] 探马特·海姆，亨利·坎帕三世，克里斯汀·莫雷托. 博士学位的专业社会化：对博士候选人的职业和专业发展准备的探索. 教师发展，2012（26）：5–23.
[61] PREP 拥有强大的网络组件，它适用于学生数量多的大学。它的网站有用大量的信息和视频教程，海姆称之为"知识网络"。他还说："消防总是尝试大力度地打击研究生。"确实，这种工作坊很受欢迎："我们总是使它很充实。"这一成功部分归功于动态的评定工作。海姆说："我们需要找出哪种办法有效。"

[62] 有关这些研究生和对他们进行的一系列采访,参见海伦·德·克鲁兹. 美国之外的哲学家们如何以及为何沦亡? New APP(博客),2014-06-23. http://www.newappsblog.com/2014/06/philosophers-who-work-outside-of-academia-part-1-how-and-why-do-they-end-up-there.html.

[63] 爱德华·门德尔松将对导师的期望成为"幻想",其实质含义就包含在这个词本身的意义当中:"奥德赛中 Ithacan 年长的导师根本就不是一个真正意义上的导师,雅典娜假扮成忒勒玛科斯的导师以保护他的安全,赋予一个角色普通人无法启迪的神性。"门德尔松. 老扫罗和小扫罗. 纽约书评,2013-09-26. http://www.nybooks.com/articles/archives/2013/sep/26/old-saul-and-young-saul-bellow/. 这一点布鲁克斯没有异议,但我要补充一点,即使导师是一个理想主义的幻想,它仍然值得追寻。

第五章

学　位

即使当今的研究生教育漫无休期，学生在导师指导下完成论文之后还是可以拿到学位。在前面几章，从课程设置到论文指导，我主要在追踪研究生教育的发展，采取的是教学的视角。从研究生的需要出发，我审查了导师们在这几个阶段所做的工作，同时我也为每个阶段提出了更多以学生为中心的教学方法。

现在我将进行一些延伸，在不完全摒弃实用的以教师为中心的基础上，我回归到更为历史化的视角，从修读硕士学位和博士学位自身的问题开始。我们不能指望在不清楚上述学位从何而来的情况下，就解决 21 世纪美国研究生教育的问题。研究生以及博士学位的历史和与二者息息相关的职业，为我们提供了发展今日之教育的线索。关于学位和职业的探讨还可以引出本书最后几章关于教育大范围职业化和人性化的讨论。

在学位这一章，以博士学位开篇，不仅是哲学博士（Ph.D.），也包括近年来尝试的一些其他类型的博士头衔。然后，我再讨论硕士学位的问题。

一、博士学位

大学对博士学位的推崇已延续了几个世纪，甚至长过美国的历史。不过学位论文的撰写却是近 200 年的事情。这一实践在德国贯穿于 18 世纪末和 19 世纪，许多德式的传统和程序指导了美国研究生教学最初的实践。[1]

自从博士生学位论文被引入，它迅速占据了中心地位。美国也逐步开始围绕博士生的培养而起兴。1861 年，耶鲁大学颁发了美国第一个哲学博士学位。早期的美国博士学位是由原本科学院授予的，但是 19 世纪后期新兴研究型大学的兴起，使研究生院的设立如雨后春笋。研究生院的广布始于 1876 年成立的约翰霍普金斯大学。

历史学家 Roger Geiger 认为，在使美国博士生学位标准化的问题上，霍普金斯比起其他高等教育机构做得更多。其原因在于霍普金斯大学从成立伊始就颁发了较多的博士学位。由霍普金斯毕业的博士形成了一批新的致力于开发更多研、博项目的教授。[2]

19 世纪 90 年代，芝加哥大学仿造霍普金斯模式成立了研究生院，一些原本按照英国模式建立的学院，如哈佛大学、哥伦比亚大学等，也建立了研究生院。这些早期的研究生院成为产业领袖，只因其培养的博士谋得了其他高校的教职。鉴于雄心勃勃的教授以往会选择去欧洲学习，如今新的研究生项目提供了在国内学习的选择，甚至其他学府的校长也鼓励其手下的教师重返校园，到这些新兴的德式美国大学去读个博士。

1900 年，美国大学联合会（AAU）的成立使倡导精英教育和大众化教育的高校的对立分化愈加明显。历史学家 Laurence R.Veysey 指出："到 1893 年，在几乎所有的著名大学中，攻读博士学位有助于获得长期聘任。在世纪之交，获得博士学位俨然已经成为这些教育机构的硬性要求。" [3]

研究生院的常用结构在一个世纪之前就被确定下来了，之后发生了较小的改变——部分原因是要和国家的社会、经济走向相适应。以博士学位为中心的学术层级在最初被证明是与社会发展相适应的。而在南北战争后，城市化经济迅速发展、工人数量激增。历史学家 Burton J. Bledstein 提出了较受认可的说法。他认为，美国大学的崛起受到了中产阶级发展和职业文化的影响。中产阶级的职业主义，赋予了文凭以极高的价值，而大学则负责提供文凭——第一代大学校长也很快意识到了这一点。研究生院的成立不仅在文学硕士和哲学博士学位，以及医学、法律、商业等专业学位的产品上实现了"流水线生产"，博士头衔成为内战后的美国职场上步步高升的源头。[4]

在简单了解了学位的起源之后，现在我们再来看一下人文学科的博士学位。不管怎么看，读取人文博士都是一段奥德赛。经历纠结的 9 年之后，人文学科的博士学位获取时间是整个研究生院中最长的。打个比方：如果一个本科生毕业时是 21 岁，然后直接去攻读博生（我认为这并不是好主意），之后他会学着去做某导师的徒弟式（因为研究生院就是如此），然后在 30 岁时获得博士学位。30 岁才开始"生活"已然太迟，但是你知我知，博生肄业几乎必然迟于而立。此外，普遍接受的 50% 的通过率，意味着只有一半的准博士生能有幸坚持到那个时候。（更可悲的是，大多数人想进入的学术就业市场依然横亘在他们面前，无法逾越）所以，通往博士学位的道路是令人担忧的、冒险的、收入微薄的，并且时间过长。

问题的核心就是学位论文。写论文难，按照导师的期望写一篇博士论文更难。

学位论义究竟是什么？在人文学科，它是依附于很早以前订立之后就几乎很少被检验的惯例的论著。它是一条通向毕业的唯一出路，它是成一而足、削足适履的典型代表。人文学科的博士生渴望得到多样的就业机会，但是他们中的大多数人写的却是同类的学位论文（其他领域也已建起了各自的模板，这不只是人文学科的问题）。[5] 这些"论文规范"伤害了学生，但是问题却远不止于此。我们在检查和评估学位论文上的整体失灵，使人文科学的价值和过于晦涩难懂的学位论文产生了不可靠的关联。这种抱怨部分形成了一个人尽皆知的观点，即博士项目是根深蒂固的研究文化的一部分，并因此侵蚀了高等教育。简言之，教授们在研究上花费过多的时间，而花在教学上的时间则不足。这个不足可能会引发一连串的问题。[6]

就像研究生院面临的大部分问题一样，学位论文的影响已经超越了研究生院的范围，影响到整个高等教育体系在社会中的地位以及研究生教育的未来发展。

那么，一篇学位论文应该是什么样的？许多人文学科的研究生花费大量时间写作，因为他们坚信自己的毕业论文是应该被出版的。这意味着，论文会被过分修饰，以使其语言文字璀璨华丽。而更典型的现象是，在大多数人文学科领域，对出版的渴望更多的是以书的形式。总而言之，许多人文学科的研究生都认为他们在写书，顺便写论文。他们有时会从同学中得到这样的想法，但此间更大的误会源自导师。

将学术论文当作一本尚待完成的书代价高昂，并且是错误的。或许研究生只有吃一堑才能长一智：一篇学位论文可以写成书的长度，但它并不是一本等待加封面的书。无疑学位论文展示了学生对某一特定领域的原创性贡献。这是一个重要的（也是可贵的）成就，但不是所有的原创性贡献都以书的形式体现。

论文和书籍注定是针对不同的市场，所以它们有着不同的目的。学位论文的受众是论文委员会，由它们提出改进建议并打分。不妨这样看待论文受众：我会提醒向我咨询选课的学生，除了你的亲人或恋人，真正能阅读你论文的人数通常不会超过五个，所以不要幻想出版商能读到你的论文，其实博士论文几乎永远不会被出版。[7]相反，学位论文的主要目的是让学生获得博士学位。确切地说，论文的首要目标是它能够获得学生会的批准。

书必须面向更广泛的受众，这当然是因为出版商要销售它们。学术出版商需要卖的书（那种主题为性而不是卧房陈设的吸引人的文献）尽管有时会和委员会的喜好有交集，但这两者并不是一回事。书比论文更精致，并且更加完整。这是由于书是学习的呈现，而论文本身是学习过程的一部分。学位论文是研究生教育的一部分，而不是教育的目标或书面呈现的结果。

不是所有的论文都可以出版的，比如我的就不适合。在我上交并拿到博士学位之前，一直以为自己创作了一份具有书的价值的手稿，但是当我的经费申请被拒绝，并得到了学术出版商并不热情的回应之后，我很快就从这种幻觉中醒悟过来。我花费了好几年的时间自学，为自己争取了一些病假时间。我想说磨难赋予我以智慧，但我记得最深刻的却是重重压力。之后的几年，我在较为放松的状态下写书，而该书的一些观点是在写论文时自然领悟出来的。

如今已过去 20 年了，我的导师教导我把论文写成一本书却不出版，然后再花时间去将其改成一本书。研究生接到的是命令：要么写书，要么什么都不是。学术市场日益增长的需求和终身制（或对终身制的渴望）的压力，促使许多新博士积极为他们的论文寻求图书出版的途径，无论这是不是体现他们才学的最好方式。（我想强调的是，这些压力并不是终身教授的人独有的，有志于成为终身教授的人也深有同感，由于终身制的竞争如此激烈，所以对一些人来说，一份书的出版合同就意味着一只脚已经踏进去了）。[8]

近年来，大学出版社的编辑一直在抱怨，出于被迫而作的书稿大量涌入出版社。Lindsay Waters，哈佛大学出版社人文执行主编，已经指出，当一个院系要求其年轻教师出书的时候，它事实上已经将终身制的聘任决定权"外包"给大学出版社了。[9]讽刺的是，图书出版商 Waters，却力主写文明志而不是著书立说。

广泛来看，出版商的此类抱怨可能会显得有点言不由衷。毕竟，大学出版社是附属于大学的，而大学会要求其教师为了保住工作和进入终身制而出书，并且大学出版社最初成立的原因之一就是为了出版论文。即使问题的出现是由于系统的失衡，如今严峻的、不可否认的事实是，学术出版商发现学术专著越来越难卖，所以他们就直接减少了该类著作的出版。编辑们试图将这种转变公之于众，但这一消息的传播速度是缓慢的，特别是人们依然抱有如此多的厚望和期待。如 2006 年报道的《现代语言协会（MLA）课题组对终身制和晋升的评定》，结束了出版书对于评审终身教师的决定性作用，但相关的辩论仍在进行。[10]

鉴于学位论文的地位在这场战役中受到了较大的挫折，我们应该不会对改革者们积极讨论学位论文如何改变而感到惊讶。但是"改变"一词在学术界却会引起不良反应，特别是在研究生一方，这种不愿改变的心态并不一定是坏事情，此前高等教育每次受到新趋势的冲击都较小。自 19 世纪后期，人文和数理学科的学位合并之后，研究生教育的框架很少改变。这有些冥顽不化，倒也不至于保守不前。

这种刚性符合我刚才描述的以论文定江山的博士教育的特点。冰冷的数字迫使我们承认，并不是每个毕业生都会成为研究型大学的教授，但我们设计的研究生学习却都是沿着这条道路的。这种狭隘的、不现实的、鲁莽的焦点的核心，就是僵化的博士论文写作。

僵化的论文写作支撑了一个隐含的双层系统，只有少数研究型大学的工作者处于顶层，而其他绝大多数人则处于底层。关于双层系统在本章之后的部分还会继续讨论，在这里我想强调的是这种想法源于研究生院的人文学科，是伴随着论文被置于首位而发展起来的。这种不言而喻的双层系统崇奉不平等的工作，特别是不平等的声誉。那些拥有研究型工作的人承担的教学任务很少，却有较多的文章发表，且从他们的工作中获得的声誉也更多。而那些主要承担教学工作却发表较少的下层人也都抱有功利的心态，若不上位誓不休。

学位论文的统治地位长期一成不变的原因之一是，如今对全世界的博士生几乎都有学位论文的要求。确实，学位论文已经成为博士教育最神圣的要求，一些美国高等教育杰出的观察家指出，当我们想要干涉这一问题的时候，需要当心。2011 年，普林斯顿大学历史学教授 Anthony T. Grafton 在其担任美国历史研究协会主席期间，呼吁研究生教育的广泛改革，特别是提到学位论文时提出了一些忠告。他建议致力于改革的人文学科，应该试着学习"如何将传统的严谨性与实验和创新相结合"。[11]

博士论文的任何改革都应始自如下两个问题的交集：第一，毕业论文应该是什么？第二，应该花费多长时间写？这两个问题相互依存、密不可分。例如，大多数历史学家赞同论文应该是原创的，具有一定典型性，并能体现学识。鉴于写成标准化的论文需要的时间，历史学者获得学位的历程缓慢变长是可以理解的。但另一方面，多数文学和语言方向的学者，已经被证明愿意花费更短的时间获得学位，因此他们更接受论文的替代格式（虽然 Louis Menand 关于替换成同行评议论文的功能性建议比较激进。[12]Menand 的建议与教育传统格格不入，因此会引起争论。正因为其革命性，传统教育体系下学时过长的不足才充分地暴露出来，因此大有裨益）。

这两大人文领域的区别显示出的两个核心问题（论文的形式和完成所需的时间）并不能分开处理，并且因专业而异。我一直强调不要假定论文有一个统一的标准。唯一正确的答案就是在学科内或跨学科，对论文的结构和目标进行开放式会话。以同样的方法处理各个学科的问题与"成一而足"的论文写作准则一样不妥。关于 21 世纪论文形式的对话已经开始，这必然会导致其改革。

1. 多轨模式

从广义上说，研究生教育规则的制定必须更加有效，以适应研究生不同的需要。研究生项目不再允许大批学生修读博士学位，所以学生因人而异地定制个人发展目标和规划非常可行。

例如，科罗拉多大学的德语和斯拉夫语言文学系，从根本上平衡了其博士教学，其一轨是减少了学位获取时间（这个项目只有 4 年），其二轨是灵活了博士论文的写作方式。这是为那些"对学术生涯感兴趣，但又想继续在政府机关、商业或非营利组织的工作的申请者"量身设计的。该计划规定，学生在完成两年的课程和一年的研究之后，用一年时间撰写学位论文（可以在家或在国外完成，甚至可以用德语写作），[13]再辅以贴心的、个性化的导师指导——该计划是每年只招收4个学生。

在撰写本文时，科罗拉多计划仍然是相当新潮的。因此，学生和教职员工是否能完成在短短4年内毕业的雄心勃勃的学业计划还有待观察。同样重要的还有，它目前还无法保证本项目学生的学术高水平和毕业后他们的社会价值。那些用4年时间完成学业的学生的学识和那些用8年时间完成的看上去会有较大的差别，但是雇主们会认为这些速成者是"与众不同"，还是有所缺陷，无从得知。科罗拉多大学德语教授 Helmut Muller Sievers 认为，新的项目体现了"教育界在形塑就业市场方面所做的努力"。[14]确实，他们正试图做此努力，这样该项目的学生才会更具潜在价值，而不仅是为博士毕业生预设的价值（我会在第六章用更多的笔墨说明，关于预设机制和潜在价值的选择）。对于求职者，新的科罗拉多德语博士学位是有风险的，也是值得为此冒险的。[15]

科罗拉多的例子表明了将博士学位和研究生个体的职业目标、专业需求相结合的重要性。如果研究生的职业生涯终将是多样的，那么我们就需要对博士论文格式的要求更加灵活，以适应这种多样性。

虽然这并不意味着任何写作都可以当作博士学位论文，但它确实意味着当我们决定写什么的时候，我们需要更多的想象力，更需要限制博士教学中目前居于主流的过高的学术要求，这就是 Derek Bok 所说的"论文潜变"（thesis creep）。[16]例如，现代语言协会正在敦促研究生项目要去"验证多样职业生涯的结果"。若想实现这一目标，则需要和该协会的另一个主张——"重新构想论文"相结合。[17]

我们可以从重构论文的篇幅开始。大多数人文学科的学位论文都有四章，有些短的有三章，长的有五章的，偶有六章或者更多章节的。换句话说，在如今的研究生们想象和执行其论文结构之间有一个严格的篇幅要求。这不完全是坏事，研究生最大的焦虑是由不明确的预期造成的，至少在论文结构这件事上，学生们很少感到焦虑，因为他们知道只要写四个章节，他们就少了一件需要焦虑的事。因此其只需将精力放在如何写这四章上。

也有导师要求学生将论文缩减到三章的情况。三个章节的论文并不是闻所未闻。尽管为导师们所推荐，[18]学生们至少应该知道三章的论文也是一种选择。就像学位论文不必符合传统的"八股"结构一样。[19]他们也要明白，五章（或六章）的论文可能需要他们在这个阶段做更多的工作，这可能会导致他们获取学位的时间延长数月或数年，却并未获得更多的专业优势。

篇幅长度和写作时间的问题总是密切相关的。1960年，爆发了一个"关于论文的讨论"，该讨论的核心是应该"花费多少时间"。当时对博士的需求高涨，获取论文的时间较短。人文学科论文写作时间平均在1.3年。[20]我们并没有长论文的传统，也没有使论文的形态反映学术某个行业就业市场状况的传统，无论学生是否考虑进入这一行业。改革的第一步应该是崇尚这一传统的灵活性，并加以发扬。

从本质上说，我们应该让鞋去适应脚，而不是相反。那些想在研究型大学谋得一席之位的人，更可能会选择一些传统博士论文的版本（这种现象并不出人意料），那些想在相对低阶的教学型机构（包括社区学院）任职的人则不然。当他们向这些机构提出申请时，学生们通常会被建议缩减对其博士论文的描述，仅在他们的求职信结尾进行简述。为什么要这样？因为比起研究细节，这些机构的雇佣委员会对申请人的经历和对教学的投入程度更感兴趣。的确，如果求职者更重研究而非教学，那么他最终很可能会跳槽去研究机构任职，而不会长期在所申请的教学型学校任职。这就使修改学生论文的范围更有意义，这样论文的内容可以和以教学为中心的职位产生直接联系。例如，爱达荷州立大学英语专业的博士生，会要求其论文中有一章内容专门探讨"该研究在教学中的应用"，以使学生做好就业准备。[21]

对于那些毕业后不在学术领域谋求职位的研究生而言，论文要求的灵活性也是必要的。新的调查结果显示，许多学生积极寻找工作（目前很多毕业生都不再执着于教书而在圈外就业），学位论文也会帮助他们谋求圈外职位，而不是成为其阻碍。[22]

他们应该写出使他们拥有该职位（例如，引入以教学法为中心的分析方法，就像爱达荷州那样）任职资格的学位论文，而传统的论文结构可能成为成功路上的绊脚石。从根本上说，论文结构需要足够灵活多变，才足以使广大攻读学位的知识分子的追求更有实现的希望。

科罗拉多的德语系的改良试点诚然是小规模的。研究生院集体觉醒的标志是2012年发表的题为"斯坦福大学人文学科博士的未来"的白皮书。[23]该文件由德语教授、现代语言学会前主席 Russell Berman 和其他五位斯坦福教师撰写,提出了我所见过的最好的关于更灵活的博士指导的具体建议。斯坦福模式基于先允许学生小组学习,再分别根据不同的职业目标进入不同的论文写作轨道。斯坦福小组试图重构整个人文学科的研究生课程。如果他们的建议被采纳(这种可能性是比较大的),那么斯坦福大学人文学科的博士需要在博士学习的第二年年底向系里提交一份体现职业偏好的列表。剩下的时间就是根据这些偏好进行个性化安排,以充分考虑其特定的职业目标编制和其他需求(如综合考试)。

此次改革以论文为核心,聚焦于过长的学位获取时间和研究生院在培养学生"无论从事学术职业还是非学术职业,都要注重社会生产力的多元意义和自我成就感"方面的失败。倡议者同时关注到了对教学"效率"的需求和更广泛的就职这两条"轨迹"。Berman 认为,[24]新计划旨在解决"快"与"多"不兼容的需求。

对论文的要求已经被列入这一"白皮书"。所提出的种种方案中,斯坦福的文件并没有交代细节,但它设想了"传统论文的替代格式",这有助于发展学生的个人职业目标。Jennifer Summit,该文件的作者之一,建议学生将学位论文变成一个"短文集",而不是一本专著。[25]把论文拆分的想法近期有着较大的影响。此前,美国密歇根州立大学的英语教授 Sidonie Smith 就有过类似想法,那是在她 2010 年担任现代语言协会的主席时。但是,在 1995 年,哈佛的比较文学教授 David Damrosch 更早的时候在《我们学者》这本书中也对同一问题给出了另一个版本。2014 年,同样由 Berman 主持的,《MLA 博士学习课题组关于研究现代语言文学的报告》,沿着上述历史路径提供了一系列具体的建议。论文写作可能的"改革方向"不仅包括短文集、通过互联网给某研究求证;带有个人注解和观点的专著翻译;参与带有明确研究内容的公共人文科学的研究项目,与其他文化机构合作或者分析制定文献的教学价值都是可能的方式。[26]

这些论文改革建议将会给学生提供更多的写作出路,但是也难免会让人对传统的研究生的定义加以质疑。这需要引起我们的注意:审视论文的灵活的视角扩充了我们对"学者"(或"学问")的定义,还可能引发研究生算不算学者的争论。

我们不得不反对狭隘的"学者"定义。不反对显得我们的改革缺乏想象力而且不关注学界的发展前景。对于狭隘定义的反对早已有之。

1990 年，Ernest Boyer 在一篇具有标志性的文章中，从传统的学术中区分了教学型学术、综合型学术和应用型学术。[27]Boyer 的观点引发了共鸣，他的论文仍然经常被引用，但是这个分类并没有在最需要它的地方生根。教授们用了很长的时间发现，似乎"发现"才是学术一以贯之的定义准则。甚至那些教学任务很重的教师也接受流行的价值系统将"发现"的学术（出版业也是建立在这一基础上的）置于顶端的观点。这些观点引发了一个共识，那就是每个人都应该写一种类型的博士论文。

爱达荷州的论文改革会使研究生从更广泛的求知途径中受益更多。关于学术的更宽泛的定义，不见得必须边缘化研究和发现的作用（现代语言协会对替代性论文格式的建议，谨慎地强调了任何情况下对于研究和发现的必要投入）。这些不同的论文写作方式并不等同于研究的缺乏或刻板，而只是意味着学生会提出不同类型的研究问题。这对从位于教育食物链顶端的精英大学流出的建议是有价值的。当排名靠前的大学制定规则——比如，使博士看起来并不那么博学——这会使其他大学也这么做。我在这里郑重声明：斯坦福的改革并不是简单地简化论文写作（斯坦福的研究生会比其他高校的学生更用功，以能够在最后期限之前获得学位），而是与研究生的多样需求相适应。[28]

关于学位更广义的定义也有助于规避新的论文格式最大的威胁：双轨制博士。双轨制博士与前文提到的就业的双层系统相呼应，它将研究型大学与其他高等教育机构区别开来。重新引进这一价值观意味着研究生院将通过颁发不同的博士学位把"学者"和"教师"区别开来，区分两者的动机源于多年来的诸多举措。因为大多数研究生找不到研究型的工作，所以双轨制的论断是，为什么他们要花费很多年去完成晦涩难懂的研究型论文？颁发"专职博士学位"会使他们更迅速地适应教学工作，这才是大部分人将要从事的。[29]心理学已经这么做了：他们既承认哲学博士（Ph.D.），也明确认可临床型的博士学位（Psy.D.）（三年制的学位）。为什么其他领域不能如此呢？

也许它们也可以，但并没有那么简单。双轨模式具有实际的吸引力，但它在很大程度上依赖于二元思维——"我们"和"他们"的问题。很容易想象这种学术和临床的二分模型，不是基于不同的路径，而是不同的等级，前者会比后者研究得更深入、更高阶。简单来说，这一路径的潜在危险是可能形成一种尊卑制度（心理学中已经存在一些问题，但是因为许多临床型博士更多地进入临床实践，在学术设定上区分哲学博士和临床型的博士学位还没有牵涉头衔的高低贵贱）。此外，两级模式只能减少选择教学密集型工作的学生的学位获取时间，对不想今后只教书的人却没有帮助。最大的隐患是态度问题：两级模型聚焦于分裂博士群体，并将"次等"的博士放逐到特定的领域。就像我们探讨过的，这种做法在某种程度上建立了一个由招生开始就发育不良的研究生教学体系。

斯坦福的计划是多轨模式，而不是双轨模式的。该计划要求所有学生遵循相同的标准而不区分第一、第二等级。一旦被确认，学生们就不需要在读博期间确定职业发展路径，直到他们面临写不写论文，以什么形式写论文的抉择（对他们而言导师就是榜样）。他们也会有时间去了解其他职业的发展路径，他们假定或至少希望研究生院可以提供非教职类的信息（和榜样）。

我特别欣赏该计划包含的时间选择部分。为什么学生在进入研究生院之前就要自我定位为学者或教师？这的确是事实，有些人文学科的博士生每学期教两门课，有些则要教三门、四门甚至五门。（教授的助手通常授课较多，这一可怕的形势是每个学生都要面对的，但学生教课的问题本身太过浩繁，恕我无法展开讨论）。[30]一些可能也会选择什么都不教。博士生们显然通常得不到自己理想的工作，但他们却在到研究生院读书时，就确定了人生目标。更明智的选择是建立在读博期间几年经历的基础上而做出的有信息参考的职业路径选择，与此相反的是从未做过研究生、博士生级别的研究和学习，也未曾上过课就能凭猜测做出决定。事实上，博士生项目不应该询问学生："你想选择什么难度？"而是："在发现和形成专业自我的路上，我们可以帮到什么？"

斯坦福的白皮书计划与减少学位获取时间相联系。其作者提出新的计划需要政府和研究生院的"大力支持"。在这一制度下，教授也需要承担更多的责任。对毕业论文的指导也会更复杂（因此是耗时的），与此相反，目前敷衍了事的指导形式通常只需要在学生选择论文题目之前进行。

在新的模式下，导师会在学生设定和完成计划的过程中扮演更积极的角色。作为学生、教授和行政人员共同目标的研究进展每年都会被评估和审核（有事先规定的"标准检查程序"），以加快毕业进程。[31]或许我们可以认为导师将会承担更多的教学任务，因为指导论文本身就是教学。

2. 高等教育历史上的双轨制博士项目

根据弗吉尼亚大学英语系的 Fredson Bowers 所说，当博士生不得不"为生活而工作"时，对他们进行教导是很艰难的，同时他们"身陷助教或兼职讲师的工作岗位而难以专心学习"。难怪，Bowers 悲伤地表示获取学位的时间太长。这些抱怨和过去是一样的，已经持续了约 50 年。其源头可追溯到"二战"后短暂的教授职位供不应求的时期。Bowers 的观点是 1965 年提出的，作为他支持授予一种新的"学习但不研究的博士学位"的论据。新学位的学制是三年，旨在帮助博士生成为本科院校"受训良好的大学英语教师"，这在当时是非常紧缺的。他认为，设置第二条轨道，可以使博士中的少数精英将注意力集中在研究上，剩下的刚好去教书。[32]

Bowers 的建议只是一个庞大的，还在持续的博士学位双轨制观点的一个开端。以他为首的观点在美国高等教育历史上占据了一个重要的分支，新的双轨制模式目前也在形成。双轨制的发展史长盛不衰，因此也值得追踪探寻。此发展也需要引起警惕：和博士学位本身相比，博士学位论文制度并不古老。19 世纪末 20 世纪初，在大学规模还很小的时候，博士这个新的学术传统和博士学位论文方才开始迅速在美国的学术文化中生根（在 20 世纪早期多数人都没有读大学——只有不到 5%的适龄青年进入了大学，甚至在紧随第一波私立研究型大学建立的新的州立大学注册的学生不过寥寥千余人，而现在州立大学的学生数已经可以达到那时精英大学的学生数量）。[33]

在早期阶段，博士既是纯知识探索的对象同时也有实际应用：学位持有者也可以在高等教育机构任教职。很多传统观点认为，博士学位的教学功能实属点缀，远不及研究的重要意义。1932 年，哥伦比亚研究生院院长 Howard Lee McBain 抱怨道，美国的每个研究生院都成了"本质上的……教师学院"。在这方面，他认为，美国的研究生院拒绝"承认甚至面对其本质"。但 McBain 并未放弃改革其本质的努力，他倡议只有教育学的博士（那些目前的博士）应该做好教学的准备，而不是像现在这样所有博士一齐上阵。[34]

McBain 的观点在当时十分普遍，而且现在仍有影响。许多博士学位的追求者热衷于使学位与实际应用产生关联，其中就包括直接的教学准备（博士生去教研究生及以下层次的学生被认为是勉强可以接受的，不过一般的博士生不会特意为之做准备）。因此，博士生从事低阶教学被广泛认为是自掉身价，即使他们偶尔也要去做。

诚如斯言，研究和专业实践（教书以及其他方式的就业）的界限早已根深蒂固。早期精英大学的领导者（和有志于精英身份的人）支持学术，但也看到了在金融等领域培养从业者的价值。早期的研究生招生因此接收了许多硕士生，同时也使对硕士生的教师培训和读博士的学生区分开来。

在 20 世纪初期，大学的数量和规模都在增长，但是研究生院的发展速度比其他领域快得多。据 Bernard Berelson 的报告，1900—1940 年大学适龄人口并未成倍增长，但"高等教育机构提供的博士学位数量却超过了 1990 年的 3 倍"，同时"大学的教职人员也增长了 5 倍"，大学的入学人数增长了 6 倍，但毕业人数和入学人数相比却相形见绌，在比例上仅为过去的两倍多。以任何标准衡量，研究生院都正在蓬勃发展。[35]

20 世纪 30 年代，研究生院增长的数量和规模引起对区分专职博士的需求，这是为了在不玷污博士生作为学术研究者使命的前提下，划分出专职博士，以满足高校对教师的需求。对于美国高等教育而言专职博士并不陌生，医学院和法学院已经招收了好几代专职博士，虽然我们不再习惯于称他们为一般意义上的博士。[36]

对专职博士的需求引发了两项具体倡议：教育博士（Ed.D.）和文科博士（D.A.）。两者都是为培训从业者而不是学者。这两个学位的创设是有启发意义的，他们阐明了一些评论家如今要重振双轨制的风险。

教育博士学位是为想在教育领域从业的人准备的，例如，校长、课程专家、教研员及教学评估员。问题是，从这个学位创设之初就很难区分教育博士和教育学博士（Ph.D. in education），这一问题至今无解。

1893 年，哥伦比亚大学颁发了第一个教育学博士学位，而第一个教育博士则是哈佛大学于 1920 年颁发的。[37]教育学博士学位被认为是传统的学术型学位，往往从一个特定学科的角度，为成为教师和学者做准备。

事实上，它与教育博士的差别也十分微小。教育博士的项目也需要研究工作——包括撰写学位论文——这和教育学博士是相似的，但是对其他方面的要求较低。因此，最终教育博士看起来像一个"低端的教育学博士"。[38]卡耐基教学促进会主席 Lee S. Schulman 不久前称其为"删减版的教育学博士"（Ph.D.– lite）。[39]

1931 年，一项致力于搞清授予教育博士学位的调查，[40]无所收获。到了 20 世纪 50 年代，92 所大学已经授予两个学位中的一个或全部。20 世纪 60 年代，教育博士学位的人气下滑，但是到了 1983 年，授予教育学博士或教育博士的高等教育机构数量达到 167 个。[41]教育博士已经在台面上独树一帜，即使其本身没有独特性。

医学和艺术学位的首次提出是在 1932 年美国大学联合会的会议上，在会上，哥伦比亚大学研究生院院长 McBain 谴责美国的研究生院已成为伪装的师范学院。文科博士的提议在会议上未被通过，但 20 世纪 60 年代，在 Fredson Bowers 为此大力宣传时，再次被提及。其主要目的是改善"二战"后大学教师紧缺的状况。这一时期学术资源充足，婴儿潮一代涌入大学，他们多是由联邦政府资助，由于冷战的需要大批流入高校。此时的入学新生供不应求，Bowers 担心的"不足"，指的是人力不足，而不是教职不足。[42]这次，新的学位抓住了机会。1961 年，卡纳基梅隆大学在数学、英语、历史和精美艺术领域授予了第一批文科博士学位。

试图成为哲学博士更短期的替代品的文科博士，其目的就是缩短学位获取时间（即便如此，正如 Bowers 所言，20 世纪 60 年代时仍旧认为这个学时太长）。文科博士的支持者指出，博士学位论文研究的冗长和其专业性太强的本质，使得学生对博士教学的准备不足。而新的学位只需要 3 年时间，因为他们不再需要写论文了。传统博士学位的捍卫者和新学位的支持者都赞同，博士生不应再教本科生课堂，取而代之的应是文科博士（这种建议在今天似乎是不可想象的，我们应该知道，那是美国乃至全球历史上学术空前繁荣的时期）。作为"培养大学讲师的学位"，文科博士的支持者将其设想为解决美国高等教育师资紧缺的办法。研究生院理事会（CGS）在早期就认同了文科博士学位，并建议其标准应该和哲学博士学位一样严格（虽然在此我们看到了对文科教学的少许关注，其实 CGS 一定是在担心教育家们可能会认为文科博士的标准较低，否则他们不会这么说）。[43]

在较短的时期内，文科博士获得了更多的关注。20 世纪 70 年代，卡耐基基金会为文科博士项目提供了赞助。[44] "在其顶峰时期"，根据 Stephen R. White 和 Mark K. McBeth 报道："总共 31 个高等教育机构，44 个跨学科领域，设置了文科博士学位。在短短的 15 年间，颁发了 1 943 个文科博士学位。"[45]

一晃到了现在，关于两种学位的争论很少。虽然没有完全消失，但是都已经无关痛痒。许多理由被用来解释这种争议的消退，其中一些合理而另一些属于捏造。

教育博士和教育学博士之间不彻底的区分，无疑促成了对前者的争论。关于教育博士的问题，自其产生开始，就从未停歇。

如今，教育博士在教育领域彻底生根，虽然设置的高校数量相对较少——其成员仍然就如何将其与教育学博士学位区别开而感到困惑。[46]2007 年，教育界主动提出重塑教育博士。此时的教育家们又翻出了几代人之前的旧账，也就是教育博士与教育学博士过于相似的观点。有人表示，我们需要"投入时间去真正仔细地观察两者的区别"。在一定程度上，这两个学位可以区分开，人们所感知到的唯一问题其实是认为教育博士不够好。佛罗里达教育学院的院长认为，真正的问题在于教育博士没有得到应有的尊重：学生会被教育学博士吸引，只是因为它比教育博士享有更高的声誉，[47]怎么改都是换汤不换药！2012 年，美国最早设立教育博士项目的哈佛大学宣布，将取消教育博士学位，取而代之的是教育学博士学位。[48]

文科博士不广为人所尊重。由于相关事态的发展，其以教学中心导向、作为哲学博士替代品的价值蒸发了。第一，学术就业市场收紧，高校教师的需求也随之紧缩。第二，教授职位竞争的加剧也导致哲学博士变得不那么好高骛远，不屑教书了。哲学博士的捍卫者曾经傲慢地表示本科教学是低级的工作，但现在他们却声称教学是其本职工作。

由于博士（现在也会训练其教学能力）数量已经超过了本科教学市场的需求，

专职博士学位规模因此缩小。诚然，博士的真正价值仍然是研究，即使他们的工资已经降到了本科讲师的水平。许多人依然认为研究重于教学，他们也有理由持此观点。学术文化一直推崇"发现新知"，然后"公布和出版新知"的文化。事实上，所有的人文学科博士项目都已融入了某种形式的教师培训。

位于奥尔巴尼的公立大学，作为纽约州系统的标识之一，显示了文科博士是如何"被逼成仁"的。该大学的管理者表示，对哲学博士项目中教学成分的增加，得到了很好的结果，即"实现了容纳现有的文学硕士课程或博士课程学生的利益的可能性"——这意味着，文科博士不再与其他学位类型相区别。但是，奥尔巴尼的管理者也指出，文科博士"在研究机构中谋得终身岗位的问题上并不具有竞争力"，表明他们会持续关注这种不太可能的产出，即使这种职业本身就很稀少。这种说法实在荒谬，因为文科博士自开始就不是为从事这类研究工作而创立的。他的话促使该大学于 2004 年正式取消了文科博士项目。[49]

在 1973 年关于文科博士的会议后，美国研究生教育委员会给出了文科博士进展艰难的三个原因。第一，它建设得太快了，甚至还没来得及使教师达成共识——毕竟他们才是支持并为学位提供课程的人。第二，资金一直不足。第三，文科博士造成了博士生教育任务的不一致。[50]

这些因素忽视了最重要的问题：无论教育博士还是文科博士，通常都处于哲学博士的阴影下，它们更像是二等的哲学博士。如果我们回到我一开始探讨的弗吉尼亚大学的 Bowers 对专业学位的支持，我们可以发现他提供了间接支持。Bowers 可能是支持专业学位的，但他更看好哲学博士，将其比作"好酒"，在其装瓶前须在酒桶中慢慢发酵、成熟。其结果是，形成了由学术群体中"独特的少数"组成的学界"精英集团"。

Bowers 认同文科博士是这种混乱的一种解决方案，不仅可以使他们就业，也会阻止"哲学博士变得更像是为教学而生的学位的大趋势"。[51]人们不难发现，如果受制于客观条件，哪个项目会更容易被 Bowers 留下，他只会为传统的哲学博士留下生存空间。

其他文科博士的支持者也认识到作为二等学位的危险性。一个早期支持者预料到反对者会担心文科博士仅吸引那些没能进入到哲学博士项目的人。[52]从最开始,就存在"种姓歧视"的问题。

这种低级地位的问题困扰着每个以双轨模式替代传统哲学博士项目模式的实施者。传统哲学博士的支持者常常试图以这种划分为自己谋利,而不是为了统一高等教育的使命。虽然哲学博士的捍卫者一直以其研究使命为傲,但美国高等教育的其余部分早就与他们无甚两样,就连价值观都相同。结果是,为了保持学术链顶端的地位,哲学博士们会紧握教学不放——虽然,作为彻底的研究者,他们从未完全接纳教学。因此,博士学位的替代品(接下来提到的硕士学位)看上去总是薄弱和不被待见,从而固定后者作为二等、次选和 ·等教育的可怜的替代品。

美国博士项目对教学早就存有这种矛盾的情感。这是一个我们再也不想承受的矛盾,所以它必须有所改变——特别是在教学和研究方面。为此,我认为我们必须当心博士教育的双轨模式。博士教育的改革工作必须正视学术以及就业市场发展的普遍规律,顺应现实,学位平等。尊严诚可贵,现实价更高。

改革博士教育,一定要提前肯定教学和研究两大主题缺一不可,"手心手背都是肉"。事实上,本章已有证据说明该问题。爱达荷州学位改革的例子——该系的"英语和英语教学博士",就是一个对于文科博士学位成功"升格"的重要例证,这个改变确立了未来改革的目标和方向。[53]在我看来,任何一个博士学位的改革要在其大旗上写上如下几个字——取缔二等学位,学位人人平等。

二、硕士学位

有人说,我们已经为不想成为博士的人提供了学位选择——这就是所谓的硕士学位。这种观点认为,除了改革博士学位使其适应不同的职位选择之外,我们应该直接使尚未决定的研究生选择硕士项目。在那之后,他们可以去工作,如果他们拿到硕士毕业的成绩后,想再添十年寒窗,也可以选择读博士。如果双轨制中的"低轨"学位就是硕士学位,那双轨制的博士学位似乎也就没有什么问题了。

我们也可以把硕士学位当成一个精心设计的教育阶段,为毕业生进行相关就业或进一步完成学业做准备。问题是,没有人真正地这样做,至少在人文学科没有。我们甚至都没有搞清楚硕士学位是否代表一般意义上的学有"硕"果。1973

年，历史学家 Richard J. Storr 在文章中把硕士学位描述成一个"完成了某个学术项目"的标志，这既高于本科阶段的学而不专，"却仍然不具备成熟的学术能力"。Storr 提出了一个以"专业方向"的眼光加强硕士学位要求的可能性，但他对自己方案的落实并不乐观。他建议，这种模式"仅仅在未来的设计中进行"。[54]

Storr 之后的改革者们乐观多了。他们认为，文理科的硕士学位可以作为一种工具，而不是作为本科毕业后一种青黄不接而尾大不掉的学位。蓬勃发展的"专业硕士"最初是一代人以前，在数理科学领域提出的，这一努力使硕士在非学术职业世界得到更高的认可度。这个计划在凭借财力雄厚的基金会的捐助持续发展，并延伸至人文领域。不过笔者认为此项目不太有前途，但且静观其变，着眼于其未来的发展轨迹。

硕士学位在研究生院的讨论中，极易被忽视。与其说硕士学位缺乏意义，不如说它因含义过于庞杂而不明显——虽然二者的结果一样。一些硕士享有相当的声望：M.B.A. 就是一个享有盛誉的终极学位。其他的硕士学位就是到公立学校教书的凭证，还有的硕士学位可以起到安慰作用，这多颁发给没有获得博士学位的人。值得注意的是，多数人文学科的硕士学位没有奖学金——这为了解如今研究生院设置硕士项目的目的，提供了重要的线索。

硕士学位作为教学学位有着悠久的历史。它是一种中间性的学位，同时也是一种专业学位——通常是两种特性之间复杂的联合体。在中世纪的大学里，文学硕士学位是颁发给开始授课的毕业生的头衔之一（文学硕士学位在拉丁语中是"教师"的意思，但应当注意的是，教师也被称为博士，在少数情况下被称为教授）。根据行会的定义，"硕士"的头衔并不意味着已经通过某些考试，但它确实意味着这个人已经有资格当一名教师。

中世纪后期，文学硕士成为学生在获得学士学位继续"学完正式课程并经过考试"的一种学位。[55]图书馆学家 Jean Pierre Herubel 认为，文学硕士"变化莫测的本质""似乎可以适应几乎任何专业"，从其早期的历史可以清楚地发现，如今硕士学位定义得过于宽泛不清有其历史先例。[56]

文学硕士学位在不同人的心中有不同的看法。这是因为对其的讨论较少，它往往是顺带被提到的。前研究生院院长、美国大学研究委员会项目专员，Carol

Lynch 认为，教育工作者"愿意谈论博士学位，但他们不想讨论硕士学位"。[57]想要开始有关硕士的讨论都很难，更不用说对硕士文凭做些什么了。

一种观点认为，获得了文学硕士学位意味着在特定学术领域的进一步深造，这一观点始于近代，不早于 19 世纪 70 年代，正是博士学位在美国设立的时间。[58]但是此处的"进一步深造"到底有多深？早期围绕文学硕士的评论只是简单地认为它不如博士学位。例如，约翰·霍普金斯大学于 1908 年设立文学硕士学位，基于如下理由，它"将满足有充分理由无法保证足够的时间完成博士学位的毕业生"。这并不是对文学硕士准确价值的认可，霍普金斯的校长 Ira Remsen 也意识到了这一点。他在年度报告中继续辩护道："我可以肯定地说，这一学位得到了充分的保护以防止被滥用，它不是一个低等的学位。"[59]雷姆森的继任者，Frank J.Goodnow，反对他的观点，他对硕士学位的态度带着一丝轻蔑。他在 1923 年称文学硕士"并不是传统意义上的研究生，他们缺乏兴趣，而且在培养自己调查研究方面的能力上较弱"。[60]

如此定义硕士的方式必然导致其在本学科内的定位不明，程度不清。19 世纪 90 年代以后，硕士学位似乎还是"实至名归的嘲笑对象和不清晰的存在"。[61]

这种混乱不清一直持续到 20 世纪 30 年代，对博士的关注导致对文学硕士持续的忽视，这就为其他人定义和形塑这一学位的含义开辟了空间。20 世纪初，针对教育的研究生院在美国出现使学科更为专业化，也使教育成为真正的研究领域。当越来越多的美国人在校的时间比以往更长，人口普遍教育程度也逐步提高（此时公立高中开始在美国普及）。和许多其他领域一样，教育的专业化催生出了专业化的任教资格发放制度。教师曾是地方雇员，其聘任和解聘是基于本村镇的标准。例如，1820 年 Washington Irving 的故事以及在著名的故事"沉睡谷传奇"中所描述的流动教师 Ichabod Crane 的这种境况。Crane 能被续聘为当地教师，全靠他留给镇官员的好感，这种好感来自其中位官员之女对他的好感。

教育的专业化意味着教师需要一个通用的认可标准，文学硕士的出现就是为了这一目的，许多州也开始要求高中教师获取这一学位。这样的要求，使修读文学硕士学位的学生激增。1900—1932 年，美国文学硕士学位的获得者增加了 10 倍，达到近两万人。[62]由于新的教育硕士学位作为专业认证的重要性，有学者开始认为其与老牌的文学学士学位具有同等地位。[63]"教育硕士是一种新的文学学士的论断"被经常提及,并持续到21世纪。[64]

20世纪30年代,学者曾试图为硕士学位创造更好的标准和一致的定义。美国大学联合会的一篇报告建议大多数大学的文学硕士研究生撰写论文,而学界在一般情况下还认为文学硕士项目应持续至少一年时间,学生应该通过考试证明其能力。[65]根据其标准和要求定义的现代文学硕士,成为各个领域的职业认证(比如,教育学硕士文凭就等于教师资格)。

20世纪20—30年代,硕士学位的授予面更广,文学硕士不断商品化,这个新趋势冒犯了许多情怀高远的人文学者。[66]这些对商品化的鄙视依然存在。1959年,哈佛大学研究生院院长J.P. Elder将庸俗的语言和熔铸圣经中的名言相结合来形容文学硕士,"有点像站街妓女,满足所有人的口味"。Elder认为,文学硕士必须进行技术改造,以更好地作为高校教师的资格证书,改变地位低的命运。[67]

如今,文学硕士的含义,特别是人文学科的文学硕士,依然是含混的。除了工程和教育(当然还有商务)领域,硕士学位仍然被认为是拙劣的。它依然由于保留了与较低层次教学的关联而被视为教育的耻辱。最近,在纽约市立大学、纽约州立大学和加州大学进行的一项调查表明,许多文学硕士将该学位作为中学和社区学院的教学资格证。[68]除此之外,学生们还将其作为专业进步和攻读博士学位的准备。许多大学都开始致力于更好地使文科以及其他领域的硕士教育促进学生的个人成长。从各高校的角度来审视,这些项目不是在巨人的肩膀上"更上一层楼",而更像是"矬子里拔将军"。这是大多数文学硕士没有奖学金的重要原因,这也是他们与博士学位最显著的差别。

在博士生当中,一些项目遵循中世纪硕士学位授予的传统,需要完成正式课程并经过考试,作为向着更高目标成功迈进的标志。虽然所有人都在极力区分文学硕士和博士,但事实上这两个群体却在上同一门课。除了作为通往博士途中的垫脚石,文学硕士也可作为各种失败的博士生的遮羞布。出于这个原因,硕士学位通常和许多失败的博士项目相联系,它成了那些被院系终止博士学习的学生的栖身之所。这样雁过无痕式的驱逐通常是由于博士生在综合考试上的失败或论文写作上的原地踏步而导致。[69]通常硕士学位获得者会被说成是从博士项目中"冲刷"下来的。这句话需要仔细阅读：它把这些学生当作有污点的次等生。鉴于这种联系，即使学生自愿放弃博士学位而去选择文学硕士也会有损声誉。这种人们主观捏造的关联是文学硕士被学界轻视的原因之一，它使文学硕士从最开始就被边缘化。这种"降级"安排也给了那些没完成博士项目的学生一种冥冥之中的安慰，即他们是自愿"放弃"博士项目而不是被迫"失败"的。

文学硕士被忽略，并被认为是低水平的还有另一个原因。针对文学硕士诋毁的与日俱增带有自相矛盾的色彩。20 世纪 50—60 年代，也就是所谓的"二战"后黄金时代，国家资金的支持以及教职的空缺刺激了文学硕士数目的飞升，而学术界对博士越来越多的支持和需要则构成了美国大学博士群体的空前膨胀。两者的共同作用导致硕士层次的培训既大幅扩展又地位渐低。[70]

教职的空缺和对学术人才需求的激增是由于《军人安置法案》和婴儿潮时期的人口达到成年，恰逢人造卫星时期对大学的研究和开发投资的增加。这些因素同时推动了我在文章开头提出的对次等博士的需求——这些次等博士进一步抑制了人们对硕士学位的兴趣（这股浪潮还大大地促进了对终身教席的固定化和程式化，这也是如今阻碍美国研究生项目发展的重要原因）。在那段学界的大同盛世，科学的飞速发展批量地培养出大批博士，但此类教育的终极产品依然供不应求。

除了国家投入，其他博士基金的产生满足了研究的需要而进一步忽视了职业教育。在这股大趋势的鼓动下，投资不断地涌向博士教育而硕士教育只得吸收余财，勉强度日。

20 世纪 70 年代，对高等教育研究的资助衰退整体下滑。当资金流减缓时，博士项目都自身难保，到了硕士这里便所剩无几。由于硕士项目一贫如洗，一些研究生院甚至完全废除了硕士学位，该学位的价值也随之跌向谷底。可以说，博士地位和待遇的提高意味着硕士地位的降低，博士所得即硕士所失。无资无助，所含过广，界定不清，这样的硕士学位自然没有教授会去关心。

三、专业硕士学位

变化总是出乎意料的。21 世纪的发展带来了文学硕士质的变化，使其"专业化"。20 世纪 90 年代，研究生院理事会推动了所谓专业硕士的发展。这种学位有希望成为博士生由于经济环境变化所面临的挑战的替代方案。[71]

专业科学硕士（PSM）是第一个以自己的目标为标准加以构思的硕士学位。对这一主张有必要停下来仔细思考：它对大学而言具有很大的意义，使其从就业市场雇主和潜在雇员的角度去思考如何利用学位。这种思想并不常是业界共识，因为大学经常忽略其与围墙外的联系，尽管高等院校也是社会的一部分，并受到外界的资助。

本书聚焦在人文学科，人文学科之所以值得探讨，就是因为其重要特征和其他领域、其他类型的学位之间的联系有不可分割性。专业科学硕士学位始现于20世纪90年代中期。"我们看到越来越多的科学和工程专业的学生开始修读工商管理学位。"美国斯隆基金会高级顾问 Michael Teitelbaum 回忆道。[72]高等教育在本科与博士阶段之间存在一个巨大的鸿沟：文学硕士没有为开启非学术的科学职业提供足够的准备；博士项目的时间尽管长，但并没有提供足够的专门培训。[73]雇主表示，他们想雇用具有研究生水平的科学知识的人，而不是博士和博士后。Teitelbaum 指出，他们想要的是"一种别样的知识"。

斯隆基金会发展部的官员在上述观点的指导下找到了一个解决方案。他们发起了"有关圈外雇主的很多讨论"。Teitelbaum 指出，雇主们在描述他们的需求时"令人惊讶地一致"：他们需要的员工要在某一领域有深度，同时也要有一定的广度使得他们可以和其他领域的人交流和合作。

圈外雇主将他们寻求的员工命名为"T型人"——在某一领域具有很强的基础，同时对相关领域和工作职责有所接触。他们抱怨说，科学领域的研究生教育培养的是"I型人"，他们缺乏除自己所在领域之外的灵性——只了解狭窄领域的专业知识。

由于缺少T型人才的供应，雇主们取而代之的是"雇佣该领域内具有研究生学历的员工"，Teitelbaum 说，但他们还是会抱怨，"我们必须为了我们需要的其他技能而训练他们"。公司认为，博士项目也许可以培养优秀的科学家，但是没有为非学术职业提供发展路径——"他们需要的是懂得公司和商业运营的人"。泰特尔鲍姆说，博士们并不知道这些公司是如何运营的。

硕士学位为满足这些需求提供了一个自然的切入点。商科、卫生和一些其他领域的硕士学位就享有较高的声望和影响力——为何科学领域的硕士学位不能也如此呢？

斯隆基金会通过专业科学硕士学位项目（PSM）试图仿照新的模式重构科学领域的硕士学位。那时大多数硕士项目只需要一年时间，但新推出的 PSM 需要两年，所以后者会更为严格和严谨。至少一半的必修课程是以学科的专业知识为基础的，这样该学位不会变性为打着科学幌子的工商管理硕士（MBA）（MBA 要求一年的实习，因此侧重于就业而不在学术）。学术管理系统在提供学科知识课程的同时，也提供直接和商业、工业领域相关的技能教学。"额外"的课程（作为一种科学的延伸）致力于提供关于管理、沟通、市场和金融的知识，这些都是典型的科学博士、硕士所不包含的。

例如，医药学科的专业科学硕士，包含与医药监管机构相关的课程，如学习美国食品和药物管理的运作方式（在该行业对其理解是至关重要的）；又比如计算机专业科学硕士的课程，则包含专利法、市场营销和其他创业技能。

斯隆基金会建议制定这样的方案，从一开始就要求学界和业界之间的沟通。Teitelbaum 指出："专业科学硕士的特点之一就是搭建院系和雇主对话的平台，了解他们希望在新员工身上看到什么特质。"一些教师在研究了专业科学硕士的建议后表示，冷不防地和商人打交道让人"极度不舒服"，Teitelbaum 回忆到。但是他们还是做了，他们的反馈大多积极，异口同声地说在这个过程中学到了很多。同样地，所有的专业科学硕士项目都要建立一个与特定学位相一致的正式的顾问委员会——例如，生物技术专业硕士需要一个由生物技术公司的高管们组成的外部顾问委员会。

联系学校和职场的纽带和美国研究型高校的历史是完全一致的。长时间以来，研究型大学一直在探寻自身在社会绩效的提高中发挥的作用。但研究人员通常并不真正追求社会绩效，他们通常只是单纯地做研究（或做"调查"）。[74]

斯隆基金会最初资助密歇根州立大学，佐治亚理工学院和南加州大学建立专业科学硕士项目。每个研究生院都收到了为期 3 年的启动资金，其目标是在结束的时候可以实现财务的可持续性自理。这个小团体的机构在 1997—1999 年开始了非官方的试点项目。这些早期的科学专业硕士被证明是成功的，他们为随后的项目提供了发展模式。

在这些成果的基础上，2000—2007 年，斯隆基金会资助的专业科学硕士项目缓慢增多：约 120 个专业科学硕士项目应运而生，并以每年大约 10%的增幅稳步增长。[75]学位项目稳中有升预示着可能的持续增长的势头。[76]有鉴于此，斯隆基金会决定从其起初决定的试点结束年再向后推迟两年，至 2010 年。[77]这个试点项目的目标是激励专业科学硕士在州立大学系统中的推广，许多类似的项目也可以在这些地方同时推广。这种高效的激励被证明效果优良，专业科学硕士项目开始成倍地增加。2013 年，凯克研究所（它取代了美国大学研究委员会，成为专业科学硕士的外部评估机构）举办了大型活动，庆祝第三百家专业科学硕士点的成立。[78]在写此书时，已有超过 5 000 名的学生获得了专业科学硕士学位，其中大多数找到了与科学相关的工作。

目前的问题是，联邦的资助仍然专注于博士项目，而专业硕士项目未来面临的风险却令人担心：过度普及。[79]毕竟，专业科学硕士的建立是为了适应市场，但其惊人的增长速度（每年 20%~30%），从长远来看却是不可持续的，项目不得不面临增速减缓下的调整。

虽然如此，用泰特尔鲍姆的话说，专业科学硕士是"一个巨大的成功的故事"。该学位成功联合了慈善、教育和工业部门。美国大学研究委员会的 Carol Lynch 认为，专业科学硕士"现在已经拥有了其内生动力，其所属机构希望成为美国高等教育品牌的一部分"。

专业科学硕士的成功，自然会影响人文社会科学领域。2001 年，美国大学研究委员会通过福特基金会人文和相关领域设立了相似的学位，被称为专业文硕学位或文科专业硕士学位（PMA）。

随后，美国大学研究委员会（CGS）召集了一些人文社会科学家从头到脚地规划这个学位的教学，并做了一个网络调查，以寻求有关学位标准的共识。2003 年，福特基金会资助了一些初步的可行性研究。初步调查结果是令人鼓舞的，于是 CGS 推出了第二轮试点学位项目。

此时，职业市场对专业硕士的兴趣越发浓厚（CGS 的早期评估证实了这种兴趣）。[80]历史和地理专业协会及其他人文社科领域开始引导他们的教师往这个方向发展。早期的专业文学硕士项目在十八所校园设立，比如，在应用公共历史领域（阿巴拉契亚州立大学）和应用哲学领域（北卡罗来纳大学夏洛特分校），这是一个良好的开端。[81]

但 5 年后这项资助终止了。CGS 的官员 Carol Lynch 被告知专业硕士学位的具体情况。她表示，停止资助的部分原因是福特和斯隆基金会之间存在分歧。福特基金会"所拥有的资源及分配理念"和斯隆基金会不同。Carol Lynch 还指出，专业科学硕士项目在较长时间内从斯隆基金会的"持续性的资助"中受益，即 10 年资助外加两年的延长期，但"福特不习惯这种持续的资助"。[82]

专业科学硕士项目外部资助的终止却发生在错误的时间。做出集中规划并撤回专业硕士项目资助的后果是，专业硕士项目失去了联邦一级的支持，同时再没有关于传统文学硕士的联邦层面的改革。今天，专业硕士项目只存在于个别学校和个别院系中，除了前文提到的几个试点项目再无后起之秀。可以说专业文硕的项目即使没死也奄奄一息，这是为什么呢？Lynch 发现，专业文学硕士项目早期，在那些学校的试验结果是"增加了文科硕士培养的专业化"。这一项目确实有效果，只不过它的资金链恰好在其刚要继续发展的时间结点上被切断。此外，专业文学硕士也一直没有得到专业科学硕士所得到的资助和宣传，所以它没有后者发展得好也并不令人意外。Lynch 表示，长期的资助使得专业科学硕士项目得以扎根。专业文学硕士却没那么幸运，"没有长期投资和品牌建设，就无法实现在联邦层面上获得改革支持的组织架构"。

Lynch 指出，专业科学硕士是"自我证明的成功故事"。但它从开始就像温室的花朵一样，被百般宠溺，常予呵护；与之形成对比的是专业文硕，同样是高教之花，却被扔在砖土的裂缝里自生自灭，偶有雨水微润，其枯萎消亡不足为奇。

撤回对专业文学硕士的投资是一个不幸丧失了的机会。该学位可能同时为教育和就业提供必要的公共服务。它可以为那些对人文学科感兴趣但又不一定要成为该领域专家的人提供替代性培训。[83]忆及项目领军人物的送别会，林奇触景生情："人们问我们联邦性的运动在哪里？我们的组织在哪里？我们的资助在哪里？对这些问题我都无法回答。"

专业文学硕士试点的凋零源于"非恶意的忽视"，林奇指出，"已经没有资源使得项目继续进行下去"。回首几年来的往事，Lynch 叹息，也许是 CGS 的负担过度（部分是由于专业科学硕士的成功），但万般风华俱往矣。"教师都在说'这件事有盼头'，"Lynch 伤心地说，"我们确实需要做些什么。也许有一天，有人会真正为学生的生计着想。"

事实上，学生们是损失最大的人。美国的学者需要更清楚地考虑硕士学位和其他一般的学位。专业科学硕士甚至是失败了的专业文学硕士都显示出高教体制仍具有创新和改革的空间。例如，在 Lynch 的母校科罗拉多大学（在她到 CGS 任职前，她曾是该校研究生院的院长），她管理过一个 5 年制的本硕连读项目。她说，这一项目在中亚语言和文学系被证明是成功的。学生和教师很喜欢这种混合学习项目，把它看作"通往更广阔的天地而不是博士学位的基石"。[84]

最后，文学硕士也需要尊重和关注。美国大学对于文学硕士是什么，及应该做什么缺乏清晰的认识。曲解和误会依旧泛滥，可见我们对自己的花园缺乏照顾。专业硕士学位提供了一个有趣的通途，但在类似的改革与创新的过程中，教育界需要先明确讨论授予何种学位，以及为什么。只有明确了授予各式学位的不同原因，我们才能为所有为它们焚膏继晷的莘莘学子服务。由此可见，硕士和博士教育都必须有明确的定位。人们绞尽脑汁去区分二者，殊不知它们唯一的相同之处，却尚未被人明察。

注释：

[1] 威廉·克拉克. 研究型大学的魅力与起源. 芝加哥：芝加哥大学出版社，2006.
[2] 罗杰·L·盖革. 推进知识：美国研究型大学的发展，1900—1940. 纽约：牛津大学出版社，1986.
[3] 劳伦斯·R·维希. 美国大学的出现. 芝加哥：芝加哥大学出版社，1965.
[4] 伯顿·J·布莱斯坦. 职业化的文化：美国的中产阶级和高等教育的发展. 纽约：诺顿出版社，1976.
[5] MLA 专职于现代语言和文学博士课程的研究. 现代语言学会关于现代语言学和文学博士课程的工作报告. 纽约：现代语言学会出版社，2014. http://www.mla.org/pdf/taskforcedocstudy2014.pdf.
[6] 这种说法的支持者声称，太多的教授花费了太多的时间去和他们的研究生一起追求高度专业化的研究，并没有花费足够的时间在本科课堂上。近期发生的与其相关的例子参见雅克·伯利纳布劳. 人文主义者的生存策略：参与，还是参与. 高等教育年鉴，2012. http://www.chronicle.com/article/Survival-Strategy-for/133309/.

[7] 如果我觉得某位学生的论文达到了著书的水平，我会向这位学生推荐威廉·杰曼诺的杰作《将它出版》(第二版)（芝加哥：芝加哥大学出版社，2008）作为博士后的读物。他的《从论文到专著》(芝加哥：芝加哥大学出版社，2013）是另外一个不错的选择。
[8] 凯伦·凯尔西. 何时出版，何时雪藏你的书. 纪事报. 2014. https://chroniclevitae.com/news/537-the-professor-is-in-when-to-publish-your-book-and-when-to-hold-off.
[9] 林赛·沃特斯. 承诺的敌人. 芝加哥：普利克里范式出版社，2004.
[10] 美国现代语言协会有关终身教职和晋升奖学金评定的专责小组. 美国现代语言协会有关终身教职和晋升奖学金评定的专责小组报告. 纽约：现代语言协会出版，2006. http://www.mla.org/tenure_promotion. 独家披露：我是当时的小组成员之一。
[11] 威廉姆·詹姆斯在一个世纪以前曾提出类似的观点："我们应该仔细考虑未来，因为需要一代又一代的人去创建一种国家习俗，一旦扎根，源远流长。"詹姆斯1903年著文《章鱼博士》，收录于《1902—1910作品集》。
[12] 路易斯·梅南. 观念的市场：美国大学的改革与阻力. 纽约：诺顿出版社，2011.
[13] 有关此项目的描述可在以下网站获得：http://gsll.colorado.edu/node/52.
[14] 米切·史密斯. 四年制人文学科博士课程. 高等教育界，2012. http://www.insidehighered.com/news/2012/05/02/proposed-Ph.D.-german-colorado-aims-halve-time-degree#ixzz35DNeIdZ2.
[15] 在科罗拉多推行的思想实际上已经存在多年，只是从未得到大力推广，也许是由于担心潜在的替代出版的风险会提前发生。关于这一点我会在第六章详谈。举例说明：史提芬·M·卡恩曾发表过关于论文写作的看法："在我看来，任何超过两年的时间都是不可接受的。确实，我希望所有的任务都能够在12~18个月内完成。"卡恩. 从学生到学者. 纽约：哥伦比亚大学出版社，2008. 因此，我们可以说，科罗拉多计划最显著的方面在于它的实施。
[16] 德里克·博克. 美国高等教育. 普林斯顿：普林斯顿大学出版社，2013.
[17] 美国现代语言学会现代语言和文学专责小组报告. 第2页.
[18] 在我所研究领领域中撰写了三个章节的论文的杰出人物很多，其中包括诸如伊夫·科索夫斯基·塞奇威克和大卫·布罗维奇这样的人物。
[19] 在文学领域，对于一个致力于进入出版或图书馆工作的学生来说，评述版本可能就是一个适当的论文。一篇单一作者的论文——当下，这在教授圈子里已经有些过时了——对于致力于中学教学的老师来说是非常好的。更关键的一点就是，多年以来，各种各样的论文都只是尚可的水平，而且这种情况可能还会持续下去。美国现代语言协会有关终身教职和晋升奖学金评定的专责小组工作报告（就是我参与的那个），在2006年指出了大学教授的工作职责所在：应该包括评述、翻译和其他形式的知识工作，研究生该被认真对待。
[20] 伯纳德·R·贝雷尔森. 美国的研究生教育. 纽约：麦格劳-希尔出版社，1960.
[21] 美国现代语言学会现代语言和文学专责小组报告. 第23页.
[22] 见证流行网站如："全能博士"的崛起和对学术界的超越. 亚历山德拉·劳德. 不要在真空中对研究生教育进行改革. 高等教育年鉴，2013. http://chronicle.com/article/Dont-Reform-Graduate/136825/.
[23] 此篇文章的Word文档可在以下网址查询：http://humwork.uchri.org/wp-content/uploads/2014/09/Future_of_the_humanities_ph.d.docx. 后续相关引用均来自此网址。
[24] 拉塞尔·伯曼. 引自伦纳德·卡斯托文博士课程的多轨式培养. 高等教育年鉴，2012. http://chronicle.com/article/The-Multi-Track-Ph.D./134738/.

[25] 珍妮佛·萨米特，同上。
[26] 西德尼·史密斯. 新论文的日程. 现代语言学会通讯，2010. http://www.mla.org/blog&topic=134.《美国现代语言学会现代语言和文学专责小组报告》，第 14 页。
[27] 厄内斯特·L·博耶. 学术反思：专业优先. 新泽西州普林斯顿：卡耐基教学促进基金会，1990.
[28] 斯坦福计划收到了一些来自那些有争论的人的批评，伯曼和他的合作者需要更多地关注学院内"劳动力"的问题，许多研究生课程项目都将学生当作取之不尽的廉价劳动力。作为回应，伯曼指明，这项计划只是适用于斯坦福的文件，而不是针对全国设计出的蓝图。斯坦福的研究生指出，有适度的教学义务，而不是所谓的"劳力"。在斯坦福，这不是"劳力"问题而是教育问题。他还指出，如果大学缺少工作人员，那么就该设法雇用。斯坦福的特点使得它可以有意避开一些别的大学无法回避的问题。
[29] 迈克尔·博鲁. 揭开人文学科的面纱. 高等教育年鉴，2013. http://chronicle.com/article/Humanities–Unraveled/137291/.
[30] 与此相关的书籍可阅读迈克尔·博鲁，詹妮弗·露丝合. 人文学科、高等教育和学术自由：三个必要的因素. 纽约：帕尔格雷夫–麦克米伦出版社，2015.
[31] 这种改变使人文学科的研究生培养趋同于自然科学的培养方式. 详见第四章。
[32] 弗莱德森·鲍尔斯. 艺术博士：一个新的研究生学位. 大学英语，1965（2）：127.
[33] "大学时代"被普遍认为是指 18—21 世纪。1900 年，共有 237 592 名学生就读于美国各机构的高等教育，约占总人口的 0.3%。
[34] 麦克贝恩的言论被引用在理查德 J·施托尔的著作《未来的开始》中（纽约：麦格劳–希尔出版社，1973 年）第 59—60 页。
[35] 贝雷尔森. 研究生教育在美国，第 24—25 页。
[36] 这样的博士学位在美国始于18世纪，哥伦比亚大学于1767年首次引入医学博士课程（http://www.columbia.edu/content/history.html）。法学博士于 1870 年首次推出，也成为一个专业的博士学位。一个显著的迹象表明，大多数美国人将这些专业学位视为博士学位，是受到了近期耶鲁大学授予法学博士学位的影响的。凯文·乔·恩海勒. 耶鲁大学创建第一个美国法学博士学位. 法律意见，2012. http:// opiniojuris.org/2012/07/11/yale-creates-the-first-american-phd-in-law/.
[37] 李·S·舒尔曼，克里斯·M·金果，安德烈·康克林·比舍尔，克里斯汀·J·盖洛彼蒂恩. 回收教育的博士学位：批判和建议. 教育研究者，2006，3（35）：25–32. 特别关注第 26 页。
[38] 同上，第 26、27 页，（引用在第 25 页）。作者指出，只有 1/4 的教育学博士进入职业化阶段，暗示事业编制和实际的职业发展道路之间的不匹配。
[39] 伊丽莎白·雷登. 构想一个新的教育学博士. 高等教育界，2007. http://www.insidehighered.com/news/2007/04/10/education#sthash.TXsawcig.dpbs.
[40] F·N·弗里曼. 美国高等教育实践：一系列官方声明. 芝加哥：芝加哥大学出版社，1931.
[41] 舒尔曼，等. 回收教育的博士学位：批判和建议，第 26 页.
[42] 鲍尔斯. 艺术博士，第 127 页.
[43] H·M·莱博拉. 被忽视的新方案：博士课程. 德国教育，1972（5）：127.
[44] 保罗·L·德雷斯，玛丽·抹大拉. 一个高校教师学位：文学博士. 旧金山：巴斯出版社，1978.

[45] 史蒂芬·R·白，马克·K·麦克白. 文学博士传统美国高等教育史. 教育，2003（123）：771.
[46] 他们的困惑有着悠久的书面记录. 关于消除两个学位中的一个或创造一个增加他们之间的区别的争论，参见戴维·G·安德森. 博士教育和教育学博士教育的不同. 教师教育，1983（34）：55–58. 劳伦斯·布朗，马洛·J·斯莱特. 教育博士学位. 华盛顿学院特区：美国教师教育协会，1960. 杰拉尔丁·J·克利福德，詹姆斯·W·格思里. 爱德学校. 芝加哥：芝加哥大学出版社，1988. 托马斯·E·迪林. 消除博士教育：这是正确的事情. 教育论坛. 1998（62）：243–248. 大卫·D·迪尔，詹姆斯·L·莫里森. 高等教育领域的教育学博士和博士学位研究. 高等教育评论，1985（8）：169–186. 亚瑟·莱文. 教育院校领导. 教育学校项目，2005. 罗素·T·奥斯古索普，梅·J·黄. 博士还是教育学博士：抉择时刻. 高等教育创新，1993（18）：47–63.
[47] 雷登. 构想一个新的教育学博士课程.
[48] 考斯托·巴苏. 该国最古老教育学博士程序即将关闭. 高等教育界，2012. http://www.insidehighered.com/news/2012/03/29/country%E2%80%99s-oldest-edd-program-will-close-down#sthash.arSxjqck.dpbs.
[49] 2004–01–21. http://www.albany.edu/senate/images/senate_bill_0304–18.htm.
[50] 全国研究生教育委员会. 研究生教育的展望与机遇：最终报告及建议. 国家研究生教育的委员会，1975. 不是每个人都放弃了教育博士课程，金塔·塞尔夫、内森·克莱门茨、卡莱布·K·海因里希和罗斯玛丽·J·史密斯认为，剩下的几个教育博士项目占据了"多数博士项目的空缺"。塞尔夫，克莱门茨，海因里希，史密斯. 两个学位的故事：文学博士的需求与力量. 大学教学，2013（61）：115.
[51] 鲍尔斯. 文学博士，第 123–125 页。
[52] 莱博拉. 被忽视的新方案：博士课程，第 127 页。
[53] 爱达荷州是教育博士的典范，该大学于 1971 年在英语、数学、生物学和政治学科创建教育博士，其网站上骄傲地列出在其 40 年的历史中培育出的 85 名教育博士毕业生。网站声明："许多博士研究生都曾担任过院长、主席职位，许多（在 20 世纪 70 年代和 20 世纪 80 年代初毕业的）现在已经退休或即将退休。其他还有一些毕业生已经结束了在州、地方政府行政部门、非营利组织甚至是民营企业的工作。"爱达荷州立大学政治学系，文学博士的故事，http://www.isu.edu/polsci/arts_successStories.shtml.
[54] 斯托. 开启未来，第 89、90 页。
[55] 菲利普·L·哈里曼. 硕士学位. 高等教育研究，1938（9）：27–28.
[56] 让·皮埃尔，V·M·鲁贝尔. 硕士学位的语境文化和图书馆学硕士的衰落论文：一个探索评论随笔. 图书馆与文化，2005（40）：65.
[57] 卡罗尔·林奇于 2014 年 6 月 6 日采访作者，随后对林奇的引文也从这次访谈中得出。
[58] 菲利普·M·卡茨. 从历史的垃圾堆检索硕士学位：对美国历史协会的成员报告. 华盛顿特区：美国历史协会，2005：1.
[59] 艾拉·雷姆森. 总统约翰·霍普金斯大学 1908 年的报告. 巴尔的摩：约翰霍普金斯大学出版社，1909. http://babel.hathitrust.org/cgi/pt?id=nyp.33433076015449；view=1up；seq=496.
[60] 弗兰克·J·古德诺. 总统年度报告. 约翰斯·霍普金斯大学通告，1923. 古德诺实际上提出了对许多其他地方硕士研究生的批评。他为霍普金斯制定的两年制的文学硕士制度进行辩护，他声称两年制的硕士生的水平要高于其他地方一年制的硕士生。因此他认为，霍普

金斯的硕士生更适合参加小组学习的博士课程。

[61] 美国历史协会 1893 年年度报告. http://www. historians.org//about-aha-and-membership/aha-history-and-archives/archives/the-requirements-for-the-historical-doctorate-in-ame rica.

[62] 在 1900 年到 1932 年，美国学校共授予 1744 个硕士学位，到 1932 年，这一数字是 19339。（哈里曼《硕士》，第 23 页）。

[63] 海勒. 教师学位. 学校与社会，1932（35）：135–140.

[64] 劳拉·帕帕罗. 作为新晋学者的硕士生们. 纽约时报，2011–07–22。

[65] 哈里曼. 硕士，第 25 页。

[66] 鲁贝尔. 文化环境，第 66 页。

[67] J·P·埃尔德. 预备高校教师的硕士学位. 高等教育研究，1959（30）：133.

[68] 埃里卡·赖特. 研究生学位教育的边缘：对于硕士研究生教育和专业化的考虑. 中西部现代语言协会杂志，2004（37）：31.

[69] 安妮·克拉克·巴特利特. 重新评估硕士. 中西部现代语言协会杂志，2004（37）：26.

[70] 我将这个洞察归功于迈克·泰特包姆，他在 2012 的面试中提到它。

[71] 玛丽亚·T，菲利普·雷纳德，阿米里·A·阿尔西亚. 专业硕士学位的崛起：对博士后/博士泡沫的回答. 自然生物技术，2012（30）：367.

[72] 迈克尔·泰特鲍姆于 2012 年 7 月对作者进行采访，后续相关引用均出自此次采访。

[73] 希拉·托比亚斯、达里尔·E·丘宾和凯文·艾丽沃思合著的一系列书（例如《反思将科学作为事业》，使公众聚焦这一分歧。

[74] 欲了解权威的、有关此争论的更多实用、纯粹的探究（即研究）的发展状况，参见维齐《美国大学的出现》。

[75] 泰特鲍姆回忆，该三年计划实际与预计招生进行了比较。教师也被要求评估"申请者的资质"。斯隆基金会还"跟踪毕业生的人数和他们最初的工作经验"。

[76] 同时，斯隆还找出研究生科学教育和 PSM 发展的差距，PSM 是另一个教育政策导向的基金会——凯克基金会，分别注意到了同样的问题。断开研究生科学教育与市场需求之间的方法更为集中：支持新制度的创立，专注于生物科学。凯克研究所（KGI）成立于 1997 年，坐落在南加州的克莱蒙特学院。凯克已成功地开发和提供生命科学监控系统，最近甚至开启了博士后学位，这是为了让博士课程更加 T 形。今天的凯克研究所也是国家 PSM 办公室的基础，回顾和评估 PSM 计划，以确保它们符合程度指定的指导方针。（研究生院理事会以前由斯隆基金会处理这项工作并提供资金，直到 2012 年 7 月）

[77] 泰特鲍姆指出："到 2008 年，在一些校园服务系统上，充满活力的教师和管理人员将承担领导作用和展示真正的承诺。"基金会阐明，多持续几年的资金支持将在添加新课程项目时起到帮助作用。

[78] 第三百个 PSM 项目的庆祝事宜参见 http://psmmilestone.com/。

[79] 虽然联邦机构宣称关心劳动力科学化，但已花费在 PSM 项目上的、唯一的联邦资金基本上是不自愿的，作为经济刺激法案的一部分，1 500 万美元的资助被交给美国国家科学基金会专用于 PSM 方案。（即《美国复苏与再投资法案》，2009 年）。

[80] 这些评估是基于调查的。CGS 于 2002 年开展了第一次调查，并在 5 年后的 2007 年开展了另一次调查。第三次调查由于项目的淡出而胎死腹中。

[81] 2003 年 CGS 在福特的支持下，计划实施资助 38 个机构的具有可行性的 PMA 项目（或添加到现有的程序）。在这些工作的基础上，2005 年，福特（通过 CGS）资助了 18 所大学

的 26 个 PMA 项目。项目研究范围跨越社会学专业课程、非营利管理和经济预测几个领域。信息来源于研究生院理事会的"PMA 倡议",2014 年,https://www.cgsnet.org/pma-initiative. 欲了解更多关于阿巴拉契亚州立大学公共历史应用硕士的信息,参见 http://history.appstate.edu/academics/gradu ate-programs/ma-public-history-0;欲了解更多夏洛特大学应用哲学硕士研究信息,可参见 http://catalog.uncc.edu/graduate-catalogs/current/ MA-ethics-applied-philosophy。

[82] 卡罗尔·林奇的评论来自 2012 年 7 月和 2014 年 6 月的采访。

[83] "调查将是非常有用的,"林奇说,"以确定哪些机构达成了它们的使命。"所以才会追加资金以开始更多的 PMA 项目,看看它们能做到什么。

[84] 科罗拉多大学波尔多分校提供本科/研究生连读课程,横跨 28 个不同专业(从艺术史到法国航空航天工程)。有的学科(如法语)设置期末考试,另一些(如艺术史)则以论文和口头答辩的形式进行考核。详见 http://www.colorado.edu/admissions/graduate/programs/bama。波士顿大学提供了类似的课程,例如,一个本硕连读的经济学学位,详见 http://www.bu.edu/academics/cas/programs/economics/ba-ma/。芝加哥大学则开设了人文学科的本硕连读课程,详见 http://collegecatalog.uchicago.edu/thecollege/jointdegreehumanities/。

第六章

专 业 化

　　过去的教授们比现在更加怪诞。作为一个专业性强又孤独的工作，教授的职业对大多数人没有吸引力，即使与通货膨胀肆虐的今天相比，那时的薪水也比现在低了不少。50年前，大多数学者想成为教授。即使20年前学术就业市场收紧，那时的机会还是比现在好。很少有人因为古怪而被劝阻，所以，许多古怪的人走进了学术界。当回忆我在本科和研究生时的教授时，我意识到其中多有怪种。

　　市场化程度越高，对于那些多年来被限制的买方来说，其需求越容易得到满足。对教授而言也是一样。这真的是一个简单明了的讽刺：学术就业市场越枯萎，就越是只让那些腹中实实在在有些墨水的才子上位。多年来，作为许多招聘委员会的成员，我总会由于不得不拒绝许多颇为出色的工作申请而感到沮丧。在门槛每年不断攀升的就业市场中，怪人，确切地说，那些偏离中正的人，通常会被忽视。

　　当候选者试图抢占先机脱颖而出的时候，他们会抓住任何机会使自己变得与众不同。而这种选择性的压力也使他们取得了越来越大的成就。这些成就其实并不令人惊讶，非常符合常规。有前瞻性的专家学者都明白使自己脱颖而出的最好方法，就是成为他们潜在的理解和欣赏的人。但是学术界又是一个非常特别的市场，因为老板们（人文学科和其他领域也是一样）往往会吹毛求疵。最特别的是，他们很看重发表量。现在的竞聘者为了一个助教职位都要发表很多文章，甚至他们当中很厉害的人仅为了一个终身教职，就比他们的老板的收文量还要多。

　　这种取材标准升高的现象是美国研究生走向专业化的一个例证，而且从上一代人开始越来越明显。这方面的调查研究在各个层面层出不穷。尽管研究生被锻造出了诸多技能，他们还是在科研上付出了巨大的精力，代价就是牺牲了其他的学术技能。当然还有很多理智的缘由是反对这种专业化的。因为太早的专业化，例如，剥夺学生在多领域进行研究学习，和习得各种方法论的机会，往往会导致他们凭借一些套路化的专业规定以及学术传统来进行演讲和写作，作为同事，他们彼此都会觉得对方很差劲。[1]

年轻学者的这种专业化对于学科、学校和其他教职员工产生了广泛的影响。发表文章的压力激发了学生的好奇，使他们过早地专注于学术就业市场所偏好的行为。大多研究生和他们的导师认为，优秀的科研人员相比于那些行政管理人员会有更大量、更多种的选择。说句公道话，这种评估和预判正确与否尚存疑问，但是它引领了集体对学术科研的追求。这种追求的一致性也给研究生带来了一种悖论，他们为了证明个人创造力而进行专业化，但是形成了同样的成就观和价值观。[2]

这种追求雷同的结果可想而知。毕竟有的教授是守旧之人，他们固守并坚持在特定的"小世界"中。[3]但是教授们也有愿意打破传统的人，比如那些具有创见的科学家，物理学的大英雄 Richard Feynman 就是一位。人文学家崇敬那些打破传统模式的人，尽管这些人文学者珍视这种在学术圈子里打破成规的行为，他们自身还是保持着高度约束性的行为范式。

这一矛盾例证了个人主义和平等之间的紧张关系，这个平等正是美国建国文献中奉若圭臬的精神。当研究生在学术的海洋中航行时，他们会面临一些陡峭的堤岸。在同侪评议的期刊中发表论文能够给他们带来无上荣光，所以他们必须变得聪明且有创意，但是这种聪明和创意必须得到那些资深权威的首肯，而这些资深权威所固守的恰恰是年轻学者所要挑战的。事实上，和资深权威保持差异和不同是有必要的。我们应该鼓励那些可以开启创新性的对话，我们也同样要学习如何加入当前模式的对话。我们要想变得专业，就必须优先培养这样一种技能，那就是学习特定的学术语言并且加入他们的对话。

逃避这些压力而不去遵守这类规则的方法其实早已有之。此前的年轻学者们已经通过努力拥有了一席之地，而且他们非常想要巩固和维护这种来之不易的地位。这种循环往复的复制行为是学术专业化历史中的一部分。这种行为至少可以追溯到 19 世纪的美国大学，并且这种研究的设置是凌驾于学术和教学责任之上的。

作为专业化领域最机敏的专家，Bruce Bobbins 认为专业化并不是突显个人成功的唯一方式。除此之外，还有通过协作研究以及教育教学去扬名立万的备选方式。[4]但是后一个选择并不适用于学生，因为这需要很强的文化资本和丰满的羽翼才可以做到，而学生凭借现有的条件还没八面玲珑到这个地步。

如何在非常狭小的空间内变得与众不同，是人文学科专业化进程中的决定性条件。换言之，研究生必须发表文章，因为没有什么事情能够比发表论文更能获得他人的尊重和肯定。人文学科研究者肯定是支持学术追求而非只做研究。但是作为一个团队，他们也不敢去贸然挑战以科研项目为专业化进程标志的终极范式。

专业主义，在学术上是遵循层级制度的。它意味着一个人必须遵守学术权威所设立的一系列规定。更加坦率地说，想要变成他们当中的一员，你就必须按照他们所规定的来做，因为到那时你就可以让其他人按照你说的来做了。有人会用一种同情的口吻警告，"在你拿到终身教职之前，请闭嘴"。专业主义指的是这样一个过程，去了解你所想加入的组织，然后去满足他们的要求。专业主义，简而言之，就是要求一致性。

或许专业主义是一个相对新颖的单词，对于这一点我们并不感到惊讶。在1856 年的一篇文章里，最早提到了它，这篇文章由哲学家 John Grote 所写，他写下了"人类这种生物是在指引和限制的双重条件作用下生存的，这是他们之所以成为他们的原因"。[5]就像父母抚育孩子，这一种描述是混合了积极的自由（指引）和消极的自由（限制）。

一致性既有优点也有缺点。一方面，在规定范围内工作可能会增加生产力，因为那些古老的和先前定好的规则可以提升效率。另一方面，经常按照规定工作可能令你束手束脚，忘记了创造和变通。美国人对于自由的观念引致了一种对一致性的轻蔑，但是美国的专业性文化创造了中产阶级，所以中产阶级很喜欢这一点。[6]这两种相反的观点很少汇聚在一起并且形成矛盾。相反地，它们在文化地理中截然相反，并且在文化自觉中保持独立，这种情况约束了我们的工作。

这种工作，对于教师和学生来说，指的是如何做自己。我们希望学生去遵守这些规则，我们同样希望他们能够有创造力。我们把专业化想象得非常狭窄，而不是去努力解决这种对立。对于研究生来说，专业化意味着多发文章。但事实上，专业化绝对不止这个。学生拥有发表欲望并不断提高自身技能，他们努力为自己在学界开辟一席之地。这种欲望和技能，能够把他们置于梦寐以求的学术圈等级序列之中。当在谈论教师教育专业化的时候，我们实际上指的是把学生培养成他们自己想成为的那样。[7]

基于上述理念，我们再来看看两位大师 Chris Golde 和 Timothy Dore 的学术发现。他们的研究表明，博士研究生所获得的教育并不是他们想要的，另外，很多学生并不能清楚地了解到博士学习需要什么，以及如何高效学习。[8]上述都是对于研究生教育的控诉，这些都和教育的最终目的无关。Golde 和 Dore 指出，其实这种教育对于研究生不但没有帮助，反倒提升了学生的期望值，而学生悬梁刺股却无法满足自身期望，这一点会让他们活得更糟。

他们的研究和先前的研究一致。比如，社会学家 Janet Melenchek Egan 曾在 1989 年批判到，学术专业化有害于学生。研究生项目可以使学生再社会化，并且会开启他们对新生活的期待。因此他们非常在意新的学术环境究竟是旨在满足他们的求学目标，还是仅仅为一个不合情理、独断专行的等级系统服务。[9]就此她还提到，专业化把学生变成了集体意志和成规旧俗的奴隶。这种对体制的卑躬屈膝使他们迷失方向，浑噩终日。[10]

1999 年，一个关于博士研究生的项目也证实了这一点，被调查的学生说，专业化的过程磨灭了学生在发现和分享时的热情和快乐。相反，他们只剩下失望。[11]博士生的灵感被消磨殆尽，他们的自我认知也混沌不清。

屈服于自己并不认同和了解的规则并不意味着专业化。换言之，这种强迫只会压制创造力。至少，它使得学生们的生活发生雷同。这种雷同会使学生们在一开始就发生逻辑混乱。研究生必须有个人意识，最简单的方式就是变得特别。滑稽的是，每个人都想用同样的方式使自己特别，也就是发表著作。

我的一个研究生导师曾经建议文章作者遵循这样一个规定，那就是当你去打破固有规则时，你会被假定是在立论而不是犯错。[12]但是这个意见只对那些清楚自己地位的学者有效。正如 Golde 和 Dore 所展示的，很多人并不清楚自己在学术等级制度中到底是主人还是奴隶。

研究生必须发现自己真正追寻的东西，这或许是不被大环境鼓励的。学术创造可以和创作十四行诗和蓝调音乐相比，它们都非常鼓励原创。只有当富有创意的人集结时，学术才得以活跃，所以我们需要通过对话来找出病因，攻克病灶，但是这个对话也可能会对发起者不利。实际上，这就是一种机会成本，是志同道合的人必须决定是否付出的代价。

"专业化"这个词最初被认为是文理学的基础，但那时有更多的教授职位。[13]这一观点如今不太可能持续下去。研究生可以凭借自己的能力成为专业人才，而无须成为他人手中的木偶。由于需要反思目标和人才，研究生导师也愿意提供帮助。最终，我们必须使学生社会化和专业化。当一个地方出现高度的专业性时，所有成员都会使自己变得专业，从而去向这个榜样组织看齐。但是学术专业化进程现在已经崩坏了，它使学生丧失了自我创造的意识。研究生需要的是与这种扼杀创新环境相反的学术氛围，他们需要宽松的专业环境来不断地在反省自身的基础上学会领异标新，删繁就简。

不幸的是，多数研究生项目开展的目的只是让学生们去谋得教授的工作。这必须转变，首先学生必须认识到自己可以做很多事，不见得非得拿起教鞭，导师的职责正是去进行有针对性的指导。一些目光长远的研究生院已经开始如此做了，解决办法是从行政管理的角度填补学生和导师努力的不足。

少数研究生项目在这方面确实做得很好。路易斯维尔大学的研究生学院提供了一个很棒的案例。2012年，该学校规定了一个针对所有研究生的全面专业化项目，称作"PLAN"，是由专业发展、生活技能、学术发展和人际关系网的首字母缩写而得。两位设计者 Beth A. Boehm 和 Shyam Sherma 将这四部分描述为"学生必须积极培养的技能评估准则"。[14]Boehm 是研究生学院的院长兼任研究生事务副教务长，而 Sherma 只是石溪大学写作和修辞学的助理教授，曾是路易斯维尔大学帮助项目开展的实习研究生。他们俩的合作不仅创造了这个项目，也使其更加明确而有针对性。

PLAN 的四部分通过一系列的专题研讨会联系起来，每学期有 20～30 个。通过研究生院全年的安排，专题研讨会为研究生经验的培养形成了首尾相接的培养

"环"。专题研讨会包括如何利用好在研究生院生活的经历，第一次教书（教学技能训练）的经验，暑期未来学习就业计划的制订（通过"反向制订"的方式，先明确最终目标），为找到不同种类的工作做准备（包括为寻找工作建立起在线个人资料履历库），及许多相关主题（学术规范和技能在此得到混合，专题研讨会会为研究生开设"写文献综述"和"论点与论据"的写作课程。PLAN 创立了"格兰特写作学院"，还有关于工作面试和写求职信的专题研讨会）。[15]

"创设 PLAN 项目的目标是要为研究生配备完成项目并获得学位的工具。"勃姆和沙玛写道。但也要"为他们提供学术项目之外的机会，开发必备的技能，使其成为成功的专业人士"。他们表示，该项目是为帮助研究生对自己的事业负责而设计的。对于项目来说，这意味着需要"创造一个涵盖研究生和教师的文化"。[16]

PLAN 是一个城市公立大学，例如路易斯维尔所能承受的精益运营：包括 Boehm 在内，只有三家高校在做，而另外两家却是兼职做的。项目的每一员都是达成文化新共识的黏合剂，项目经理 Michele 指出。他们为专题研讨会做宣传，与研讨会的主持人提前联系，以确保项目目标的连续性。罗德姆斯指出，PLAN 系统起到了"研究生全部相关事项的中心结算所"的作用。

与此同时，研究生、教师和管理员都向着运营好专题研讨会的目标努力。"能让人自愿做额外的工作是一个奇迹。"Boehm 指出，但他们却做到了，她认为这是由于 PLAN 给了他们一种团结一心的感觉。

PLAN 也倡导教师队伍的改良。2013 年，在访问路易斯维尔大学期间，我参加了不同院系导师的小组会议。与会的老师分享了不同的目标，包括如何协调师生不同的目标（心理学领域），学生该如何获得额外的导师指导（生物化学领域），以及如何设立替代性教学工作的培训（alt-ac）（英语领域）。我们之间的同僚友情和教学热情十分感人，但我认为它只是单纯地帮助高校集结成组，离畅所欲言还很远。

路易斯维尔的 PLAN 项目为研究生院指出了改革的方向。在那些真正有前途的研究生项目里，广泛的专业化问题不应该仅仅是应用学科，也是商科或者机械应该考虑的。研究生学习在很多领域都很重要，Eegene Krentzel（路易斯维尔大学研究与创新委员会副主席）提到，教授们已经开始像企业家一样思考（切合实际的）问题，只不过他们还没有觉察到。如果连他们都没意识到这个问题，要如何将这种意识传授给学生？

PLAN 项目正好可以弥补此间的不足，引导教师和管理层以经营企业的方式共管研究生院。学术专家的确需要具备企业家意识。高等教育在公众审视下暴露出的种种病态已经说明了这个问题。因此，我们必须遵循 Biehm 的建议："我们为何不从研究生开始着手解决这类问题呢？"

一、学时过长的窘境

对于高学位的集体痴迷使我们没有把握好一个重要的学术道德问题：获取学位的时间。从本质上讲，我们总是教导年轻学者该如何做，却忘了他们学习如何做到这一点需要多长时间。学术职业市场的紧缩使得想成为教师的年轻人在应聘时必须成为羽翼丰满的人才，而不是毕业前的学徒，他们必须在某一学科的各个领域学得炉火纯青。对超越他们本身水平的渴求，转化成了当今研究生的不合理高压。他们实实在在是在"以命换才"，忘我到不计后果。

这一问题已经持续了很长时间，对它的影响情况的关注也已经持续了一段时间。通过稳步增加入门级的研究工作，学界的雇主必须不只是深刻地影响了学术就业市场，还"改造"了整个学术界。为了能更好地剖析这个"病症"，我们回溯到几年前，讲述一个有影响力的基金会的故事。该基金会新的领导层认为，人文和社会科学的研究生花了太长时间来完成他们的博士学位。"我们应该如何帮助这些学生呢？" 基金会的领导人在思考。当时有一个主要研究，它呼吁增加旨在促进完成博士学位的额外资金支持，其备受推崇。基金会听从了这个建议。于是一个新方案应运而生，以缩短获得博士学位所需的时间。基金会将慷慨地提供足以覆盖好几年的津贴的资金。正如所看到的那样，研究生在大学期间将获得灵活性奖金，这将会免除他们的经济负担。学生们可以从为了糊口的教学（或给图书馆置放书本、给快餐店做冰激凌）工作中解放出来，专心写他们的论文。

基金会选择了 10 所顶尖大学，把钱奖励给他们最好的博士生。一年后，又增加了八所。然后基金会领导人站到一旁，摩拳擦掌，等待着前方胜利的消息。看起来这个一帆风顺、皆大欢喜的结局将使这项有针对性的高等教育慈善事业更受欢迎。

这件喜事发生在 1967 年，上文提到的基金会是福特基金会，那位跃跃欲试的新领导是 McGeorge Bundy，Kennedy 和 Johnson 总统手下的"老兵"。基金会采纳了 1960 年 Bernard Berelson（他曾经参与一项由卡耐基基金会资助的关于美国研究生院的研究）的建议。他认为，学生应该在博士研究阶段结束时，得到额外的财力支持。

福特基金会研究生项目持续了 7 年，但最终还是失败了。根据我接到的报告，历史学家 Roger Geiger 发现项目的产出和预期正好相反。[17]新增的钱使获取学位的时间增长，而不是减短。

现在我们考虑这个出乎意料的结果产生的背景。福特项目开始的时机恰好是教授工作职位空缺较多的时期，但文理学界工作并没有想象的好找。其原因之一就是在资金大批流入后的几年时间里，终身教学岗位的数量不断缩水，濒临枯竭。正如 Geiger 所指出的，此时联邦对科研的资助也开始下降。部分动员把年轻人送到了越南，而研究生院则是他们的避难所。Geiger 指出，学生愿意留在研究生院做更多的事情，以获得额外的资助。他们是选择"好好地完成"而不是"快快地完成"。[18]

这些研究生的做法不出福特基金会所料，因为学生的选择在经济上来说是理性的。这项 50 多年前研究的失败表明，额外的奖励不能使学生较早毕业。David W.Breneman 等经济学家早在几年前就证明了，一些因素（例如明确个人目标）会影响研究生获取学位的时间，而增加收入的影响微乎其微。[19]20 世纪 60—70 年代，福特基金会资助下的研究生的行为就是遵循了这一经济模型。"鉴于学术工作的短缺，"Geiger 说，"培养质量高似乎比培养速度快更重要。"[20]

现在的情况与当初一样吗？经济模型并不是在所有条件下都适用。对留在研究生院的激励措施和对学位的加速追求，如今都变得更重要了。Michael T.Nettles 和 Catherine M.Milett 发现，产出能力强的研究生"更喜欢延长学习时间"。梅隆基金会最近的研究显示，有保障的经济资助（仍然）会增加学位获取时间。[21]在今天，雇佣委员会依然按程序从申请人中选出那些在学术阶梯的相同阶段比他们的竞争者获得成就更多的。与此同时，我们却在呼吁缩短获取学位的时间。此即说明，我们的雇佣方式存在问题。应该如何改善我们的雇佣方式呢？

尽管所有人都承认，如果博士生能够比现在早毕业几年，整个学术圈都将从中受益；研究生院院长们频繁地呼吁改善学位项目，许多研究生导师也被要求缩短学生的在校时间，但获取学位的时间还是很长。即使是理科，最快的也要花费7年时间才能获得博士学位，而最慢的可能要12年（虽然学生是全日制的）。文科平均需要9年时间。[22]

获取学位时间加长的一个重要原因是院系不奖励快速毕业的人。事实上，正好相反。在针对最佳学生评选的研究中发现，雇佣委员会优先选择那些学习时间较长的人。我们对在学时间更长的学生颁发特等奖——全职的教职。[23]

下面对两种假想的新型博士进行比较。我们可以根据领域的不同以各异的方法调整教学方案，但是其主要的差别十分明确：A 很快地完成了博士学位，并以许多推荐信，证明其论文是有出版价值的，并且证明她聪慧、有创造力、有教学能力和具备其他诸多潜力。B 多用了3年时间，也有这些推荐。但她比 A 有更多、前沿的教学经验，并且在相关领域发了不少论文。

我们很自然地期待 B 展示出更多，因为她在学校多学了几年时间。我们看到了她发表的论文，更丰富的教学经验和可能的工作经验（取决于你认为她所从事的领域），甚至是一些管理经验。对其他的期待，理由是充足的：如果你用的时间更长，你理应用这段时间做更多该做的事。

雇佣委员会又是如何评估两位候选人的呢？下述的结论绝非杜撰：相较之下雇佣委员会更倾向于（参见近年来应聘成功的助理教授的简历）雇用 B。[24]

一些有经验的博士继续做博士后。20 世纪 70 年代起，做博士后开始在科学领域普及。当时过度的劳动力供给，导致其被乔治亚州立大学的经济学教授保Paula Stephens 称为"蓄水池"（这是一个只有大鱼能浮出水面的特殊的池子）的出现。[25]如今博士后在其他领域越来越普遍，同样也是出于从众人中脱颖而出的目的。

事实上，许多院系走得更远，他们会雇用一些离校两三年的人做助理教授。这些中级的助理教授（他们总是会有很多的文章出版或其他的成绩）从事的是入门级的工作，被鼓励走向与终身教职的轨迹相反的路径。虽然这种调整是在毕业后的，但它却真实地将一个有经验的教师打回成了刚毕业的博士，从而去适应同样的潮流。（你会认为院系迟早会给优质教师早日晋升终身轨的机会，然而这可能永远都不会发生）初级教师们也在这场退步的运动中串通一气。许多人牺牲了多年的经验，只为能在学术食物链中更上一层，或者为了换到一个更喜欢的研究领域，抑或两者兼有。但是我们不能责备他们的选择，因为他们不过是为自己寻方便。

对于一个教育机构来说，选择一个有几年经验的人代替刚毕业的博士从事入门级工作意味着什么呢？开始，这意味着选择了追求一贯的成绩而不是去挖掘新鲜势力的潜能。这也在此方向上形成了一个不可逆转的选择压力，即不出几年学术就业市场上的A渐渐地都变成了B。

选择经验而不是潜力，是源于对成功的渴求——如今研究生的成就的确可观。这也源于对取得成就的自满：由依赖个人的判断（来决定候选人的好坏），转以从期刊和出版物来判断。对学术成就的强调超过了个人能力进一步表明，申请人需要有相关经历，以获得经验，而欲取得经验就注定了学时将被不断拉长，这就造成了22条军规似的窘境。

从数量上来看，这样的做法传达了更加令人不安的信息：多数毕业生无法谋得全职的学术工作，这对他们更为残酷，因为他们要等上几年才知道自己是否是会被选择的极少数，而这样的安排或出于偶然却又不像出于偶然：研究生院的一个非常自私狭隘的目的或许就是尽可能拖延博士生的毕业时间，以使它们教足够多的本科和硕士生来获取足够多的经验，以求成功留校任教。[26]

研究生院的历史已久，无论人们如何界定其专业化趋势，以成熟专业人员的标准要求还处于实习阶段的研究生，是错误和不公平的。

如果我们真的希望研究生早日完成学业，开始职业生涯，我们就必须给这一行为奖励。首先，我们需要定下合适的标准来监督学生在研究生项目中的进程。完成完美的论文比写出一个日后经修订可以出版的论文花费的时间要多得多。这轮修订应该是身在非终身轨迹教职的讲师们的主要工作，但现在却被强行提前了（在校期间就必须发表论文也是一样的情况）。如果一个学生想在校期间就发表论文或出书，他们需要的在校时间会更久，同时也要长时间忍受穷酸腐儒的生活。这明显错误，由此重申我的替代方案，就是重置标准，以奖励机制鼓励研究生尽早肄业。

和梅隆基金会合作的布兰迪斯大学,开发了一种模范项目,以激励学生早日毕业。学校通过提供给在后一阶段的研究生一年的奖学金来帮助他们完成论文,以缩短学位获取时间。这一项目开始于 2009 年,而在第五个年头,奖学金已经达到了可观的 35 000 美元。如果这一努力听起来还算平常,那么他与福特基金会 40 年前的项目最突出的不同之处就在于:布兰迪斯大学和梅隆基金会要求博士生和导师们签署协议,以保证学生能在规定的年限毕业。

大多数人确实做到了。数据表明,额外的钱和签署协议的确使得学生更快地完成学位。正如高等教育年鉴的报告所言,过去 4 年中,超过 2/3 的奖学金获得者,在此期间完成了学业(目前还未得到这一团体的工作安置数据)。[27]

不过像布兰迪斯大学这样的顶尖研究型大学的学生依然认为,如果他们想要有朝一日获得终身教席工作,他们就得"厚积薄发"。他们需要写出一流的论文以顺利进入学术就业市场,而且论文还需要发表在符合专业标准的核心出版物上。

由此可见,梅隆基金会的此类奖学金产生了一系列副作用:关于毕业年限的条款会驱使学生在尚未准备好之时就进入了劳动力市场。这种"一年写文,一年毕业"的现象机制反倒会使学生成功短时毕业,从长远看拿到该奖学金的学生处于不利的竞争地位(虽然不是对所有人)。在 Near Eastern and Judaic 的研究中,布兰迪斯大学的博士 James M. Giaines 在梅隆基金会奖学金的资助下,于 2013 年毕业。他只用了 6 年时间,远远低于全国平均水平。"我的导师说我和那些高产的博士生水平旗鼓相当。"他说,但潜在的雇主们却并不这么认为。[28]那年他并没成功谋得圈内工作。

Giaines 认为,问题在于他的"时间表"。在 2012 年秋季,他并未拿到博士学位,他坚信他的毕业申请并未被认真考虑,更何况他也没有发表论文。"我被要求集中精力攻克我的毕业论文,"他说,"在获得文凭后再考虑发表的问题。"而且他补充说,如果他要出版和发表其他研究来积累学术贡献,那么就根本不可能这么快毕业。

像 Giaines 那样提早毕业的研究生并不炙手可热。布兰迪斯—梅隆项目开创了不同寻常的快速博士项目的先河,这些毕业生的才能只被他们的母校认可。供给并不能创造需求，这一道理人尽皆知。如果布兰迪斯大学和梅隆基金会想要创造拥有这样学位的群体，那么他们就必须尽可能地去刺激相关需求。例如，为这些梅隆基金会赞助的毕业生提供额外的认证，以确认他们是有潜力的雇员。

其他人也一样有责任去支持这样的努力，因为，梅隆奖学金项目慷慨的资助到希望缩短学位获取时间的美好目标设计值得我们的鼓励和帮助。我们需要这样的项目的成长和扩展。那么我们应该怎么改进呢？

雇佣委员会是对教师承诺的真实的试验场，只有改变雇佣委员会的态度才能使缩短学位获取的时间物有所值，而雇用有能力的短时间毕业者，是唯一决定性的取材方式。不如此行事则是鼓励一种教学与就业的矛盾状态，这是教育界集体虚伪的体现，我们无权不正视这个问题。

雇用短时间毕业者意味着我们认可和尊重他们同等的学术成绩，或者是我们尊重他们接受奖学金时所做出的选择：他们愿意尽快进入劳动力市场，而不是徘徊不前地停滞在论文阶段。他们将来必定会厚积薄发，只不过须假以时日。在大学雇用他们之后再专心致志地从事学术研究和发表，岂不是美事一桩？

在许多领域中，获取学位的时间过长，会在人文领域严重到滑稽而令人蒙羞的程度。从教育界内部改变这个状况并不难，但是如果我们言出而行，就一定要奖励那些尝试缩短平均时长的能力出众的研究生。如果不建立长效的奖励机制，注定是纸上谈兵，自欺欺人。

二、研究生的债务问题

我们持续注重专业化的最重要原因是：教授理论上是依靠学费生存的。

有多少教授意识到研究生的负债情况呢？我确实是近期才意识到这一问题的，但它引出的问题亟待教授群体的关注。当设计课程或制定研究生项目方案的时候，我们需要考虑学生们将会借多少钱。如果债务影响了学生的生活——目前显然是这样——那么它会提醒我们反思并改进教学方式。这包括我们如何指导他们进行专业化以及如何鼓励他们实现自身专业化。

就像本科生一样，多数研究生通过贷款来完成学业。而贷款额随着学费的上涨而上升，研究生借贷缺乏像本科生毕业后的高薪激励。当然会有极少比例的博士生获得终身轨教职,就算是终身教职薪水也并不算丰厚。对于未来的学者来说,即使去做教授或其他费力钱又少的脑力劳动,也很有可能会背负长期债务。

过去的学费是很便宜的,特别是公立大学,所以受联邦资助的学生贷款行业在 1965 年刚出现时花费较小。但是花销却呈现指数式增长的态势,以至于现在美国 1/3 的贷款(包括家庭抵押)都是用来支付高等教育费用的,总数达 1 万亿美元。是的,这一数字的膨胀与营利性大学精心设计的鼓励学生借款的机制有关。即使我们排除掉这些政策性的诱导(因为他们本来就是一种欺骗),这一数字增长得依然非常快,以至于它使得高等教育在几十年的时间里发生了天翻地覆的改变。

高等教育体系大变样的部分原因是联邦对高校资助的缩减。大学从政府中得不到的部分,需要通过其他方式弥补。公立高校——涵盖了美国约 3/4 的学生——越来越依赖学费,这就是政治学家 Bob Meister 所提出的"私有化"模型。学生可以从哪获得资金呢?许多人选择借款,并且越借越多(这种由政府担保的稳定贷款导致了 Meister 所说的"教育金融化")。[29]学生们借款越多,他们要还的就越多,因此他们也就更穷。在我们使学生受教育的同时,我们也让他们活得日渐捉襟见肘。

教授通过学生借款的形式获得薪水。纽约大学美国研究专家 Andrew Ross,在 2011 年"占领华尔街"的示威者的演讲中宣称他的薪水大多来自于"债务筹资"。他把激增的学生贷款称为"无法承担的道德压力",这提醒我们应该从道德层面去审视学生贷款负担过重的问题。"如今的大学正在销售债务。" Meister 写道。[30] 私立高校也是如此。2010 年大三生的平均贷款额达到 25 000 美元。如今这一数值更高[31](这里不包括私人贷款和信用卡债务,后两者至少要加上几千美元)。

贷款的吸引力在于研究生毕业后获得高薪的诱惑,只不过随着借款的增加,大学毕业生最开始确实获得了越来越高的薪水,但之后的十多年,几乎整个美国的收入增长都只限于前 1%的高收入者。

Meister 的这一模型不能解释文理科毕业生的行为。他们不一定要为投资寻求资金回报。他们的首要动机,根本就不是出于对薪水的考虑。贷款只不过是他们付学费的唯一方式,要知道,只有一少部分研究生能获得全部的金钱援助,即使是有奖学金等金钱上的补助，研究生贷款的水平还是令人吃惊：一项 2012 年的研究发现，文学（科）硕士获得者的中等债务水平达到了可怕的 59 000 美元，而 2004 年这一数字是 28 000 美元。[32]同时，2004 年博士生中等债务水平为 45 000 美元。[33]其总额并不包括本科生贷款。（注意：这只是中等水平，在这一案例中，比平均数更有说服力。一些研究生可能并没有贷款，而有些研究生的贷款额可能达到 75 000 美元或更多。）"我所负担的债务，诚实的人还不清。"这是 1982 年 Bruce Springsteen 的歌中所塑造的形象。如今许多研究生正过着歌词般的生活。

本科生贷款的社会含义是广泛和令人不安的。不止一个分析师指出，学生贷款使高等教育成为维持不平等的工具（通过强化这一观点，即人们应该投资自我以获得成功），而不是全面的社会公益（基于受教育的公民对国家和整个世界都是有益的观点）。[34]此外，较多的债务自然阻止了一些本科生继续攻读，这实际是在为有经济特权的学生保留深入学习的机会。

研究生债务涵盖了上述所有的问题，但研究生的特殊地位——他们中的许多人并不把通过高学位挣钱当作首选——更突显了债务的约束性。

卡纳基梅隆大学的 Jeffrey J. Williams 将债务比作卖身契。对于一个刚毕业的博士，如果能在本领域谋得一份脑力劳动性质的工作就已经很幸运了（无论是否在学术圈），偿还学生贷款的负担相对微薄的薪水就好比落魄贵族给破皮袄上漆——强行不穷。经济学家 Paul Krugman 在 2005 年警告说，美国将会成为一个"债务奴隶"的社会，借款人没完没了地工作以偿还贷款，以至于永远都不能退休。[35]研究生们庞大的债务可能会把它们变成学术界的"佃农"。

如果不讨论债务，我们既不能公正地谈论专业化，也不能明确学者的更广更深的意义。债务决定着学生将成为何种学者。研究生们不会去钻研何为教育专业化的基础，但他们却不出所料地关注贷款的负担。当教师和管理层在明知学生贷款负担加重的情况下还维持（甚至延长）获取学位的时间的时候，我们就是知法犯法，罪加一等。

作为学术产业的被付薪的代表，教授有责任面对上述不足并尽力改变。我们可以从眼前的事做起。我们对这一问题的控制能力固然有限，但我们依然可以尽己所能。我们可以提出建议以降低学生的债务并使高等教育重新成为公有事业而非完全的营利产业。这是一个有益的公共辩论。与此同时，我们能通过研究生研究数据分析查明学位获取时间上的问题和伴随它的专业化的想法。当我在一份报纸专栏抱怨为什么学术职位往往选择在校时间长的特权候选人时，一些批评家蔑视我的担忧。"谁不愿意雇用一个有经验的候选人？"一个人这样指责我。另一个人则表示："雇用没经验的博士不过是承担一种风险。"[36]

如果更长的在校时间意味着更多的债务，那么偏爱有经验的博士的行为本质上增加了学生的债务。如果我们要求研究生拥有"超专业化"的能力，才能获得教授的工作，我们实际是要求他们用未来的收入购买培训，这会导致就业市场的不稳定。简言之，我们在要求他们花他们并没赚到的钱，甚至是不确定未来能赚到的钱，以获得某些可能或根本不能直接运用的特殊学术技能。学生在为教授职位努力尝试的同时，是要付出不能为其他工作做准备的代价的。

这样看来，偏爱更有经验的求职者不仅是机械性的，更是有害的，它忽视了当今最需要解决却罕有人问津的教育体制病症。我们可以为研究生专业化（乃至高度专业化）的问题争个鱼死网破，但切莫忘记这些学界最穷成员们的金钱危机。

人文学科的研究生获助较少，因此向系统中投入更多的个人金钱（理科领域的研究生获助最多，他们也是毕业最快的）。人文学科学习时间最长，贷款也就最多。文科学生在高校中的学徒期无比漫长，他们在系统中付出了辛勤的汗水，到头来却没功劳也没苦劳，还清学业贷款遥遥无期，十年寒窗落得苦海无涯的下场。

他们毕业时间最迟的原因还包括，工作供给较少（这也是博士后蓄水池出现的原因）。教育者必须认清这一现实，以彻底改变我们当下的教学实践。导师不仅要使学生以一种从容的方式去面对未来的长征路，还要在他们整装待发时，有效评估他们以后做教授的资质。

Andrew Ross 建议学生们可以联合起来抵制归还贷款。这个建议不仅激进，[37]还将解决问题的基础责任转给了学术系统中最弱势的群体。我并不是说学生们的反对不必要，但是教师群体更需要站出来反对这一还未等学生启程就给他们下绊儿的教育体系。做出改变不需要大动干戈，最初的一步可以仅仅是重新确立因材施教这一专业化教学目标这么简单。

我们可以更认真地审视"专业性"的需求。自称为"奇怪的中古史学家"的 Strouss 写道:"我的导师禁止我成为一名'专业化'的具有家长式作风的人,而是命令我'做一个男人'。"[38]他把专业化看作对个性的威胁,而单一专业化教学确实会对个性群体的独特之处的展示有所压制。这个问题很务实,也很重要。如今模式化教学甚为普遍,其学徒训练需要很长时间。个性化的专业化不应发生在研究生项目后期(也就是学生开始确定职业目标的时候),正如斯特劳斯建议的,它应在选择合适的研究生院时就开始。

我认为甚至还可以再早些。我开始考虑专业化问题是在我的本科阶段,当时一个教授使我对教授职业产生浓厚兴趣。虽然她很聪慧也很有魅力,但她的指点江山之于我不像是"天神下凡"那样居高临下(其他同学觉得她是女神,我不这么想),倒像是凡夫俗子那种长篇大论式的个人见解,令我豁然开朗。看着她,我觉得我将来也可以胜任这份工作,尽管不一定和她一样优秀。从那时起,我就坚定了今后的努力方向。

这位教授明确了我的学术职业方向,这在学界稀松平常,调查显示大多数人文学科的研究生开始都希望任教,并以相似的方式获得启发。[39]

尽管如此,我们还是很难夸大教授在这个案例中的榜样作用。研究生项目是出现在专业认同很模糊和狭隘的时期。像我一样的学生可能会希望成为教授,但他们对职业的直观感知只是来自他们的教授。如今的研究生比我那时了解得多一些,但他们的专业认同感也极为有限。因为他们的专业自我认知还未形成,仍是观点和可能性聚集的旋涡。

学生专业身份的认同形成于研究生院,但也不是无师自通。教授会审视研究生的行为举止,反之亦然。无论你是否和学生讨论专业身份认同的问题,他们都会从你那儿得到些许感受和启迪。如果他们崇拜你,就会更深入地和你学习。作为外向型的群体,教授喜欢展示自己的个性,喜欢被关注、被崇拜。所以我们愿意把自己放到可以影响学生职业认同人的位置上。

不过不要期待太高,我们塑造学生的职业愿望的过程与纯粹的追金逐利的经济过程不同。职业愿望比后者更深刻、更复杂。教授们的工作就是在学生就业愿望形成的"雏形期"将一粒粒希望之种深埋地下。尽管如此,一些学界的批判者还是认为，教授无法影响学生的职业愿望形成的深入期。（如果步步都施加影响真的那么容易，我们就可以准确断明并指导学生形成就业愿望）话又说回来，我们归根结底可以影响他们最初的选择。

纵观整本书，我一直呼吁以改进的教学法为工具，自下而上重塑我们的高教体系。我们时时刻刻都在以身作则，从我们的教职成为他们奋斗的目标开始。在对专业化教学进行改良的过程中，教师应该深谙此道，将师道尊严秉承于心。我们怎么教、教什么都将影响学生将来的出路。因此，专业化的教学理当更有效、更持续，整个高教体系的良性运转都取决于此。

当我们告诉博士生，教授职业是其唯一自我实现的方式时，我们不过是在教他们郁郁终日。替代性职业的调查表明，那些在其他领域就职的博士事实上更开心。而学会如何从工作中找寻快乐才是研究生教育最重要却常被忽视的部分。这也是我们必须教的，是我们的责任之一。[40]

这种责任贯穿我们从课程设计到修改简历和论文的全部教学过程之中。我们必须将学生未来的憧憬转化与其就业的可能性校准一致。如果校准失当，学生将不仅一职难求，还将抑郁半生。推动人文学科务实、高效、人性化的教学专业化，我们责无旁贷。

注释：

[1] http://chronicle.com/article/Pressures–to–Publish–Fuel–the/5317.
[2] 芭芭拉·洛维特描述了研究生如何被迫遵循"仅仅良好地完成课程是不够的：从理论的角度上看向独立研究过渡". 高等教育研究，2005（30）：137–154.
[3] 学术职业，像克里斯托弗·纽菲尔德在《常春藤和工业》（杜克大学出版社出版，2003 年）中描述的一样，是一个天下大同的理想和企业管理模式（215 页）。
[4] 罗宾斯介绍文学是如何以一种浪漫的、反职业化的姿态历史性发展的，其撰文《世俗的职业：知识分子、职业化和文化》呼吁区分不同类型的知识产权（第 95 页）。有关博耶的更多信息，请参见第 5 章。
[5] 约翰·格罗特. 新、旧研究. 剑桥大学论文集. 伦敦：帕克出版社，1856.
[6] 对专业化与崛起的中产阶级关系的彻底解释，参见伯顿·J·布莱斯汀. 职业文化：美国的中产阶级和高等教育的发展. 纽约：诺顿出版社，1976. 我在结论中更详细地介绍了这个关联。
[7] 米歇尔·福柯对此进程有大量的叙述，见其文《纪律与惩罚：监狱的诞生》。
[8] 克里斯·M·格德，蒂莫西·M·多尔. 相互矛盾：博士生的教育经验对博士教育有何启示？费城：皮尤慈善信托基金出版社，2001.

[9] 珍妮特·M·伊根. 研究生院和自我：一些职业化效果的负面效应的理论视角. 教育社会学, 1989（17）：204。

[10] 同上。霍伯克（《专业化主义》）却带来了不同的说法，他认为，研究生的培养模式催生超级个人主义者，而伊根等人则认为这种培养模式催生压抑的集体主义者。也许双方的观点都是正确的，一个现实的矛盾常常通过将教授们比喻成一群猫而表现出来。

[11] 乔迪·D·奈奎斯特，劳拉·曼宁，多纳德·H·沃尔夫，等. 成为教授：研究生的经验. 改变，1999（31）：20.

[12] E·W·泰勒. 自助手册（私人提供）。

[13] 当教授们蔑视"职业化"时，他们的负压和细化指向他们所追求的中世纪起源，参见罗宾的《世俗的职业》。

[14] 贝丝·A·波姆，格纳沙姆·夏玛. 专业发展在研究生教育中的重要性，正在审议中的手稿。

[15] 全部细节参见 PLAN 网站：http://louisville.edu/graduate/plan.

[16] 贝斯·波姆于 2013 年 10 月采访作者. 后续有关 PLAN 员工的相关引用来源于我于 2013 年 10 月在路易斯维尔对 PLAN 访问时所做的个人访谈。

[17] 同上。

[18] 据盖革称，福特投资大多在精英、名牌大学，从而增加了那些领先学校的优势（《研究与相关知识》第 228 页）。

[19] 盖革引用了一些学者的观点。

[20] 盖革的《研究与相关知识》。

[21] 迈克尔·T·寻麻，凯瑟琳·M·米勒特. 三个神奇的词语：获得，博士，学位. 巴尔的摩：约翰·霍普金斯大学出版社，2006. 罗纳德·G·埃伦伯格，哈里特·祖克曼，杰弗里·A·格伦，等. 教育学者：人文学科教育博士. 普林斯顿：普林斯顿大学出版社，2010. 埃伦伯格等人认为，保证金融援助计划可能会降低生产力的竞争并且增加获得学位的时间，252–253 页。同时，"多年金融援助计划的实践提高了选择错误的成本和可能阻止做出判断"，他们引用了威廉·G·鲍恩和尼尔·L·陆登庭的观点，认为，学院的人数（而不是基金）与获得学位的时间息息相关。鲍恩，陆登庭. 追求博士学位. 普林斯顿：普林斯顿大学出版社，2014：6.

[22] http://nsf.gov/statistics/sed/digest/2012/As of 2012.

[23] 德里克·博克指出，那些需要更长时间毕业的人，在寻找固定任期的教职工作时相对困难一些. 博克. 美国高等教育. 普林斯顿：普林斯顿大学出版社，2013.

[24] 有关我在此所提出观点的生动案例，可参见奥黛丽·威廉姆斯·朱恩. 寻找教职工作的悠长周期. 高等教育年鉴，2013. http://chronicle.com/article/The–Long–Odds– of–the/139361/.

[25] 葆拉·斯蒂芬. 经济如何塑造了科学. 哈佛：哈佛大学出版社，2012.

[26] 马克·布斯凯. 大学运行机制：高等教育与低工资国家. 纽约：纽约大学出版社，2008. 布斯凯认为，专业化功能作为一个诡计，混淆了劳动关系的本质，使得剥削研究生成为可能。

[27] 斯泰西·巴顿. 布兰代斯试图加速学生成为博士的新策略. 高等教育年鉴，2013. http://chronicle.com/article/Brandeis–Tries–a–New–Tactic–to/140139.

[28] 笔者 2013 年 8 月的采访，后续的引用也来自这次对盖恩斯的采访。

[29] 鲍勃·麦斯特. 债务和税收：金融业能否拯救公立大学. 表现，2011（116）：128.

[30] https://www.youtube.com/watch？v=MwDZYMbZDc.

[31] 根据学院评估和成功项目学院对于学生债务的研究，"全国范围内，2012 年公立大学和非

营利的四年制大学生中，68%的人有学生债务，平均每个人背负 27 850 美元的债务。"http://projectonstudentdebt.org/ files/pub/classof2012.pdf.

[32] 杰森德利尔. 研究生债务评论：研究生借贷的现状. 新美国教育政策项目, 2014. http://newamerica.net/sites/newamerica.net/files/policydocs/GradStudentDebtReview-Delisle-Final.pdf.

[33] 研究生学院报道："博士学位获得者在毕业时一般会有债务。根据国家科学基金会（NSF），2009 到 2010 年，获得学术博士学位的个人在教育相关领域平均有债务超过 20 400 美元。"其中 14 100 美元是研究生的债务，6 400 美元是本科生的债务（国家科学基金会，2011）。同时，52%的博士学位获得者毕业时没有债务，16%的人有超过 5 万美元的研究生和本科生的组合债务。参见研究生学校委员会. 数据来源：研究生债务. 2012-06-04，http://www.cgsnct.org/data-sources-graduate-student-loans-and-debt-0.

[34] 2012 年，佛罗里达州工作组建议在某些需求较大的领域降低入学的学费。参见阿尔瓦雷斯. 佛罗里达为某些专业降低学费. 纽约时报, 2012-12-09. http://www.nytimes.com/2012/12/10/education/ florida-may-reduce-tuition-for-select-majors.html？pagewanted=all&_r=0.

[35] 保罗·克鲁格曼. 债务奴隶社会. 纽约时报, 2015-03-08. http://www.nytimes.com/2005/03/08/opinion/08krugman.html?_r=0.

[36] 伦纳德卡斯托. 时间向度的难题. 高等教育研究，2011-10-16. http://chronicle.com/article/The-Time-to-Degree-Conundrum/129360/.

[37] 罗斯在《信用制度和拒绝债务的案例》一书中阐述了这项提案.

[38] A·W·斯特劳斯. 让学术专业研究生教育更加中世纪，颠覆学术专业性. 教学法, 2015（15）：125.

[39] 古尔德，多尔. 论交叉目的. 美国高等教育, 2012.

[40] B·A·皮斯科索里度认为，学术工作作为一种职业而不是个人的事情面临着道德问题。皮斯科索里度. 专业的社会学和社会学的专业：职业责任，教学和研究生训练. 社会学教学，（1991）：351-361.

第七章

重新审视就业市场

首先带各位读者咬文嚼字一番，看看"就业市场"二字如何理解。学术与市场有着强有力的联系。当今的国人左倾思想严重，在这样的背景下我们对不规范的经济市场持怀疑态度。但是我们并不以同样的方式去审视学术市场，学术就业向来不受关注。

Marc Bpisqiet 道出了其中的原委：学术就业市场从根本上说并不能称为市场。[1]首先，大学同时产生供给和需求，所以大学没有经济上的独立生产者和消费者。大学生产博士，同时也雇用博士。当生产者和消费者是同一实体的时候，应该很容易达到平衡。只需要调整供应来满足需求，就不会出现很多毕业生争夺为数不多的学术工作的情况。

这个结果基于两个主要假设。Bousquet 探讨的第一个想法是大学需要一个市场，在这个市场中供给正好满足需求。Bousquet 指出，这个假设其实是完全错误的，其原因在于大学需要供给超过需求，只有这样管理者才能掌实权、占主动。超额供给意味着一直有额外的硕士生和没找到工作的博士生为了低工资去教本科课程。Bousquet 认为，大学通过操纵供给和需求去保持类似封建社会的系统，研究生就是这个系统中受压迫的农奴。

但这个模型也依赖于第二个假设，虽然这个假设是 Bousquet 不赞同的，即博士唯一可行的或满意的就业目标是成为教授。在这本书中我一直质疑这种想法，现在便从就业市场的角度来看这个想法。在下文中，我们会从就业市场的角度来展开一系列论述。我将"就业市场"等同于"学术就业市场"，然后拓宽了"学术就业市场"应包含的意义：学术工作，学术圈内的非教职工作，非学术的工作，以上都是可取的职业范围。

一、沟通问题

这里有一个就业市场的真实案例。有一个名叫 Jack 的大学生，他在 20 世纪 80 年代从精英大学获得了文学学士之后到另一所精英大学读研究生，直至 12 年后的 90 年代中期他都没有获得博士学位。其经历证明我国学位获得时间加长的趋势。

就像过去与现在的很多年轻博士一样，尽管 Jack 发表了一些文章，但并没有获得好的就业。在走出校门之后，他并没有走上终身教席的理想通途，他不得不到一个重点州立大学当客座教授。在这样的聘任模式下，为了寻找更长久的职位，他开始了职业生涯的大迁移。他从这个学校到那个学校，中途曾有两次持续 4 年的停留：一次是在一个重点私立大学教写作课，另一次是在另一所私立大学任客座教授（在这个大学 Jack 签了四年一次的聘用合同，所以 Jack 每年都要担心会被解雇）。

过山车式的经历让 Jack 更加成为一个忘我奉献的好老师，每年他都在找工作的同时坚持发表著述。在两个 4 年的任期结束后，Jack 再也没有找到合适的学校。之后，犹如一个残酷的玩笑，或者是对找工作的嘲讽，Jack 得了癌症。他给自己找了一份新工作，边工作边照料自己。就像他之前的所有工作一样，这份工作也没持续多久。他死于 2010 年。

在这个精英毕业生都难获教职的时代，我为什么还要用这个不幸的研究生的案例呢？因为 Jack 的期待和现实之间的巨大差距对所有的研究生和他们的老师来说都极富意义。Jack 的死并没有成为头条，但是当你重新审视他不幸的职业生涯时，你会发现里边充斥着形形色色的病症，尤其是在人文社科领域。与很多积极完成博士学业的人一样，Jack 认为他值得拥有一个终身教席。他的第一个错误是为了这个职位倾尽所有，否则他的一切都会付诸东流。Jack 作为名校的博士，他认为他应当获得一份工作轻松、薪水丰厚的教职。在他只获得临时教员的工作后，他的期望逐渐降低，但是他还是高估了个人际遇。Jack 理想丰满，怎奈现实骨感。文科领域教学生去获得的职业是他们大多数人不可能获得的，Jack 就是其中的悲情典型。在人文学科毕业生想登上更广阔的就业舞台时，他们的受教方式却不被允许。

Jack 的老师从来没有和他交流过找工作的问题。他们真诚地帮他写推荐信，但是从未给过他任何指导意见。因此，Jack 从未学习到他在就业时需要知道的事情。这种教学无疑是失败的，但是 Jack 与其身边的其他教师不同，他并没有因此变得怨天尤人。

实际上，Jack 一直都很乐观。我从未听说他因为自己的境遇感到恼怒。但是我们也要对那些感到愤怒的他的同行表示理解。我们没有研究生（和已毕业研究生）学术就业市场的量化数据，但是当我在书中讨论这个话题时，这些研究生们表达了他们被压抑的愤怒。

例如，我的一个读者猛烈抨击了终身教授，他们"似乎并不了解当前高等教育就业市场的现实"，而另一个则抱怨道："无论是他们无知还是故意撒谎，如果不是教师公然在研究生学位的实际价值方面误导学生，就业系统也不会如此糟糕。"[2]这些评论一定程度上代表了现在与过去的研究生的观点。失业以及对失业的恐惧使他们对错误的教学感到愤怒。我们教错了吗？

这是我们所做的：我们未能按照学生期望的那样对他们提供帮助。教授的所作所为和其应做应为之间存在巨大差距。这个差距使教授与研究生之间的相互理解和相互信任几乎成为不可能。没有教授会主动与他的研究生坐在一起，好好地问一问学生："你想从我这里学到什么？"这里的前提已经是默认，即研究生想成为老师，但是不要忘了，有一些研究生并不想成为教授，并且大部分研究生也成不了教授。

多数学生清楚，当他们进入研究生院开始学习时，教授的就业市场是很紧张的。然而，他们希望至少能够争取一下终身教席。这成为一个越来越非理性的信念。1975 年，大多数大学的课堂教学是由终身教授或者教师授课的。到 1995 年（Jack 大学毕业时），这个数据减至一半以下，但这仅仅是持续下降的开始。10 年之后，这个数据跌至原来的 1/3 以下。[3]4 年之后，也就是 2009 年，它已跌破 25%，并且没有放缓的迹象。[4]

诚然，终身教授正在被削减成为象征符号：教育家（以及一些立法者）探讨其有效性，而政府却在悄悄排斥他们，目前终身教授并没有被大量淘汰。一个鲜为人知的事实是，在过去的贫穷年代，永久聘任的教授的职位保持相对稳定——令大家没有这种感觉的原因是，在同一时期注册学生的人数增长了150万，博士生的数量也同期上涨。教这些学生的都是那些不再被授予终身教职的兼职教师或全职教师。也就是说，非永久聘任的教师数量上升了，终身教授和永久聘任教师的数量相对减少了，永久聘任的工作竞争与以往相比更加困难。[5]

永久聘任工作的减少使得那些争夺这个岗位的博士积压了下来。每年都有刚毕业的博士进入竞争市场。为了稳住不断增长的热情或焦虑的求职者，人文学科共同打造了"博士后空间"，在博士后阶段，新毕业的博士可以在进入就业市场时多试几次水。

博士后是由于能够从事教育职位的合格应聘者长期过度供给产生的。它的发展首先来自理科，很久之前理科领域的博士后工作是成为科学家职业道路的必经之路。博士后实际上延伸了学徒制，它同时也延长了求职过程，使更多的人能在给定时间获得工作。它也创造了更多可供评估的标准，淘汰表现较差的竞争者。表现较差的博士后（如发表论文较少的），过些时候就自动退出教授竞选了。[6]

理科博士后往往比文科博士后更受人尊敬。2008年，美国历史研究协会的普林斯顿历史学家Anthony Grafton和Robert B. Townsend指出，对于那些有志向的历史学家来说，19世纪70年代学术就业市场的快速收紧创造了"不断扩大的'入门'阶段"。[7]对于所有类型的博士生来说，学位和工作间的"过渡时期"比原来延长了。2012年，Townsend追踪自大萧条之后到20世纪90年代中期的数据，他发现在找到第一个稳定工作前，至少要等待3年的历史学毕业生的数量稳步上升。[8]这个问题不仅限于历史学毕业生，我在这里以历史学为例只是因他们的数据最可用。

在过去的30多年，文科领域的"入门阶段"博士后空间也逐步形成，它从支持研究而设计的阶段，逐步变为由低等教育职位和贴着博士后标签的荣誉兼职研究岗位（只有一小部分幸运的博士后在这个小圈子里）混合构成的职位。此外，许多管理机构试图通过称他们为"讲师"或者"教师"来多给他们一两年找工作的时间。从本质上讲，在人文科学领域，博士后已经成为无法定义的群体，这使人们担心,"人文学科博士后从博士的训练期变为另一种非终身教席的劳动陷阱"[9]。

在这种情况下,我们分析那些做兼职工作的非博士后:兼职工作薪资低,对于那些寻找全职学术工作的人来说,教学强化了博士后的"研究职位"。如果一些博士值得暂居临时岗位,他们应该寻找那些能给自己希望和未来目标方向的职位,这个最终目标与兼职工作正好相反。我们访问了一些助理教授,他们现在普遍拥有自己的工作节奏。前路依旧不明,只知道他们现在是学术民工。

研究生院的领导和教授应该承认,讲师和其他临时教师基本都是学生(目前毕业生的前景问题是我们无论在什么情况下都必须承认的问题)。这意味着管理部门应该给博士后一些教学任务(或其他工作),以提高他们的能力,帮助他们继续学习。我们更应该给博士一些工作,即使这意味着他们得到了那些费力不讨好的课程,而我们去上了那些事半功倍的轻松课程。

比提高博士后舒适度更重要的是,要让他们认清生存环境的不堪现实,比如比例不断下降的长久聘任工作。研究生在加入这个队伍之前有权知道真相。作为他们的导师应该告诉他们,我们也希望他们能够自己去进一步了解。我们需要与他们坦诚地交流其就业目标以及实现目标的机会。目前,在研究生教学中的一个基本问题就是沟通交流的失败,其后果简直惨痛。

这种失败是由教师造成的。作为教师,理应掌握沟通的主动权,而两方的交流目前阻碍重重。教授们仿佛最近才意识到有必要发起相关的交流和讨论。一般来说,一个称职的顾问不应该只提建议,还应该主动交流。在研究生教育中,我们同样需要确定自己的角色,去担任一位称职的顾问。为了弥合沟通的障碍,我们要先正视它的存在,否则学生的怒火会在"一障之外,更立一障"。

二、声望危机下自我毁灭

我上文所讲问题的原因是教授自己都搞不清就业的现实。如果你对发生了什么都不闻不问,你怎么能够给研究生提供建议呢?更有甚者,会不会是教授的无知加剧了就业市场的灾祸呢?

这并不是我的假设。美国的学术界是由一种非常保守的"声望经济"驱动的。

声望带来声誉，这很难被改变。[10] J. Douglas Toma 指出，尽管美国高等教育呈现出多样性，但是大多数机构还是追求同样的目标。按照"出奇相似"的节奏，各机构"痴迷"于同样的事情，即进入下一个层次和获得更多声望的办法。各机构为了提升声望，便使用相同的修辞去表达它们的野心，通过一般的方法试图实现它们：各专科学院通过增加研究生课程试图成为大学，大学通过增加明星学院试图成为研究型大学，等等。只有当你看到保证金和学费时才能看出它们之间的差异。[11]

Toma 指出："声望对于高等教育，就像利润对于公司。"声望的提升通常会导致收入增加，但是声望不是钱，大学也不和制造业完全一样。Toma 表示：公司为了提高竞争力，往往在实践中存在一些差异——如果一个公司面对钢笔的价格居高不下，它可能会去生产铅笔，尤其是在它的总部临近煤矿的情况下。大学却不是这样运转的，大学更倾向于前后一致。另一个区别是，一个小部件制造商试图获得更大的市场份额，它试图出售更多小部件和赚取更多的利润。而大学并不希望获得更大的市场份额：你绝不会看到哥伦比亚大学每年招收 1 万名学生。相反，大学注重抓住市场中的精英。[12]

精英主义不但带给大学心理优势，还能带来经济利益。教授和研究生将他们与所在的组织联系在一起，[13]简单来说，学者们得意于他们所在组织的声誉。

个人受教场所的声望扭曲了研究生的学术就业市场，并且进一步限制了他们已经呈现减少趋势的就业机会。我们从两个事实来解释它是如何运作的。首先，比较容易理解的是：并不是所有的研究生课程都是等价的。其次，不同的研究生课程有不同的优点和缺点。在这两个事实的基础上，我们来分析政治学博士的就业市场，选择这个领域是因为这个领域近期在就业前景方面有不错的数据。

这些数据来自 2012 年的一项政治学就业部门的研究，它表明，在学术领域排名最高的博士项目与其在就业市场产生的影响不成比例。研究的合著者，巴特勒大学的 Robert L.Oprisko 注意到，排名前十一的博士项目的毕业生占据了排名前 100 的学科部门中将近 50%的终身教职席位。也就是说，排名前十的毕业生占据了大约一半的最具竞争力的工作机会。Oprisko 指出："来自声望较低的学校的学生缺少获得工作的机会。"[14]

我们不能由于这个理由就忽视那些排名较低的博士项目。我们不能因为排名较低的政治学项目没能将它们的学子送入研究型大学就说其影响力有限，政治学的就业分布可能只是一个极端的例子。低排名的博士项目的影响不是更小，只是与排名高的不一样。

下面我们考虑就业潜力的问题：一个博士项目的影响力主要在其排名的一定范围内。例如，耶鲁的排名高，那么它培养出的博士生最容易被排名较高的大学录用，其影响力大概限于本学科排名前一半的学校。而不知名大学的博士生，则处在就业市场的后面。专业排名处于中间的博士项目，其毕业生的就业位置可上可下。

博士生学术就业的数据过于匮乏以至于不能画出图表，所以我只能观其大略。[15]此外，在学术就业市场上影响就业的因素很多，也能找到很多例外的情况。并不是每个聪明的毕业生都会申请去耶鲁，也不是每个才华横溢的博士毕业后都会被聘请到高大上的地方。例如，普林斯顿大学历史系从精英项目（包括普林斯顿本身）中招聘了许多人。同时，它还雇用了一些年轻的教授，他们是从明尼苏达大学、威斯康星大学麦迪逊分校，以及多伦多的纽约大学等声望较高的大学的博士项目毕业的，诚然，这些大学的声望低于普林斯顿大学，但好的工作并没有被普林斯顿大学垄断。

学校的位置也很重要，即使是精英大学也愿意将毕业生安排在眼前而非天边。学校人际网络也有一定作用：成熟的苹果都会落在树底下，而不是"随波逐流"。出于这个原因，博士生在寻找当地工作时往往会遇到一些校友（如果一个机构有宗教上的社会关系，也是很利于就业的）。

同样值得一提的是，虽然排名包括整个部门，部门中的个别项目的排名是不一样的。例如，美国圣母大学政治学系在2012年美国新闻与世界报道中排名是第36位，但是一些项目（如宗教与政治）则特别好，排名在36位之前。圣母大学的研究生主任Geoffrey Layman指出，或许是因为"我们在主要的国家或地区的研究型大学中的学生取得了一定成功"，[16]即明星专业的个人就业率超过了他们所在系的就业率。

不考虑圣母大学这个例外因素，主流观点如下：专业的排名使我们认为排名第 5 的要比排名第 35 的学校好，排名第 5 的系一定也有其过人之处。我们会认为排名第 5 的系所做的研究一定要比排名第 35 的系所做的研究更出名，更多地被引用。另外，我们还认为排名第 5 的系会有更好地培训并支持研究生从事尖端研究，给予他们部分金钱上的支持，让他们免费学习更多的东西。

难道排名第 35 的系就一无是处吗？例如，在训练他们的博士生成为更具思想性和创造性的教师这个方面。决定排名顺序的标准有所不同，而 NRC 排名的标准是科研成果，毕竟 NRC 代表的是国家研究委员会。

研究并不是一个教授的全部工作。同样，新的博士生也并不是全部用来做研究的。许多机构寻求的是技术熟练、经验丰富的教师，而不仅仅是研究员。

雇用教师究竟该重研究还是重实干，博士学位授予机构（大学研究生院）的政治学学者正在为此感到纠结。雇用实干型的教师与他们想要占据学术排名前 40% 的期望相冲突，但排名越高的学校，就业数据才越漂亮。政治学领域看重并奖励排名前 40 位的学校，前 40 位的小圈子仿佛会稽山阴一般群贤毕至。那些不在畅叙幽情之列的学校无不试图找到列坐其次的方法。

一些 40 名开外的学校颇有些自卫心理和抵触情绪。比如，西南州立大学的研究生主任试图拉平他们学校政治学项目和排名上的差距。他在给我的信中写到，"作为一个研究型大学，我们的学生，在大多数情况下，对继续做研究非常感兴趣"，因此他们应当进入研究机构。只是近年来，他们遇到了一些麻烦，他把这些麻烦归咎于"经济上的问题"。

在政治学领域，排名前 40 的教育模式拘束了其他学校。南部某州立大学（也不在排名前 40 内）的研究生主任指出："前 40 名的大学的培养方式限制了我们。"这是非常普遍的。"政治学系内部的职业教育受最靠前的项目的影响，模仿它们教学侧重点的结果，就是大多数排名靠后的项目不再强调教学实干而是研究至上"，尽管各校的政治学研究都安排了不少教学课程。因此，"当提到政治学教学实践时，学院内就会出现空白"。他最后总结道："政治学学者正在渐渐地疏远教学。"

教学显然是每个教师必须做的，不仅是在排名的前 40 位或前 100 位，超出这个范围也是一样。在专科学院或地方大学中，良好的教学至关重要。被这些院校雇用的博士生并不都是高精尖的名校毕业专家。我联系了一些排名在 100 位之外的学院和大学的政治学教职员工，并把他们与排名前 40 位或接近 40 位的高校教师进行比较，两个群体仿佛是不同的物种。

州立大学南方分校的助理教授描述了对应聘者的偏见。他说："我的同事不太喜欢精英博士项目的毕业生。"因为他所在的机构是"教学导向的学校"。他所在的系想要招聘的是"那种有教学经验并且热爱教学的应聘者""除非那些来自'精英'项目的应聘者对我们学校和我们招聘的职位表现出浓厚的兴趣，否则我们不会考虑给他们面试的机会"。另一所南方大学的年轻政治学者指出在他所在的机构实行每学期四门课程的教学任务。当他们系招聘的时候，他在邮件里写到，最想要的应聘者"是有丰富教学经验的人，是个多面手类型的人，而不是研究型的人"。

换句话说，拥有研究兴趣高度专门化和有限教学经验的精英博士生，很难适应教学导向的学校，而"适应"是各级部门的基本要求。Heather Hawn，北卡罗来纳州马斯希尔学院的助理教授，回忆起当她被录用时说："招聘委员会非常关注'个人与职位的匹配'，这也是我没有毕业于名牌大学却获得了这个工作的原因。"她所在的系也吸引了来自精英项目的博士生，但是她说："我们并不倾向于录用他们。"

这些例子取自我收集来的大容量样本，表明政治学食物链顶端产生的博士生并不能补给食物链中段和底端的需求。同时，我们还教我们的研究生认同他们的学科，如，"我是 X 教授，我在 Y 领域工作"。这种身份教育使我们的学生并不尊重教学工作，我们并没有教会他们以后找工作所需的技能。

处在排名榜中段或底端的学校太过注重排名在他们之上的学校在做什么。因此，排名靠前的政治学项目运用这种不成比例的影响可能造成其他教学思路单一的学校努力成为与精英大学培养模式类似的学校，而不是基于自身的资源发挥自己的优势。这些位于底端的学校希望提高自己的排名，而排名的依据又恰恰是为精英大学量身打造。在这个过程中，中游的学校忽视了它们该做的事。

我遇到了一位研究生主任，他来自排名较低的中西部州立大学。他指出，自己的学校"花费了更多的努力去训练学生成为一个老师，确保他们在进入就业市场前拥有更多的教学经验"。他所在系的就业记录显示出这一努力的优势，但是他始终表现出一种沮丧的态度：我们这样培养学生，"是因为我们知道自己的位置"。

他不该自我感觉不佳。毕业于排名中后项目的博士生通常技不如师。这所学校的一位助理教授说，该学校"是他毕业之前根本就不会考虑的学校"，但是他现在很适应学校的工作："我真的很喜欢它，我也准备将它当作我终身工作的地方。"

上述缺陷并不罕见。经济学家、文化评论家 Thorstein Veblen 在 1899 年就写过，"模仿倾向是最强大的警报，也是最持久的经济动机"。[17]这种倾向扼住了政治学和其他领域者创新的咽喉。

三、一个相对优势的视角

如果院系想尽可能使学生能够有机会获得少数稳定的学术工作，它们必须对博士培养进行检验以明确并增强其优势。追求排名毕竟名额有限，前 25 名也只包括 25 个项目，其余的绝大多数都处于中下游。毫无疑问，国家研究委员会的评判标准主要还是研究成果，而不是优秀的教学。研究项目丰富的大学会有诸多成果，但那并不是学术的唯一。[18]

中下游学校毕业的博士生研究成果一定会比排名靠前大学的同僚少，但他们也是研究者，只不过重在教学研究。Boyer 区分了与传统的"发现学术"不同的"教学学术""综合学术"和"应用学术"。[19]与顶级院系的研究生相比，那些低排名项目的学生通常有更充分的教学准备，并且结合了 Boyer 定义的各类学术。这类学生通常拥有许多教学经验，这能增加他们在求职强调教学的专业机构时的优势。以教学为导向的院校所能提供的就业岗位数目远远超过了以研究为中心的精英大学。

这使我想起了前文提到的 J. Douglas Toma 出色的洞察力。Tomas 建议大学停止做同样的事情（如政治学系通常做的）来争取比排名在它们之上的学校有更多的声望，相反应该"更多地关注实质差异"，这样通过努力它们会发展得更好。[20]这需要新的教学策略。

一些院系明白了这点，它们紧跟当前和未来就业市场的模式。例如，宾州州立大学的 Susan Welch 和 Christopher P.Long，在他们的大学做了很好的人文学科与社会科学博士（项目）的详细排名研究并出版了成果，他们发现自己的研究生持有各种教授职位，遍布食物链的上上下下。[21]

马里兰大学的英文教授，原为该校的就业指导教师，Jonathan Auerbach 注意到，"因为情形不同，大的公立院所与地方上小的文科院校对考生或申请者的要求是不同的。他们追求研究、教学与服务以及三者之间的平衡"。Auerbach 说，在英语教学领域，问题不是"学生受到何种教育"，而是"他们有何种教学经验"。他说，在马里兰，博士考生"比常春藤名校的考生做了更多的教育实践"，包括独立设计课程和教授不同类型的课程（不仅是作文课，还包括文学、影视，甚至专题研讨）。[22]

给予学生丰富的教学经验也是高校利用廉价研究生劳动力维护学校的正义性的依据。奥尔巴赫及其同事试图将其转化为求职者们的长项："事实就是，由于经济原因，我们的学生不得不比富裕地区的竞争者做更多的教学！"

富裕的博士课程研究生很少有参与教学的要求，其原因在于丰厚的奖学金可以使研究生免于授课之苦。[23]精英课程的研究生在研究领域有较强的竞争力，然而马里兰的博士课程则不然。马里兰的研究生（其他排名落后的大学亦如此）证明了看重技能与经验的教学机构更具竞争力。

宾夕法尼亚米勒斯维尔大学英语系最近获评副教授的老师——Katarzyna Jakubiak 称赞了她在伊利诺伊州立大学类似的博士课程。她写信告诉我，她的课程准备的广度——"我们必须上英语研究所有领域的课程"，不单单是文学——给她和她的学生"找工作的某种灵活性"。尽管她教较少的文学课，但是任何一个研究生都比马里兰大学的竞争对手做的教学实践都多，Jakubiak 在教学新人比赛中获得"实践与理论准备奖"，这很好地服务于她在就业市场的竞争，这样的经验也可以用于她的研究。相反，一位纽约的社区大学教授写信给我说，她看到的来自精英院系机构的求职者"似乎认为写作和修辞都是小菜一碟，没有教学价值"，因此他们未被雇用。[24]

研究生课程如何使他们的学生在工作竞争中占据有利地位呢？首先要教他们的学生珍惜教学实践。精英博士课程通常不接触以教学为中心的院所和大学。当我问有多少求职者加入他的单位时，一位新泽西社区大学的教授说："我确定一些常春藤联盟的博士课程宁可修理洗碗机也不肯在社区大学教学。"在此种情形下，这类求职者确实申请去社区大学或其他教学集中的机构，这些机构都将对申请者的可疑之处进行审查，它们可不喜欢求职者趾高气扬的架势。

精英们"屈尊"下嫁社区大学是因为"好工作"实在一职难求，他们因此饥不择食。中下游学校和精英项目毕业生之间的互不信任实在是损人不利己。一位具有常春藤大学博士学位的知名英语教授回想起他多年前到一个以教学为中心的大学求职，"他们告诉我说他们不追求我的资历，因为他们没法想象怎样才能留住我这样的人"。他随后的四年一路漂泊，直到栖身一所研究型大学。"据我所知，"他说，"在那所社区大学教书，我本来可能会很开心。"

一些人坚持认为，精英项目的博士通常不能适应教学集中的大学的制度文化。一位北卡来罗纳大学的英语教授说："当我们雇人时，我们首先问：求职者能成为何种教师？"南印第安纳大学的英语系主任 Stephen Spencer 更加明确，他在邮件中告诉我："对那些理解我们和追求兴趣和前景研究的求职者，我们比较感兴趣。"他继续说道："不符合本校教学宗旨的应聘者希望渺茫，而这些不符合宗旨的应聘者基本上都是名校毕业的。"

马里兰大学英语系的 Auerbach，最近创造了一个诙谐的缩写字母帮助院系的博士生准备更好地应对就业市场。这个单词拼作：DEVOUT。

Diversity，多样性，在所教课文和学生类型两方面。

Experience，经验，实际课堂体验的数量。

Versatility，多才多艺，或能够教写作、文化、影视和理论。

Outcomes，产出，"学习效果评价"任务（Auerbach 说"这是目前的大事"，"自从老员工变得迟钝后，他们想让新的雇佣员工来处理越来越重要的行政职责"。评价应该更受重视）。

Usefulness，实用性，与现实世界的问题紧密相关。

Technology，技术，或利用技术创新课堂方法。

DEVOUT 的解释力很强[25]：我们的职业并不是一个等级森严的大生态，生态是生物体与环境的科学关系。但是由于环境也是由大量其他有机体组成的，因此也可以说，研究生态就是在研究生物体与其他生物体之间的关系。我们把就业市场看作环境，这个严酷的环境中有诸多生物体竞争和相对很少的生存空间（同学们，请原谅我如此描述你们，但我们都是生物体）。在学术的生态系统里，不同的机构占据特殊的生存空间，根据大学强项服务不同的人群。就业市场的每一分子都好比在竞争着环境中的容身之地，这里没有"更好"，唯有"更适"，就如同鸟儿不比松鼠"更好"，只不过一个更适应天空，一个更适应树洞。例如，150年前Darwin所解释的，个体如何良好地适应周边环境才是问题的症结。

经济学家将这些差异称为"比较优势"，这个术语反映的是一个团体比潜在竞争者以较低的机会成本生产特殊商品的能力。比较优势的理论得出结论，生产者应该专门化才能做最高效的生产。

大学当然不能完全如此行事。声望的竞争阻碍着我们认识自己市场内的就业状况。更糟糕的是，它让我们忘了教育的真实使命。因此，我们总是盲目追求高一低排名而忽视教育教学的天职。排名体系扭曲了我们的所作所为，阻碍研究生得到工作。我们能改变辖制教学创造力的高教"声望"制度吗？希望如此。

四、就业

如果我们想要改变现状，就必须从重新建构职业培训的整个想法和概念开始。就业率图表在学院和研究生院具有很大的影响。它们意味着什么？教授们并没有严肃认真地对待此事。

"就业"对于研究生院事业来说是一种检验我们所做的是成功还是失败的思考路径。有一个真实的故事可以证明我们所想，Nathan Tinker，一个之前从福特汉姆毕业的学生，在2002年拿到英语博士学位。他一开始在一个公关组织上班，而后转到一个专注于高薪技术的公关公司。在那里，他进一步专攻纳米技术，并继续为纳米技术公司发掘建立新的贸易协会。纳米技术提供了一种更先进的生物技术，因此他在赛宾研究所得到了一个帮助研究癌症疫苗的职位。几年之后，即2007年，廷克来到纽约生物技术协会担任执行董事职务，这个协会是一个针对生物科学和生命科学企业的非营利贸易集团。

所有我对Nathan Tinker在2002年之前的认知仅限于本系就业档案中的寥寥数笔和一个简单的标记。这个标记表明他"没有找到一个高校学术雇佣"的职业。直到我与他取得联系，才知道他现在是多么风光。

我想有很多像Tinker这样的案例，院系对它自己培养出来的博士所取得的校外成绩知之甚少或一无所知。我用我所在的系为例，只因所有其他的院系都是一般黑。[26]

长时间没能跟踪 Nathan Tinker 成功的工作轨迹，至少在两个各层面来讲是一个教育上的失误。首先，它是一个实在的损失，因为我们没能利用他的成功给其他学生提供信息和建议。"我用英国文学博士日常使用的技巧和方法。"Tinker 告诉我，但他从来没有被邀请回他的学校谈一谈这些或其他（他反而被邀请去其他学校，这更凸显我校的有眼无珠）。[27]

更重要的是，丢失 Nathan Tinker 的经历是一个理念上的过失。Angela Brintlinger，俄亥俄州立大学的一位斯拉夫语研究教授，声称"我们论产出而不是就业"，如果这么做，她说"我们的学生会以他们的才能和成就为傲"，我们的老师"会致力于强化博士的价值，不会局限于学术界，还包括教导我们自己为其他领域的职业做准备。"[28]我的部门停止了追踪 Tinker 的职业生涯，因为这看起来对我们的研究影响不大。他的职业历程长时间的缺失显著表明了圈内就业的受宠和圈外就业的冷遇。如果我们更深入地研究，我们就能看到这带给自己的教训和启示。

研究生院显然更关注统计在学术界的就业。为什么？其原因直指研究生院赖以生存繁荣的根基，尤其是对声望的盲目追逐和教学目标的暗淡。考虑到在学术界就业对研究生院排名的驱动，当国家研究委员会将学术单位排名制作成表，它能清晰地找到"学术界就业（包括学院博士后）"的有关记录。这些就业有助于确定这种恶性竞争的次序，进而侵蚀教育体制的其他各方面。当研究生院院长情深意切地鼓励学生选择学术生涯的需求时，其实是醉翁之意不在酒。他将教学资源倾斜到帮助毕业生去获得一个学术研究工作，以支撑这个学校的 NRC 排名。

让我们思考一下这种功利主义该怎么改变。事实表明，由决定研究院排名的 NRC 调查问卷产生的就业概念和从那些排名产生的行为是循环的。研究生院排名的 NRC 标准来源于一个组织委员会对博士研究项目的评价。委员会主要由现任或前任院长、教务长或行政人员组成，依照一个很好的、透明的程序，这个程序以国家研究委员会对博士项目评估的方法论为引导，于 2009 年开始实施。委员会一开始会草拟一个问卷，展示给由研究院院长和研究人员组成的座谈讨论小组，小组提出建议，之后草案会被放到 NRC 网页上，以征询更多的建议，最后问卷达成定案并广为发布。[29]

由什么来决定管理层和教师的就业制度呢？无外乎是他们的同僚和他们自己。可见问题就植根于教育体系的根基中。

因此，改革必须基于对"就业"的"自我意识"，意思就是以个人意愿为转移，而不只局限于学术界。一个更广泛的概念是要推翻这个一般假定，即一个博士就是一个学术工作流水线上的管道。

如何知道毕业生想要哪类工作呢？可以直接问他们，或者定期多次询问他们，以便观察他们是否会随着时间的推移而变化，这些周期性的核查十分有益。教师应该确保学生为他自己力所能及的工作有所准备，这是常识。局限他们意愿的结果是，学术工作使得学生在专业性和个体性上备受伤害，这即是最糟糕的职业培训。不幸的是，这恰恰是正在发生的，只因我们无可置疑地接受着对就业的传统定义。

研究生的成功就业变得愈加艰难，不只是因为学术就业市场几乎枯竭，事实上非学术市场也没有岗位过剩。教师和教育本身的职责要求我们以更宽泛多样的方式去审视就业市场。教授对他们究竟有什么样的职业责任呢？即使毕业生在我们提供给他们的教育上投入了大量的时间和金钱（包括现金和机会成本），我也极少看到我们对他们的前途负担起集体责任（我经常看到一个教授帮助他的毕业生，但很难寻找到那种令人称道的尽己所能和一般性的认真负责之间的区别，举例来讲，我可能关心我自己的博士生，但是作为本系其他的毕业生呢）。对于那些"非典型、非学术"的学生，教师似乎并不那么上心，这一点从我们是否追踪他们毕业之后的出路就可见一斑。

对于如何导向毕业生使其趋向选择学术道路，我们已经了解了很多。我们同样需要找到更多选择这条路的人。社交媒体使这些数据在院系范畴上的搜集变得更简单，但在更多的协同范围参考上仍然存在缺陷。学术界之外的学生就业数据一向不充足，有限的数据使得本课题的研究捉襟见肘。结果是，对于毕业生在圈外就业的讨论经常被误解为奇闻异事（你肯定听过某人在一个五百强企业应聘中由于他的博士身份而被高度器重的故事，当然，也听过有些人在简历中刻意回避博士学位只为得到一份工作的情况），这些不仅因为新奇，更多的是"物以稀为贵"而名扬四海。

直到1999年，第一个关于博士生涯产出的规范研究才得以出现，这项研究仅限于在1983—1985年获得博士学位的博士。（英语专业是唯一被调查的人文领域，其他被研究的学科有生物化学、计算机科学、电气工程、数学和政治学）这种有限的研究范围引发诸多问题，比如，准博士该不该参与研究；其他领域的博士生是否值得调查？再者，这个报告——伯克利研究者Maresi Nerad和Joseph Cerny所做的——以定量的方式验证了21世纪90年代末期的常识：学位获取的时间在延长，同时，终身教授这个皇冠上的明珠的获取前景变得更加不确定。[30]

难以置信的是，在Nerad和Cerny研究之后的15年，没有一个关于毕业生就业产出的重要研究发布，好在2010年以后此类研究大量广泛地出现，研究者们已经着力弥补这项明显的缺憾。

首先，研究生院理事会于2012年发布了一项更大范围的研究，关于由研究生院到职业的研究路径聚焦于从研究生院到具体工作的转变。此项研究基于对学生、院长和雇佣者的咨询，直指圈内就业的错误倾向。CGS研究发现，教授们并不会跟他们的研究生们谈论足够的圈外工作的可能性，即使某些非研究型项目的定位是"基于学生的兴趣"。引导的严重缺失从毕业生的最终走向来看十分清晰：大概有一半的应届博士生在学界外得到他们的第一份工作，在"公司、政府或者非营利组织"。CGS的报告指出。[31]

另一项研究是来自一个名为"人文无疆界"的学术研究所，调查对象是已经毕业的研究生，他们通常获得（或正在取得）教授以外的职业，这种高流动性职业现在普遍成为备选。[32]同时，该研究所还建立了被称为"我们是谁"的高流动性就业数据库，人们写上他们的名字、雇主和职称。Katina Rogers——当时学会的资深研究专家，她指出："我们建立公共数据库的原因之一，是为了让毕业生们能够对人文领域毕业生扎堆的职业类别有一些了解。"[33]

这项于2012年展开，2013年发布的研究生院调查，分析了过去的经济大萧条时期的"alt-ac"雇佣关系数据，设计、执行这项研究并撰写报告的Rogers将此描述为"一项探索性研究"——"将人文领域就业前途的讨论从大讲奇闻异事转移到以数据为基础的分析上来"。这项研究仅限于人文领域有其理由，Rogers 指出，科学已经提供了诸多不同行业雇用毕业生的可能性，学术备选职业在这些领域看起来非常不同。她指出："在毕业生可选择的多样的职业道路上，还有一段很长的路要探索。像这样的研究最终会为人文学科的学生就业指明方向。"

最重要的是，文科两个最大的协会，现代语言协会（MLA）和美国历史协会（AHA），一起加入追踪非教学类的博士就业。它们正式的合作始于 2013 年，当时来自安德鲁·W·梅隆基金会的协会们追踪了过去一代博士的就业情况。两大组织过去只狭隘地关注圈内就业群体而忽略了其他人。这项研究则首开先例：它致力于之前被无视的那些非教学类的结果。随着这本书的出版，来自于 1998—2009 年的数据收集和分析几乎完成。这项工作无比沉重，它需要追踪成千上万的样本。但是这两个组织在 2014 年的年度会议上还是克服了千难万险，都提出了初步的报告。这些结果显示大部分博士都被高校以外的单位雇用。[34]

最新的数据给暗淡的研究前景带来了健康的光明。从这些新的调查中我们发现，离开了学术界的博士们，得到了好的工作并且很享受它们。我现在不打算讲故事，而打算根据数据得出如下结论：在满腹牢骚的兼职教师依然为人所熟知（他们发牢骚当然有其道理）的同时，在数量上已经远不如他们在圈外找到满意工作的同僚[35]（关于如何寻找这些工作有越来越多的知识和建议）。[36]

进一步看，正如我在前文所说，那些高薪聘用的博士们已经利用他们特定的训练成功地得到了合适的工作。获得了美国马歇尔基金会全职工作的一位历史学博士 Megan Doherty，为我们指出了一些博士在非学术工作岗位的具体好处。[37]当她分析的写作技巧在众多机构中被证明是有价值的时候，她的教学经验转化为卓越的演讲技巧。[38]我对此有所补充：博士毕业生还有组织、综合和分析大量数据的独到能力。

升职称之路异常的慢，圈内就业者需要接受这个不是所有的讲师都能晋升为教授的事实。Rogers 指出："随着人们越来越能清楚地认识到这一点，研究生院需要用具体数据作为改革的基础。"职业决策一般在学校做出，毕业生知道他们需要考虑各自的专业和特殊技巧。参与某个泛泛的就业计划是一个好主意吗？在本系之外兼职教学是一个好主意吗？这取决于你未来的就业计划。

五、前方的道路

教授工作的一部分就是为学生在毕业之前拓宽就业可能性，包括学术和非学术的。我们太多人依然使用旧式教学法，好像学生毕业之后都能在高校任职。当这种情况发生时，榜样作用会把教师之梦强加到学生身上。

太多导师只对学生的前途"有选择性地"感兴趣。Brintlinger 指出："我们很容易抬高一个获得助理教授职位的人，而不论其他。"[39]一些教授桃李满天下，拥有三千弟子，却仅仅注意那"成才"的七十二。[40]还有一些更"无心"的因素：一些研究生院不愿意视自己为职业培训机构而干脆不去关注就业市场的种种严酷现实。当我们称他们不对职业培训负责的时候，他们还完全没有职业培训的概念。

教学应该鼓励想象力，而不是限制它。然而不能得到学术工作的研究生的悲惨景象，或者是不能想象自己做其他工作的那些人，在全国博士学位项目中是很常见的。一个旨在为博士们选择职业的网站提到了一个我的评论："认清合法的非学术性的工作体现的是更多关于研究生的教育和培养技巧的积极信息。它肯定了整个企业的价值。"[41]

教授和管理层必须进行"合奏"，因此，我们必须让雇主更多地意识到博士在非学术性工作岗位中的价值。开明的评论员 Grafton 和 Grossman 认为，我们需要让博士项目中的高流动性职业成为主流。首先，这个项目应该涉及就业服务办公室。就业服务办公室也要能够为高流动性就业的博士服务，还要宣扬他们的价值。更为重要的是，上述服务要与针对圈内就业学生的服务同步进行，而不是分开。

研究生项目之前并没有寻求和就业服务办公室的联盟，因为他们还没有看到后者存在的意义。大部分研究生导师认为他们不想参与学生在学术圈以外就业的相关培训，或者说他们对此没有责任，这必须改变。研究生院和职业服务机构之间的伙伴关系能使两者相得益彰。为了事半功倍，研究生院需要让其学生看到这种新建立的伙伴关系。与此同时，这种合作关系也必须更自由、更灵活。相比实际就业的灵活性，我们提供的教育依旧僵化。[42]

我们所有人（不仅仅是学生）必须坚持收集并公开数据。这些数据信息会帮助我们改进职业教育，教授为其提供者，学生为其受益者。

本章的关键词就是"就业率",其含义比较广泛。许多博士研究生认为这些数据并不适合他们。这些学生要坐下来仔细查阅往届的数据,他们应该不难拿到。这些数据间隔性地追踪博士毕业生的就业去处和工资,取自他们获得学位后的第一年、第五年和第十年。许多院系很少做获取和维护这些数据的工作。例如,Paula Stephan援引了2008年一个15所顶尖大学所做的有关电气工程、化学和生物医学项目的调查,这个调查共有40~50个研究生项目,调查发现,在他们的网站上只有两个项目的就业信息比较充分,可以作为参考。[43]我敢肯定,数据信息的完整性和通达性正在不断提高,但是还远远没有达到予取予求的理想程度。未来的博士毕业生与过去相比会更多地要求这些数据,这是必然趋势,而更多的对数据的需求会创造更多高质量的数据供给,这也是必然趋势。许多法学院和商学院经常提供薪水和就业信息给这些学生,其他博士研究生项目也要如此行事。

另外,教授群体本身也需要这些数据。教师需要了解他们自己部门的就业率和就业史。至少,就业信息(不仅仅是得到工作的人还有没得到工作的学生)应该在每学期的部门会议上公布,还应被列为部门的优先指标。

最后一个关键词是透明度。越来越多的评论员呼吁部门和项目无条件地建立可用的就业信息数据库,无论数据多么令人尴尬。[44]这个数据库要包罗万象并打破领域的界限。学生们应该了解哪儿有好岗位,这些岗位该如何得到(一些精明的人已经开始做了)。当一个导师的学生过多,负荷过重时,学生可以利用往届学长的就业信息另择高处;当学生们缺乏找到理想工作的动力时,教授们需要主动鼓励学生,给予他们希望和动力,要知道,带三个学生的教授若认为其三位高徒会同时同地找到同类工作,其人必属天真烂漫之流。

当学生了解到就业的种种不堪,他们必将会更紧张、更警醒,因为研究生院是学府而不是技校,因此我们更有必要追踪工作路径。不只是圈内之人,所有毕业生的生活都应该被严肃对待,是为德教。

最后,我们应该记住在毕业生进入社会之前,我们对他们进行就业方面的教育只是为师工作的一部分。教授们必须打开毕业生的思路,因此他们要明确地知道何所应为,而鉴于教授此前几无此类经验,他们也要学着去进行相关教学。正如我所说的,论文的指导者不得不承担教他们的学生选择话宜出路的责任。学生们选择指导教授之前,研究生院可以通过职业发展研讨会满足学生规划未来的需求。如同我在前面所讲,专业发展研讨能给毕业生们批判性地思考自己的职业选择提供工具,每一个研究项目都应该有职业发展研讨会。

本章开头悲惨故事的主角杰克,他无法想象自己在圈外就业,但是如果他能够在学术界内外做一系列广泛的专业选择的思考,相比之下他会做出更明智的决定。有很多方法可以让当今的研究生也能通过对比做决定,这取决于导师的职业引导和培训,我们的工作就是带着学生"去看看世界"。

学生们也有自己行动的责任。我的一个读者说过,要求薪水微薄的教授拖着疲惫的身躯来教给学生怎么找工作简直荒谬。这位读者继续说,导师的职责不是职业督导,职业规划必须自己对自己负责。[45]对此我尽管不敢苟同,但学生自己的努力也的确不能少。为师尽责固然重要,为生尽力更不可少,这意味着二者都要放开眼界,解放思想,在教职稀缺的情况下,片面地以己为待造的未来教师诚不可取。开眼看世界是必需的,教授要为学生展开地图,学生则需自己游行万里。

学校是一个老师告诉学生该做什么的地方。同时,学校也应该培养学生自主选择的能力。在实现师生的协力奋斗之前,教学的方式和学习的方式都要先做出许多改变。我们都必须随着时代的发展保持视野开阔。

从生态学来讲,我们如今是在一个僵化死板的环境中生活和学习。研究生被迫出版学术论著,他们本来不想承担这种压力,却苦于很多学校都嗜"发表"如命。这个生态链条相互矛盾,极不连贯,甚至扭曲。在这个生态系统中,研究生不是无思想意识的有机体,就如同他们不是"未来的教授",他们是活生生的人。每个参与研究生教育的人都需要认真地对待这些鲜活的生命个体。

注释:

[1] 马克布尔斯凯. 大学如何工作:高等教育和低工资. 纽约:纽约大学出版社, 2008. 特别是第6章《就业市场的言论和学术劳动制度的现实》。
[2] 雷昂纳德·卡索托. 改变我们让博士生社会化的方式. 高等教育年鉴, 2011. http://chronicle.com/article/Changing-the-Way-We-Socialize/125892.
[3] 这些数字来自弗兰克·多诺霍. 一封来自研究生招生办主任公开信. 高等教育年鉴, 2010. http://chronicle.com/article/An-Open-Letter-From-a-Director/64882/.
[4] 罗宾·威尔逊. 新教师的少数群体. 高等教育年鉴, 2013. http://chronicle.com/ article/The-

New–Faculty–Minority/137945/.由美国教师联合会的一项研究报告表明，今天高校教师队伍，70%拥有临时的工作。

[5] 大卫·劳伦斯. 博士的机会成本：时间的问题，2014–05–14.

[6] 保罗·斯蒂芬. 经济学如何影响科学. 哈佛：哈佛大学出版社，2012. 斯蒂芬讨论了博士作为就业市场状况一个指标的作用。

[7] 安东尼·格拉夫顿，罗伯特·汤森. 历史学家"残酷的就业市场". 高等教育年鉴，2008. http://chronicle.com/article / Historians–Rocky–Job–Market/35469.

[8] 罗伯特·B·汤森. 博士差距：招聘初级教师时令人担忧的趋势. 美国历史协会，2012. http://blog.historians.org/2012/09/the-phd-gap-worrisome-trends-in-the-hiring-of-junior-faculty/.

[9] 悉尼·邓恩. 人文学科的博士简史. 高等教育年鉴，2014. https://chroniclevitae.com/news/593-a-brief-history-of-the-humanities-postdoc?cid=VTEVPMSED1.

[10] 声望也在延续。社会学家瓦尔·布利斯根据数据得出社会学系的博士学位威望不在于学术生产力（虽然普遍这么认为。如果它是真实的，那么就如同这一章后面谈到的），而在于一个网络和社会中所拥有的社会资本。换句话说，不是你所拥有的知识，而是你所认识的人。布利斯. 学术种姓制度：博士的信誉与交换网络. 美国社会学评论，2004（69）：239–264. 罗伯特·L·奥布利斯，辛普森·L·多布斯，约瑟夫·格拉齐亚. 推进常春藤：机构的信誉和学术等级制度. 乔治敦公共政策评论，2013. http://gppreview.com/2013/08/21/pushing-up-ivies-institutional-prestige-and-the-academic-caste-system/；" shin-kap han.

[11] 迈克尔·N·巴斯特多. 高等教育的组织：一个新时代的管理学院. 巴尔的摩：约翰·霍普金斯大学出版社，2012：118.

[12] 同上，119，120。

[13] 同上，119。

[14] 奥德利·威廉姆斯·朱恩. 最高政治科学的博士招聘计划. 高等教育年鉴，2012. http://chronicle.com/article/Ph.D.s–From–Top/136113.

[15] 唯一的例外是历史领域，它能够编写自己的数据，而且分析数据很有说服力。这些照片讲述了我在最后一段描述的故事：排名靠前的学校减少它们的求职者，扩大它们的搜索排名，而较低的排名同行在这个方面做得更好。

[16] 杰佛里·雷曼，通过电子邮件联系到了作者，2013年11月。

[17] 索尔斯坦·凡勃仑. 休闲度假类的理论：一种制度的经济研究. 纽约：现代图书馆，1934，第5章。

[18] 唐纳德·E·霍尔为那些可能感到被困的人提供了现实主义和乐观主义的参考，使他们在具有更高教学负荷的工作中努力。

[19] 内斯特·L·波义耳. 学术反思：专业优先. 纽约：卡耐基教学促进基金会，1990.

[20] 我确定了以下发展策略时的注意事项：（1）定位（你做什么和如何）；（2）多样化和/或扩大；（3）行业的现状；（4）增加竞争优势；（5）发展强势品牌（129）。

[21] 苏萨·韦尔奇，克里斯托弗·P·朗. 他们现在在哪里. 高等教育，2014. http://chronicle.com/article/Where–They–Are–Now/144627/.

[22] 乔纳森·奥尔巴赫，采访作者，2013年11月。随后奥尔巴赫的引用也来自这个访谈。

[23] 或者他们可以接受错误的训练。斯图尔特·布朗认为，许多毕业学生接受教师培训后，在教育制度下，他们所学的并不能满足未来就业的需要。这些未来的教师最终会遇到哪些困难？

[24] 这一段是在 2013 年 11 月和 12 月进行的访谈。
[25] 对虔诚的想法的进一步解释，可能会在马里兰英语系的网站上看到，参见马里兰英语系的网站：http://www.en glish.umd.edu/academics/gradu ate/ placement/prepare.
[26] 例如，我赞扬了苏珊·韦尔奇和克里斯托弗·P·朗的"宾州"。博士学位安置研究（"他们现在在哪里"）早在本章中有所涉及，它确实是在学术工作—搜索领域的卓越的角色建模。但韦尔奇和朗把它分为四部分（学术研究型大学，其他的终身制，博士后和固定的长期学术工作）。
[27] 楠森·庭克，笔者于 2012 年 2 月采访。
[28] 安吉拉·布尔菱格. 顾问应该禁止"安置"纪事. 高等教育，2013. http://chronicle.com/article/Advisers–Should–Ban–the–Word/136451/.相比之下，罗伯特·L·奥布利思科．辛普森·L·多布斯、约瑟夫·葛吉亚建议学校根据配置提高效率，但他们只考虑在研究型大学的职业配置。配置效率——一个为可供选择的排序研究方案。乔治敦公共政策评论，2013-09-15. http://gppreview.com/2013/09/15/placement-efficiency-an-alternative-ranking-metric-for-graduate-schools.
[29] 耶利米·欧斯艾可，保罗·W·荷兰，夏洛特·V·库尔，詹姆斯·A·维果图. 博士学位教育的国家研究委员会评估方法指导手册. 华盛顿特区：国家科学院出版社，2009. 整个计算过程在"附录说明：技术论评的过程中字段中的排名程序"（33–52）。给每个变量的权重列在"附录 F：重量和尺寸变量的措施"。
[30] 马雷斯·内拉德，约瑟夫·切尼. 从谣言的事实：英语博士职业生涯：十年后的研究结果. 交流者，1999：1–7.
[31] 从学校到职场的途径：来自委员会关于从学校到职场的报告. 报告全文可在网上找到。http://pathwaysreport.org/.
[32] http://katinarogers.com/wp–content/uploads/2013/08/Rogers_SCI_Survey_Report_09AUG13.pdf.
[33] 卡蒂娜·罗杰斯，笔者于 2012 年 7 月采访，后续引用也来自这次访谈。
[34] 这是一个不寻常的举动，一个 MLA 人员在 AHA 出现，反之亦然。AHA 已发表了一些早期的调查结果。
[35] 马雷斯·内拉德和约瑟夫·卡尔尼在 1999 年就已经注意到这个研究（从传言到事实：英语博士的职业发展. 交流者，1999（32）：1–11）。
[36] L·麻仁木. 博士指南到无编制的工作. 高等教育纪事，2014. http://chronicle.com/article/article–content/143715/. 正如我已经说过的，大学职业规划办公室对于这样的指导和求职越来越精明。
[37] 多尔蒂是公共研究员计划的成员，此计划由美国学习社会委员会（ACLS）资助，https://www.acls.org/programs/publicfellows/.欲知更多有关项目，请参阅伦纳德·卡苏托. 博士后空间的教学. 高等教育纪事报，2011. http://chronicle.com/article/article–content/127150/.
[38] 梅根·多尔蒂. 人文博士学位在工作中. 高等教育纪事，2013. http://chronicle.com/article/The–Humanities–PhD–at–Work/137393/.
[39] 布林特林格：顾问应禁止在世界的安置.
[40] https://www.insidehighered.com/views/2014/06/30/essay–motives–faculty–members–seeking–dissertation–students–advise.
[41] http://chroniclecareers.com/ article/Keyword–Placement/131437/.
[42] 职业咨询相比于过去一代，已经更加成熟，但是教师变慢了。斯泰西巴顿. 什么样的教师

考虑了非学术生涯. 高等教育纪事, 2014. https://chroniclevitae.com/news/598-the-conferencegoer-what-some-faculty-really-think-about-nonacademic-careers. 参见密歇根州立大学的例子。

[43] 斯蒂芬. 经济学如何影响科学。

[44] 例如, 博克最近支持的这一立场。博克. 美国高等教育. 纽约: 普林斯顿大学出版社, 2013. 它就像是 2014 年博士研究工作重点专责小组一个值得欢迎的建议, MLA 在语言和文学的工作报告. 现代语言协会, 2014. http://www.mla.org/pdf/taskforcedocstudy2014.pdf.

[45] 伦纳德卡苏托评论. 改变我们社会化博士生的方式. 高等教育的纪事报, 2011. http://chronicle.com/article/Changing-the-Way-We-Socialize/125892.